近現代中國思想與社會論衡

象徵、正統性與全球化

吳 有 能 著

文 史 哲 學 集 成

文史哲出版社印行

國家圖書館出版品預行編目資料

近現代中國思想與社會論衡：象徵、正統性
與全球化 / 吳有能著. -- 初版. -- 臺北市：
-- 初版. -- 臺北市：文史哲出版社，
民 111.0.1
　頁；　公分（文史哲學集成；742）
ISBN 978-986-314-585-1（平裝）

1.CST 佛教　2.CST 文集

220.7　　　　　　　　　　110022730

文史哲學集成　　742

近現代中國思想與社會論衡
象徵、正統性與全球化

著　　者：吳　　　有　　　能
出 版 者：文　史　哲　出　版　社
　　　　　http://www.lapen.com.tw
　　　　　e-mail：lapen@ms74.hinet.net
登記證字號：行政院新聞局版臺業字五三三七號
發 行 人：彭　　　　正　　　　雄
發 行 所：文　史　哲　出　版　社
印 刷 者：文　史　哲　出　版　社
　　　　　臺北市羅斯福路一段七十二巷四號
　　　　　郵政劃撥帳號：一六一八○一七五
　　　　　電話886-2-23511028 ・ 傳真886-2-23965656

定價新臺幣四八○元

二○二二年（民一一一）元月初版

自　序

　　一本書出版面世，就像生孩子下來一般，幾經辛酸！好不容易孩子出生，自然要帶他見見人，介紹一下。而書的介紹，就是序言。

　　這本書由十篇發表於期刊、專書及會議的文章組合而成，寫的時候，原來並無系統的規劃；但整理文章，卻又自覺原來自己的思路，圍繞幾個子題。這本書的題目是《中國近現代思想史論衡》，它如實交代筆者的主要研究領域；我的碩士論文研究明末清初的關中學派，博士論文研究當代新儒學；從此以後，我的主要研究就設定為從明清到近現代的中國思想研究，特別以儒佛為主要對象；不過，由於儒學思想的文章將另外出版，所以選錄在這書的文章就多數屬於佛道二教了。至於子題就表示這本新書的幾個研究主題，它們分別是「象徵、正統性與全球化」。

　　我自己求學，一直都看重發現議題，也追求解決問題；所以不自己封閉於學術分科；所以從大學時代起，除本科的文史訓練，也多留意相關理論，以求拓展視野，深化思考，並採取多角度分析，跨學科的研究就自然成為自己無意中的「選擇」。

　　如果用烹飪做比方，食材堪比研究對象；而烹煮方式，

就是研究方法；碰上不同食材，就要用不同方式烹煮，或蒸或煮，或煎或炸，運用之妙，存乎一心，而不能一成不變。這本書多數採用學術史及思想史的研究法，主要處理對象則為近現代佛道二教。

這本書的論文原來散落各處，我自己也沒有電腦檔案；今年經同道及學生收集起來，而周頌恩助教協助掃描，蓮樑法師義務幫我轉為文字檔；而學生張柏深、張澤鐙、阮栢杰也幫忙最早期的影印和校對；後來，如碩法師也協助校稿三篇；柏深費神，辛苦的整理出全書的徵引書目。

最應感謝的是崔家琪與王佳柔，她們承擔大量校對，而且效率極高；佳柔與家琪本身就是堅強的女性；特別是家琪，她不但面對移民、搬家的擔子，而且在異國迅速安頓，並馬上替子女找學校；就在她自己生活壓力極大之下，毅然承擔幾乎全書的統整工作，沒有這些朋友與學生的協助，這本書必然無法順利出版。現在出版在即，特表達感謝，並致不忘！

吳有能 寫於香城

2021 年 12 月 28 日

導　言

　　本書題為中國近現代思想與社會，一方面表示本書各論文，集中於中國近現代這一歷史時段；另一方面，則表示本書所處理的內容，主要圍繞著思想與社會而展開。本書共分十章，各章寫於不同時間；同時，亦因不同機緣而撰寫；所以事前根本並未構想一個系統性的研究計畫；然而，這其中的論文，其內容仍然展示出一定思想及理論關聯性，所以本書另設副標題：「象徵、全球化、正統化」，表示本書的幾個子題。

　　本書章節雖事前並無規畫，但既然各章皆為自己的研究成果，也必然反映個人治學與訓練；所以簡介本書內容時，容我從自己談起。本人畢業於國立台灣大學歷史學系，而當時臺大歷史系仍然深受「實證主義」史學精神影響。這跟已故台大校長傅斯年先生有關，傅校長受到西方 19 世紀的史學泰斗蘭克（Leopold von Ranke）的實證史學影響，治學重視實證；他曾說：「史學便是史料學」，也提倡「上窮碧落下黃泉，動手動腳找東西。」此足見其實證史學的基本精神。傅校長當然兼重實證與解釋，但過度強調史料，流風所及，有些學者漸漸轉而產生輕視解釋，甚至抗拒理論的習慣；仿佛只要史料完備，則解釋自明，真相自現。今日看來，這種想

法一方面對於史料的功能過份樂觀，另一方面對於理論解釋過於貶斥。後來，余英時、許倬雲、林毓生等前輩學人引進社會史與思想史研究，讓社會科學的不同理論資源，豐富當時史學的研究，於是社會史、思想史漸次興起，頗有成為一時顯學之勢。

此時，德國另一思潮也深刻影響著當時人文學科的台灣年輕人。現象學在臺灣受到重視，研究胡塞爾、海德格與梅洛龐蒂等的學人漸多。但現象學固然是哲學的思潮，[1]其後卻發展為非常廣泛的學術活動，亦深刻地影響著歷史、文學與社會科學的研究，而現象學也就並不侷限於哲學研究。在胡塞爾現象學的基本精神指導之下，「回到事物自身」成為許多人重視的原則之一；於是重視回到經驗，從經驗出發的探索與研究也就成為不同現象學學科重要的基本立場。人們也就運用現象學這一回到事物自身的精神，從事歷史、心理、文學或其他人文社會科學的研究。[2]

隨現象學的廣泛應用，對現象學的理解與側重各有不同，而且在不同學科也有很不同的面向。已故多倫多大學宗教系歐為爾（Willard Oxtoby, 1933-2003）教授就曾說有這麼多的現象學家就有那麼多的現象學；[3]歐為爾曾於芝加哥大學

---

1 Smith, D. Woodruff, "Phenomenology", *The Stanford Encyclopedia of Philosophy* (Summer 2018 Ed.), Edward N. Zalta (ed.)，網址：https:// plato.stanford. edu/archives/sum2018/entries/phenomenology/.

2 有關其多方面的發展，參考 Herbert Spiegelberg, *Phenomenological Movement: A Historical Introduction*. 3rd rev. and enlarged ed. (Springer, 1981).

3 Willard Oxtoby. "Religionswissenschaft Revisted," in J. Neusner ed. *Religions in Antiquity: Essays in Memory of Erwin Ramsdell Goodenough*. (Eugene: Wipf and Stock Publishers, 2004), 590-608.

教書，也接受現象學學派的影響。筆者記得歐為爾上課之時，也將現象學研究方法，從哲學現象學中區分出來，他主要的立論就是要為歷史，特別是比較宗教史的研究奠立基礎。所謂宗教現象學或歷史現象學，其實最重要的精神就在於回到經驗，即是回到材料，但卻要把握材料背後的意義。這一精神部分呼應著十九世紀講求客觀主義，講求資料證據這一實證精神，其特別精神就在於回到事物自身。誠然，回到歷史材料只是一個基本的立場，並不足以成就歷史學，因為回歸到經驗之後，我們仍然要將經驗如實地整理呈現，這一整理呈現就涉及到所謂歷史解釋的問題。將現象學放在宗教史的研究之中，我們知道所謂象徵或符號系統的重要性，例如宗教現象學家伊利亞德就非常之強調現象學的進路；而愛奧華大學宗教學院巴德（Robert D. Baird, 1933-）就從符號系統，儀式及神話三方面突顯伊利亞德現象學研究的特色，指出這三者背後存在一恆常的結構，[4]筆者無意在這裏詳述兩者的論點。但毫無疑問，在人類社會的經驗之中，符號系統確實是不能忽視的面向。所以歷史學與宗教學都可以進行具體的研究；簡單來說，符號系統是由象徵所組成的，而象徵就是用已知的去表達未知的手段；不過，除此之外，象徵還有承載的功能，它不但能承載意義，亦承載權力與支配，就如同象徵權力的權杖，或象徵皇權的印璽，甚或是象徵國家的國旗。這些不同的象徵，均非停留在從已知表達未知的層面，更承載著特定的社會及心理事實；這可以是通過禮法約定的外在

---

4 Robert D. Baird, *Category Formation and the History of Religions*, (N.Y.: Mouton de Gruyter, 1991), 2nd edition, p.74.

支配系統，也可以是內化於群眾的心理認定與期望。筆者認為在研究宗教或歷史現象時，可以嘗試採納現象學的進路。

象 徵 研 究

　　本書第一章，處理蓮花生的象徵，這有兩方面的突破，首先，過往研究大量處理「蓮花象徵」，而鮮少注意「蓮生象徵」；其次，筆者用對比宗教史學的手法，點出從埃及到中國都有用蓮生的象徵，以彰顯其宗教信仰，以及表達其涉及的權力基礎及運用，譬如彰顯克服死亡的復活觀念等。經過該文的研究，筆者得到幾點結論。第一，本文具體提出蓮花這一宗教象徵跟生命有關，認為在關於蓮生的宗教敘事中，有些側重生命的再生，有些強調生命的創生。不但埃及有太陽神從蓮花創生的敘事，而且在漢傳佛教及道教均看到蓮花的再生象徵。第二，筆者從植物的差異，解釋宗教觀念的不同。埃及宗教敘事中的水蓮，僅涉及花朵，而佛教與中土民間神魔敘事的蓮花化身，就常涉及蓮葉與蓮藕，於是也反映在靈肉關係上的不同看法。第三，本文認為水蓮朝開夕合的生物表現，被想像為生死循環的象徵。此外，蓮花出污泥而不染的特性，也容易構成染淨與迷覺的「二元結構想像」；而蓮花又成為凡俗世界到終極世界，由此岸到彼岸的宗教方面的跨界想像。當然，蓮花相關的二元世界是相關而不相同的，隔離而不隔絕的。所以，無論是離垢清淨的特性，或凡聖二元性的思想，均包含跨越界限，並產生神聖性的敘事；無論是

花盡神出的埃及太陽神[5]，「花開見佛」的淨土世界，還是用蓮花不同部位去讓哪吒再生，都涉及從凡塵到神聖的跨越與轉生。

第四，蓮花被關聯到某種靈能，甚至被視為化生或往生的載體；其實，這全都建立在古代對蓮花的宗教想像，埃及「蓮生日神」，佛教的「花開見佛」都可以視為神聖生命從蓮花中創生出來；至於哪吒傳說方面，道教與佛教的敘事中，都有通過蓮花的媒介，讓死者得以再生的故事；至於在埃及傳說中，則蓮花的開闔，也象徵死亡（黑夜）到再生復活（白天）的歷程，是以無論古代埃及與佛道三教，在死後復活的宗教想像方面，都分享相同的象徵結構。

綜上所述，蓮生確實是古代宗教的重要象徵。但無論差別何在，它們也有共通之處，最明顯的就是蓮與創生生命及再生生命有關；這又涉及通過蓮花而有的種種「跨界想像」，譬如跨越凡俗到神聖，跨過污染到清淨，或跨越死亡到再生等等，所以筆者主張，蓮生在比較宗教象徵方面具有跨界想像的意義。

在第二章，筆者直接運用現象學宗師伊利亞德（Mircea Eliade, 1907-1986）最重要觀念之一——神聖空間，本章研究以志蓮淨苑為例，研究佛教靜態的神聖空間的建構；本文印證了伊利亞德所謂「聖顯觀」、「異質空間」等觀點。但本文也用密教法會的對比研究，指出除了應注意靜態的神聖空間的表現外，密教法會儀式所創建出的神聖空間，特別是「結

---

5 George Hart, *Egyptian Myths: The Legendary Past* (Austin: University of Texas Press, 1990), p. 16.

界清淨」的儀式，更明顯從一般的空間，劃出神聖清淨空間；於是，本文論證了動態神聖空間，並反省伊利亞德局限於靜態的神聖空間的不足。再者，無論是淨苑的靜態神聖空間，還是法會的動態儀式性的神聖空間，兩者都反映著淨土性質的神話敘事元素—蓮花化生與往生淨土等，而在符號象徵與儀式背後所反映的就是這恆定的淨土神話敘事結構。

正 統 性

其實，在後依利亞德的現象學研究中，學界早已開始突破伊利亞德研究的限制；就 2000 年之後的學壇講，最值得注意是史波塞（Leslie Sponsel）與藍波（Lewis Rambo）等的研究；史氏強調神聖空間的人造性，並基本上將神聖經驗理解為個體情感以及心理經驗，[6]這也部分呼應後起的歷史現象學重視情感研究的特徵，譬如布魯斯·史密斯（Bruce Smith）在 2000 年勾勒歷史現象學（historical phenomenology）之時，就非常重視感性與情感的研究。美國費樂仁（Lauren Pfister）雖針對史波塞排除神聖轉化而提出異議；不過，筆者認為他們雖討論到個體之外，譬如交互主體的層面，但卻沒能充分注意離開個體層面，尚需注意具體的社會面相，特別是在交互神聖感之外，其實，理應注意抽象的神聖性也應放在具體的歷史社會脈絡中把握。這就把我們帶回到具體的社會思想

---

6 Leslie E. Sponsel, "Sacred Places," in David A. Leeming, ed. *Encyclopedia of Psychology of Religion.* Berlin and Heidelberg: Springer-Verlag, 2016.

史的研究，而本書就在這方面，提出一些研究成果。

筆者認為神聖性不能只看抽象的宗教意義，譬如神聖性就是表達權力的方式之一，譬如古代的帝王，就用受命於天的「天子」這一神聖地位以強化其統治權力的意識形態基礎，而取得這一基礎，就得到所謂「正統性」與「合法性」。這反映在宗教史及社會政治史上，就呈現出種種「神聖性」與「正統性」的議題。

象徵也可表達與生產權力與正統性；在正統性研究方面，本書第三章用一九四九年中國政治權力鼎革，以及英殖時代政府的政策為歷史背景，探討秘密宗教的道堂如何在政治權力下求生，並善用宗教扶乩以及宗教象徵，處理其合法性與身分認同議題，並進而從系統（system）與生活世界（Lebenswelt）反省，點出生活世界殖民化，以及宗教在批判功能，與公民社會的漸次失色。

正統性的爭衡，也表現教義與教派之爭；在近代中國佛教史上就曾出現顯密之爭。第四章研究二戰前漢傳顯教如何看待日本東密歸華的事態，隨著民族情感及宗教正統性的要求，早在二戰爆發前，中日佛教已經產生激烈的爭衡。

宗派之爭正統，也表現為所謂「祖庭」之爭；第五章就處理淨土宗所謂的祖庭，淨土的宗祖有不同意見，而所謂祖庭更有不同所在，部分原因正在爭取教派的正統地位，奠立其傳承合法性基礎。

第六章，處現傳統淨土教義的人間化的典範轉移，本章指出人間佛教已然成為漢傳佛教主流教義，並印順導師與李炳南居士的兩種淨土觀點，李炳南居士堅持信願傳統的宗

風，而印順法師則發揮現代學術的特色。所以如果比論兩人之差別，前者可說重「信願的佛學」，後者則凸顯「知識化的佛學」，兩者峰岳並峙，各有殊勝。李炳南是皈依淨土宗門，雖然也重視知識，但是畢竟不會偏重知識。相對而言，印順法師以現代學術研究的手法，進行知識論述，不但符應教育水平日益發展的臺灣社會，也能夠應用現代學術的研究與論述規範，實可說是臺灣佛教在佛學研究知識化進程中的重要里程碑。

台灣佛教在上世紀八十年代起漸漸蓬勃發展，也產生創建宗派的想法，譬如慈濟證嚴上人(1937-)對信徒提及「慈濟宗」概念，開啟「慈濟宗」宗門，慈濟教團並決定於 2009 年佛誕當天，正式對外界介紹「慈濟宗」，明顯的自別於其他傳統漢傳佛教的宗派；佛光山也一度提到佛光宗，後來不了了之。但法鼓山卻明白宣布成立中華禪法鼓宗，這當然反映其別立正統宗門的意思。由於法鼓山在禪修外，特別重視轉化心靈的運動，本書第七章就特別從框架理論彰顯法鼓山提升人的品質，建設人間淨土的佛教社會運動。

全　球　化

現代人間佛教教勢強大，已然展開全球弘化的宣教活動，第八章以宣化上人(1918-1995)及聖嚴法師(1931-2009)詮解永嘉證道歌為例，說明漢傳佛教在北美的展開，展現全球化的特色；第九章研探蕅益法師(1599-1655)與聖嚴法師兩人的學術及實踐，筆者認為二人都充分表現出融和的特色；兩

位法師的融和努力，可分別從佛教內部及跨宗教兩面說明；從佛教內部看，二人論學不但表現在禪淨合流，而且也呈現為大量吸收佛教內部不同宗派的養分。不過，筆者認為比較之下，蕅益還是以漢傳佛教為主，雖已經吸收部分密法，但囿於時代關係，仍未能充分吸收藏傳與南傳的養分；但聖嚴法師不但孰悉漢傳佛教，他趁留學之便，吸收日本現代化佛教的新表現；後來，又跟南傳與藏傳佛教交流，所以若論融和的範圍而言，聖嚴法師自身就更有融攝漢傳、藏傳與南傳三系的努力，其中特別是內觀禪法，天臺學及藏傳的修行次第，都是聖嚴法師所重視的。

在跨宗教對話方面，蕅益法師融攝儒道，尤其是在《四書》及《易經》方面，用力很深，成果也大；其融攝儒道的努力，透現「佛教中國化」的色彩。他在華人社會弘法居多，很自然地想要活用儒道的文化資源，以輔助佛教的宏揚；特別是其所謂「心六倫運動」，針對華人社會的文化特性，實有明顯「中國化」的色彩；不過，聖嚴法師素以正信佛教為依歸的立場，這也是非常明顯的，也就是說，聖嚴法師的中國化，並不犧牲正信佛教的原則。

此外，對於外來宗教來說，蕅益法師著力辟邪，聖嚴法師則開始時也大力批評基督教，這是出於當時佛教教勢太弱的危機；但後來法師開始國際弘法，主動用英文到世界教授禪修；而晚年更跟天主教合作，推動社會運動，為佛教的全球化貢獻一分力量，所以聖嚴法師的佛學體系及實踐，除了體現中國化之外，也有其全球化的一面，所以表現出兼融二者的「全球在地化」。

　　第十章，勾勒人間佛教的全球化論述，本章認為佛教教理在有關全球化事實的認定上，以及如何面對有關事實的價值判斷上，均提供了其本有而獨特的精神資源。「世界是互相依存」屬於事實的認定，但如何去面對互相依存的世界，便要發揮愛心、破除自我中心主義等等，則是一些價值的判斷。佛教除了有緣起法外，尚有慈悲心，因此佛教大師諸如星雲等，不單體認世界相互依存的事實，更特別強調「同體共生」的概念，而同體共生的概念正是慈悲的表現。基於同體共生的取向，在全球化情勢下，必須面對他者，人間佛教自然多強調一多相融，多元並建的包容性主張。

近現代中國思想與社會論衡

象徵、正統性與全球化

目　次

第一章　蓮生敘事
——比較宗教象徵研究

一、導　言

　　漢語保留了不少跟「蓮生」相關的日常用語，譬如連生貴子；「蓮」因為跟「連」發音相同，所以常被用為「連」的代用字；因而在圖像表達上，也用蓮花去表示連綿的意思；譬如在蓮生貴子的年畫中，通常會有蓮花、小孩、笙及魚等元素，以表示「連年」生貴子。至於「笙」這一樂器，也就是表達「生」的意思。在民俗工藝品方面，「蓮生」是常見題材，玉雕、衣飾甚至房子的裝飾品都會出現蓮生的象徵，可見「蓮」實為中華文明中最常用的植物象徵之一。至於蓮與宗教的關係也相當的顯然易見。[1]

---

* 感謝臺大佛學研究審稿人的寶貴意見與善意指正，讓文章得以改善；埃及學專家特別就太陽神的理解，提出很好的批評意見，助益良多，謹致上誠摯的謝意。在寫作過程中，有關德文資料的解讀，感謝海德堡大學博士伍偉亨教授協助翻譯；而埃及文獻方面及解釋方面，感謝香港中文大學歷史學講座教授蒲慕州先生的協助及提供寶貴意見。此外，翁若陽先生協助查閱安大略省博物館埃及文獻，李建德先生提供太乙真人的意見，寫作三年中，不同時期的學生助理如丘惠媚、陳洪明及麥嘉俊同學等都提供很多協助，一併表示由衷感謝。

在宗教方面，華人提到蓮花，很自然地便會想起佛教。[2] 藏傳佛教的蓮花生大士（Padmasambhava or Guru Rinpoche）更直接跟蓮花化生的傳說相關。早年伊利亞德教授（M. Eliade）已經指出佛教傳統中的蓮花象徵隨時代而有變化與發展，近年印度加爾閣達大學（University of Calcutta）及泰國卜拉帕大學（Burapha）帕蘇赤茶拿教授（S. Prasopchigchana）也同意伊利亞德之見，並認為佛教象徵不斷發展，並吸收及融合了不少印度傳統的宗教觀念與儀式。[3] 所以要研究佛教的蓮生概念，不宜停留在佛教之內部研究，而應該從廣闊的視野，觀察佛教蓮花生的意思。

其實，蓮花本來就不是佛教獨有的宗教象徵，[4]威廉·瓦德（William E. Ward）在研究蓮花在佛教藝術及哲學的意義

---

1 唐湖湘：〈中國蓮文化研究〉，《青海師範大學民族師範學院學報》，2006年 11 月，第 17 卷，第 2 期，頁 29-32。蔣賞：〈蓮花紋飾的象徵意義探析〉，《文化評論》，頁 121-123。陸曉雲：〈蓮花符號的審美樣式與文化意涵〉，《藝術評論》，2010 年，12 期，頁 94-97。

2 在華人文化圈內，佛教寺廟中常見蓮花座上的諸位菩薩，而描繪往生西方極樂世界的圖畫，常有盛開蓮花的七寶池。至於阿彌陀佛持蓮來迎，站在蓮花上的觀音造像也很普遍。有關蓮花做為佛教象徵的簡明介紹，參考，Sarunya Prasopchigchana, "Symbolic Representation in Buddhism", *International Journal on Humanistic Ideology* 4, no. 2 (Autumn, 2011), pp. 100-111, esp. pp. 103-104.

3 Sarunya Prasopchigchana, "Symbolic Representation in Buddhism," in *International Journal on Humanistic Ideology*, Vol. 4, No. 2, (2011), pp. 100-111, esp. pp. 103-104.

4 See J. C. Cooper, *An Illustrated Encyclopedia of Traditional Symbols* (London: Thames and Hudson, 1978), pp. 100-102. "Symbol of the Lotus," in http://gnosticwarrior.com/symbol-of-the-lotus.html. Rikel Kandeler and Wolfram R. Ullrich, "Symbolism of Plants: Examples from European-Mediterranean Culture Presented with Biology and History of Art," in *Journal of Experimental Botany*, Vol. 60, (2009),pp. 2461-2464.

時，也曾概括的說：對西方人士來說，蓮花的意義就差不多僅止於賞心悅目的審美意義而已，但對東方人來說，蓮花卻是神聖的，而蓮花綻開，也含意甚豐。[5]依據瓦德教授的看法，對東方民族來說，蓮花常常具有重要的宗教意義；筆者認同這一觀察。而且學界已經注意到蓮花是橫跨東方世界的重要宗教象徵，[6]甚至影響部分的基督教支派。[7]既然蓮花象徵廣泛且存在於不同宗教，我們就有理由用比較宗教的進路，以彰顯此一宗教象徵之諸種面向及性格。何況，現有研究成果，多數停留在蓮花的一般探索上；本文為了聚焦起見，嘗試從比較宗教學的進路，研究作為宗教象徵的「蓮生」意涵；本文所謂「蓮生」，簡單來說就是蓮花生出的意思，但細分下來，也有在蓮花中生出（in a lotus），通過蓮花這一中介而往生（through a lotus），以及運用蓮花本身而生出（by means of a lotus）等不同意義，通過本研究，本文嘗試完成以下論點。

一、勾勒在不同宗教中，「蓮生」的宗教象徵。

二、通過圖像研究，結合神話傳說與宗教敘事以探索這一宗教象徵。

三、通過不同宗教敘事（religious narratives）的觀察，

5 William E. Ward, "The Lotus Symbol: Its Meaning in Buddhist Art and Philosophy," in *The Journal of Aesthetics and Art Criticism*, Vol. 11, No. 2, (Dec., 1952), pp. 135-146.

6 See J. C. Cooper, *An Illustrated Encyclopedia of Traditional Symbols*. (N.Y.: Thames and Hudson, 1978), pp. 100-102. Pedram Rezania, "Symbol of Lotus in Ancient World," in *Life Science Journal*, 2011; 8(3), pp. 309-312.

7 Chan, Kim-kwong, "Lotus and Swastika in Assyrian Church in China: Buddhist Legacy for Aryan Heritage?" in *Ching Feng*, N.S., 10.1-2 (2010-2011), pp. 27-43.

整理出不同型態。

　　由於篇幅限制，本文將聚焦在埃及、道教及中國佛教的顯教。因為佛道二教相關材料不少，牽涉廣泛，所以本文在佛道部分，將以哪吒的化生敘事為例，以管窺這兩傳統中的蓮花化身的特徵。

二、埃及宗教中的蓮花

　　坎培爾（Joseph Campell）指出中國神話與中亞，特別是蘇美人兩者的關係，[8] 坎培爾的論述，提醒我們注意從近東到遠東整個歐亞內陸從古代起就是一個互動區。談中國文化，也不宜只看到我們中土資料而已，特別是佛教本來就在歐亞區內發展。佛教不但發展到東亞及東南亞，也發展到今日俄國，兩伊以及土耳其等地。所以要認真談蓮花生，其實，不能忽視從歐亞宏觀的視點。[9]

　　蓮花從古至今都是一非常普遍的植物，正因為它十分普遍，不少古代民族在生活中都會使用蓮花作其表述的象徵。在近東宗教研究，尤其是對埃及的宗教研究中，不難發現蓮花是一個很重要的宗教象徵。阿摩爾（Robert A. Armour）教授雖然並非埃及學專家，但他收集了不少埃及神話並用現代英語流暢的呈現出來；他的《古埃及諸神與神話》一書，開宗明義說：「蓮花神話是從古代到現代，埃及的重要象徵，在

---

8 Joseph Campell, "Chinese Mythology," in his *The Masks of God: Oriental Mythology* (N.Y.: Penguin Books, 1976), pp. 371-460; Quotation in p. 402.
9 作者明白蓮花也可以在亞述及印度宗教中找到，是以將在下一波研究中進行不同地域的研究。

古埃及神話文化中特色。而蓮花神化的主題，在埃及神話主
要議題中均佔有位置，譬如創世、每日更新以及靈魂及政治
的復興。」[10]

我們只要稍加注意，便容易發現蓮花在埃及神話中所佔
的顯著位置；那麼，蓮花在古埃及神話的相關敘事，到底是
怎樣的呢？這將於下一節交代。

從植物而言，古代上埃及以蓮花作象徵，而下埃及則以
紙草為代表。這兩種植物顯然都與尼羅河有關；埃及古文明
隨尼羅河而生，當地人就地取材，用為宗教象徵。克拉克（R.
T. Rundle Clark）教授的《古代埃及的神話與象徵》提到神靈
從蓮花之上出現的神話，克拉克的說法涵蓋了蓮生神話的大
致情況；[11]不過，我們知道，埃及宗教非常複雜，變化也大，
神靈之間的關係、重要性等在不同王朝，就不盡相同。[12]筆
者無意進行細緻的考察；而只勾勒出蓮生神話在埃及宗教中
所含有的幾種主要意義。

第一，從創造世界而言，其中一個傳說是，古埃及有宇
宙蓮花（cosmic lotus）之說。依據這一傳說，世界本來是一
片無邊的黑海（Dark Sea）；後來從黑海中，長出蓮花苞，帶
來光明與香氣；蓮花綻開，也就為世界帶來光明，以及芬芳

---

10 Robert A. Armour, *Gods and Myths of Ancient Egypt* (Cairo and N.Y.: American University in Cairo Press, 2001), pp. 1-2.

11 R. T. Rundle Clark, *Myth and Symbol in Ancient Egypt* (N.Y.: Thames and Hudson Ltd. 1959), Reprinted 1991, p. 239.

12 賀爾能認為埃及諸神在歷史中發展，彷彿過著不斷改變的生命！所以諸神的性質與外貌也抗拒任何封閉的、最後的或單一的定義。參考 Erik Hornung, *Conceptions of God in Ancient Egypt: The One and the Many*. John Baines trans. (Ithaca, New York: Cornell University Press, 1982), p. 258.

的早晨空氣；[13]這就是古埃及人解釋生命來源的故事。值得注意的是在這一傳說中，蓮花雖然跟創造萬物有關，但並沒有足夠證據說 *Nefertum* 是造物神。[14]

第二，從神的由來而言，流行的說法主張蓮花代表着太陽神。[15]蓮花每天從黑水中綻開，就好像太陽每天衝破黑夜而光照大地一樣。現有資料顯示，從舊王朝起，不少埃及人相信蓮花就是太陽神 *Ra*（或 *Re*）的靈魂，而這朵蓮花也被奉神靈，稱為 *Nefertum*。[16]嚴格來說，就算將蓮花關聯到太陽神，這蓮花自身也並非必然就是太陽神，而或可以為太陽神示現的階段或不同化身。古埃及人相信，太陽神每天都乘坐小舟早出晚歸；在不同時段，也有不同化身；所以不但有青年，中年與暮年的形象，晚上又變為公羊，然後，第二天早上又乘船出去。[17]有關這方面的圖像，最有代表性應該就是新王國十八王朝的圖坦卡門（前 1334-1325 或前 1323）考古遺產。身為新王國的國君，圖坦卡門就是太陽神 *Re*。[18]

---

13 R. T. Rundle Clark, *Myth and Symbol in Ancient Egypt*, pp. 66-67.

14 Wolfgang Helck und Eberhard Otto, *Lexikon der Ägyptologie.* (Wiesbaden, Otto Harrassowitz, Band IV, 1980), pp. 378-379.

15 但必須注意的是在古埃及文化中，蓮花與不同神祇有關，而不限於是太陽神而已。參考 Wolfgang Helck und Eberhard Otto, *Lexikon der Ägyptologie*, pp. 378-379.

16 George Hart, *Egyptian Myths: The Legendary Past* (Austin: University of Texas Press, 1990), p. 16；此外，有關 *Nefertum* 的簡述可以參考 Donald Redford, *The Oxford Encyclopedia of Ancient Egypt*. (Oxford University Press, Online edition, 2005). 該百科全書有獨立的「*Nefertum*」辭條。

17 Rose-Marie and Rainer Hagen 對 *Re* 的周而復始的生命歷程，有簡要的描述，參考 Rose-Marie and Rainer Hagen, *Egypt: People, Gods, Pharaohs* (L.A.: Taschen, 2002), p. 175.

18 參考 Nicholas Reeves, *The Complete Tutankhamun: The King, the Tomb, the Royal Treasure* (London: Thames and Hudson, 1990), p. 66.

　　第三，*Nefertum* 從太初時期就從蓮花中生出的小男童有關，這位蓮花生的男童，就稱為阿頓（*Atum*）。這男童的眼淚，就是人類的由來[19]*Nefertum* 是從蓮花所生，是以此蓮花本來就具備神聖性；而就藝術形象而言，*Nefertum* 的頭就頂著蓮花。[20]而其在宗教工匠手中的藝術呈現，就經常表現為神祇頭上戴上一朵蓮花或兩根蓮花花瓣。而又由於跟原初創生相關，所以該神又被繪畫為坐在蓮花上沒有穿衣的嬰兒，或者是從蓮花上冒出一個人頭，後者就是圖騰卡門的重要考古發現之一。[21]

　　第四，從生死變化言，埃及的蓮花是水蓮（Water Lily），水蓮的特性是晚間收合起來，到了白天就突出水面，整朵蓮花的綻放，一開一合，不但呼應晝夜的更替，而蓮花跟太陽關聯起來，[22]同時也象徵著由死亡到復活的過程，當然太陽的重要性就明顯不過了。所以蓮生神話，也具備死後復活的

---

19 有關人類或生命來源的神話，不只一個；有一神話說天神自慰，並將精液放入口中，因而生出人類。另外，也有陶土造人的神化，這神話說的是身為太陽神的另一化身的 *Khnum*，祂使用陶泥在轉盤中創造人類。前者參考 J. Zandee, "The Birth-Giving Creator God in Ancient Egypt," in Alan B. Lloyd ed. *Studies in Pharaonic Religion and Society in Honor of J. Gwyn Griffiths* (London: Egypt Exploration Society, 1992), p. 179. 後者參考 Shaw, Ian. *The Oxford History of Ancient Egypt* (New York: Oxford University Press, 2000).

20 George Hart, *Egyptian Myths: The Legendary Past*, p. 16.

21 See Reeves, *The Complete Tutankhamun: The King, the Tomb, the Royal Treasure*, p. 66. Figure 8. See also Richard Wilkinson, *The Complete Gods and Goddesses of Ancient Egypt* (Thames and Hudson, 2003), pp. 134-135.

22 Robert A. Armour 認為水蓮晝夜循環開合的現象，讓古埃及人將此花關聯到太陽去，參考氏著, *Gods and Myths of Ancient Egypt*, p. 1.

意思。[23]

　　第五，從能量的取得而言，蓮花是人們奉獻神靈的禮物，也同是人從神取得力量的工具，聞嗅蓮花的動作其實是取得蓮花（太陽神）力量的一種儀式或手段。事實上，由於香氣的重要性，不但在古代埃及藝術上，經常出現這種圖像，學者更認為 Nefertum 就是鼻神（Lord of Nose）。[24]當然，取得太陽神的力量就是得到重生，也就是分享了太陽神的力量。

　　以上簡略提出了蓮生在埃及宗教的意義，在此作小總結：蓮在埃及是一種十分普遍的植物，而這種植物常呈現在埃及的神話敘事中。蓮花生出神明，同時也跟人類的創生有關。而由於蓮花晝夜開闔的現象，它也象徵生命的創生與重生；此外，蓮也是一種傳遞靈能的工具，其花香能帶來某種對治痛苦的力量。

三、神魔小說中的蓮生傳說

　　中國古代也有相當豐富的蓮花意象，譬如在先秦文獻中，詩經有「彼澤之陂，有蒲與荷」（《詩經·澤陂》）[25]及「山有扶蘇，隰有荷華」（《詩經·山有扶蘇》）[26]都提到荷花，除

---

23 蓮花是復活再生的象徵，參考 Robert A. Armour, *Gods and Myths of Ancient Egypt*, p. 1.

24 Rose-Marie and Rainer Hagen, *Egypt: People, Gods, Pharaohs*, p. 175.

25 參考公木、趙雨：《詩經全解》（長春：長春出版社，2006 年），頁 164-165。其實該詩第二段提到的蘭，也有可能是蓮花。鄭箋作蓮。至於第三段提及的菡萏，也是蓮花。參考黃忠慎編著：《詩經選注》（台北：五南圖書出版公司，2002 年），頁 288-290。

26黃忠慎編著：《詩經選注》（台北：五南圖書出版公司，2002 年），頁 201-202。

非專門用美刺的道德角度去解釋，荷花大至是情詩中起興的對象；[27]南方的《離騷》也提到「制芰荷以為衣兮，集芙蓉以為裳」[28]，這是以荷花為衣服，或比喻進言不納。[29]這些提到蓮花的古代韻文，除了是指植物之外，就算是隱喻，大概不離道德上美刺或政治上的進言；但似乎並無宗教象徵意義。其後，隨佛教與道教的普及，蓮花在中國文獻中，就多了道教及佛教的重要宗教象徵。而其中跟蓮花象徵特別相關的宗教神話之一，就是哪吒的神話。[30]

從道家的氣化論到民間的道教敘事，當中產生了極大的變化。這種敘事部分表現為神魔小說；譬如民間道教哪吒三太子（Nuo Zha）的蓮花化身就是這方面最廣為人知的神話敘事。在哪吒故事中，其生死變化的生命歷程中，是與蓮花有極大的關係。

據說哪吒是因殺龍宮太子而伏法，削骨還父，削肉還母，魂魄飄盪。後得太乙真人的協助，用蓮花、蓮葉及蓮藕以及金丹，讓哪吒起死回生。而在民間神魔小說《封神演義》中有如下形象化的表述：

> 叫金霞童兒：「把五蓮池中蓮花摘二枝，荷葉摘三個來。」童子忙忙取了荷葉、蓮花，放於地下。真人將

公木、趙雨：《詩經全解》（長春：長春出版社，2006 年），頁 101。
27 深圳一石著，劉軍攝影：《詩經裡的植物》（天津：天津教育出版社，2007年），頁 120-124。又潘富俊著，田勝由攝影：《詩經植物圖鑑》（台北：貓頭鷹出版社，2001 年），頁 138-139。
28 吳福助：《楚辭註繹》（台北：里仁出版社，2007 年），上冊，頁 44。
29 黃靈庚：《楚辭章句疏證》（台北：中華書局，2007 年），冊 1，頁 231-233。
30 李祥林：〈哪吒神話和蓮花母題〉，《民族藝術》，2008 年，第一期，頁 70-77。

花勒下瓣兒，鋪成三才，又將荷葉梗兒折成三百骨節，三個荷葉，按上、中、下，按天、地、人。真人將一粒金丹放於居中，法用先天，氣運九轉，分離龍、坎虎，綽住哪吒魂魄，望荷、蓮裏一推，喝聲：「哪吒不成人形，更待何時！」只聽得馨一聲，跳起一個人來，面如傅粉，唇似塗硃，眼運精光，身長一丈六尺，此乃哪吒蓮花化身，見師父拜倒在地。[31]

近似的說法，也出現在《西遊記》。但小說中的哪吒，到底是源於甚麼宗教呢？既然是神魔小說，就有可能出於道教，而依據明代續道藏中所收錄的《三教源流搜神大全》卷七：

那吒本是玉皇駕下大羅仙，身長六丈，首帶金輪，三頭九眼八臂，口吐青雲，足踏盤石，手持法律，大噉一聲，雲降雨從，乾坤爍動。因世間多魔王，玉帝命降凡，以故托胎於托塔天王李靖。母素知夫人生下長子軍吒，次木吒，師〔筆者註：師應為帥〕三胎那吒。生五日化身浴於東海，腳踏水晶殿，翻身直上寶塔宮。龍王以踏殿故，怒而索戰。師〔筆者註：師應為帥〕時七日，即能戰，殺九龍。老龍無奈何而哀帝，帥知之，截戰於天門之下而龍死焉。不意時上帝壇，手搭如來弓箭，射死石記娘娘之子，而石記興兵。帥取父壇降魔杵西戰而戮之。父以石記為諸魔之領袖，怒其殺之以惹諸魔之兵也。帥遂割肉刻骨還父，而抱真靈

---

31 許仲琳：《封神演義》，第十四回：〈哪吒現蓮花化身〉（香港：中華書局，1990 年），頁 130。

求全於世尊之側。世尊亦以其能降魔故，遂折荷菱為骨、藕為肉、糸為脛、葉為衣而生之。[32]

從這一道藏文獻的記載看來，明代有將哪吒視為道教大仙的紀錄；而且是玉帝的下屬。也就是說蓮生敘事在明代已經出現在官方編訂的道教文獻之中，而並非僅為民間神魔小說的內容而已。

但是出現於道藏也未必就能證明哪吒就是道教的神祇，因為這本書是講三教神靈的，並非專言道教。更應注意的是，削骨還父，削肉還母的作法，並不符合儒家身體髮膚，受諸父母，不敢毀傷的孝道精神；而運用蓮花的物質材料而達成的某種生命再造的做法，也可能跟道教傳統無關。

譬如道德經說生化，是由大道所生的歷程，一般說它有辯證性的氣化運動，所謂一氣轉生應該是主流。而在修練成仙的說法中，多數強調服食藥物的外丹，或者練氣的內丹。這兩方面都跟蓮花化身沒有太大關係，是以，筆者認為需要再考察哪吒的身分，以確定其與道教的關係。現在讓我們再細部看看哪吒的化身過程。

現在關於哪吒的蓮花化身的研究，重點放在哪吒身上，但這蓮花化身的過程，至少涉及三個成分，受救者哪吒，施救者太乙真人及救度材料——蓮花。下文從太乙真人以及蓮花化身儀式兩方面分析：

太乙真人是誰？太乙又稱太乙天尊，或太乙救苦天尊，

---

32 無名氏輯：《三教源流聖帝佛祖搜神大全》明西天竺藏版七卷本，收入王秋桂、李豐楙主編，《中國民間信仰資料彙編》（台北：台灣學生書局，1989 年）。

從道教的神像造型看，蓮花與九頭獅子是常常相隨同現的元素。譬如山西永樂宮的元朝天尊像中，天尊左邊有大蓮花；明清絹紙畫的天尊右足踏在蓮花上，至於塑像則有天尊坐在九頭獅子上，其下則為蓮花座。[33]然而天尊的藝術造型，不足以解釋哪吒的蓮花化身。

又宋代靈寶派甯全真、王契真編《上清靈寶大法》卷十記載：

> 太一救苦天尊，乃始青一炁，元始分形，九聖九真九仙之師，掌普度生炁之元，曰東極青宮長樂世界青玄上帝太乙元皇救苦天尊是也。次政十方，億劫應化，天尊非修證品位，真人蓋元始上帝之苗裔，玄炁神化之分形也，治青玄左府。[34]

依照這一文獻，太乙救苦天尊、太乙真人，並非經由後天「修證品位」，而是先天本在的神，具體的說，祂就是元始祖炁的分形。但《太一救苦護身妙經》云：

> 此東方長樂世界有大慈仁者太一救苦天尊，化身如恒沙數，物隨聲應，或住天宮，或降人間，或居地獄，或攝群邪，或為仙童玉女，或為帝君聖人，或為天尊真人，或為金剛神王，或為魔王力士，或為天師道士，或為皇人老君，或為天醫功曹，或為文武官宰，或為都天元帥，或為教師禪師，或為風師雨師，神通無量，

---

33 太乙真人此一藝術造型，跟道經彷彿。參考《太一救苦護身妙經》，見《正統道藏》（台北：新文豐出版社，1985年），冊10，頁514。

34 見《正統道藏》（台北：新文豐出版社，1985年），冊51，頁741。

功行無窮，尋聲救苦，應物隨機。[35]

此經則強調太乙真人的化身。但是無論用應化身或分形說，都只表示太乙真人是原初神的分身變現；而所謂應化金身，又跟蓮花毫無關聯。所以太乙本身的來源，跟蓮生毫無關係；最多只是「離玉座，躡蓮花」而已。[36]從藝術表現而言，我們觀察太乙天尊在宗教工藝家心目中的造型，雖充分呼應道經中的太乙真人的紀載，但並無蓮花化身的造型；其實，道經提到太乙坐在蓮花上的形象，所以也有坐在蓮臺上的塑像，但太乙神祇本身，則既無蓮生的紀載，也無蓮生的造型。[37]

筆者要進一步考察的是，雖然太乙此道教神祇的來源，跟蓮生無關，但太乙拯救哪吒的道術，又是否與蓮生有關？我認為現有文獻證據沒有積極支持相干性。

有關太乙天尊的專書，做得最詳細的是蕭登福教授的研究，依據蕭教授的研究，太乙天尊主要有三種工作：「一是天上東方長樂淨土的接引者，一是人間苦難的救渡者，一是地獄亡魂的薦拔者。」[38]六朝道經所述太乙真人救苦方式，包含度亡與預修，其實，多是用柳枝灑水以去除疾病；至於救度亡靈，則有豎幡，立壇，燃燈燒香，誦經行道。唐宋以後

---

35 參考《太一救苦護身妙經》，見《正統道藏》（台北：新文豐出版社，1985 年），冊 10，頁 513。
36 參考《太一救苦護身妙經》，見《正統道藏》（台北：新文豐出版社，1985 年），冊 10，頁 513。
37 劉科：〈太乙救苦天尊圖像研究〉，《宗教學研究》，2014 年，第一期。
38 蕭登福編著，《道教地獄教主——太乙救苦天尊》（台北：文津出版社，2006 年），頁 7。

科儀更加繁雜，靈寶無量度人上品妙經所載：

> 元始符命，時刻昇遷。北都寒池，部衛形魂。制魔保
> 舉，度品南宮。死魂受鍊，仙化成人。生身受度，劫
> 劫長存。隨劫輪轉，與天齊年。永度三途五苦八難，
> 超凌三界，逍遙上清。[39]

至於去地獄救亡靈，則為破地獄、立壇行道、燃燈、豎
幡、誦經，對於橫死及久病的，還用天醫治療身心，然後進
行煉度。這包含用黃花之水蕩屍形，用流火之膏鍊鬼質，再
由太一，司命等神生神具形，然後引昇天界。[40]但這一道教
「水火交煉，仙化登真」的宗教想像，跟蓮花化身之間差別
極大：

太乙救哪吒：取荷葉蓮花放地下，鋪成三才→將荷葉梗
折成三百骨節→三個荷葉，按上、中、下，按天、地、人→
將金丹居中→法用先天，氣運九轉，分離龍、坎虎，綽住哪
吒魂魄→望荷、蓮裏一推，喝聲。

太乙救亡靈：豎幡→立壇→燃燈燒香，誦經行道→用黃
花之水蕩屍形，用流火之膏鍊鬼質→由太一、司命等神生神
具形，然後引昇天界。

從上述兩個過程看來，二者差距極大，不應混為一談。

此外，道教重點在歸根復命，這句話出自莊子，歷來有
不同解釋，但放在道教的儀式上，其實是表示回歸根源，恢

---

39 《靈寶無量上品妙經》版本不少，迄今為止，以蕭登福先生整校版最
優；參蕭登福：《靈寶無量度人上品妙經今註今譯》（台北：文津出版
社，2008年），頁137-143。

40 這裡有關靈寶傳統的度亡過程與儀式，參考蕭登福：《靈寶無量度人
上品妙經今註今譯》（台北：文津出版社，2008年），頁9-17。

復生命。這就涉及煉度，所謂煉度就是鍛鍊與超渡，也就是說死者必須經歷一個鍛鍊的過程然後才可以超度。道教儀式經常出現所謂水火煉度，這裡的水，就是「太乙之炁，坎位之精」的九龍水。就是替亡靈洗澡，這象徵洗去一切罪惡，當然也常跟隨所謂散花解結，就是用打開綁了銅錢的紐結，象徵所謂解除一切恩怨罪衍。當然，水火可以是用存想方式，以意造境，用元氣（水）與元神（火）做；在施食時，道士也有用丹田的火，配上腎水，進行準備；而在道門儀式，也有「水池火沼」的表現形式，就是用一碗水及燒符，將離散的魂魄集中，並且洗滌罪惡，以準備投胎往生。[41]

　　總之，看來道經所記載太乙拯救亡靈的流程，並未有採用蓮花化身以資救渡的說法。而且，對比上述兩種救度，其實差別很大。不過，哪吒並非普通亡靈，祂是天神，故而或需使用不同的拯救方法；但從僅有的資料，我們或可以暫時推論說，蓮花生的說法，應該在道教以外尋找淵源。

四、漢傳佛教的蓮生神話

　　依據《西遊記》的紀載，讓哪吒得以轉化得救的並非道教的太乙真人，而是佛教的世尊。第八十三回說：

　　〔哪吒〕這太子三朝兒就下海淨身閻禍，踏倒水晶宮，

---

41 有關煉渡之簡述，參考李豐楙：〈道教與中國人的生命禮俗〉，收入靈鷲山般若文教基金會國際佛學研究中心主編：《宗教與生命禮俗》（台北：靈鷲山般若文教基金會國際佛學研究中心，1994 年），頁 181-242，特別是頁 218-222。

捉住蛟龍要抽筋為子。天王知道，恐生後患，欲殺之，哪吒憤怒，將刀在手，便割肉還母，剔骨還父，還了父精母血。一點魂魄，徑到西方極樂世界告佛……**佛慧眼一看，知是哪吒知魂，即將碧藕為骨，荷葉為衣，唸動起死回生真言，哪吒遂得了性命。**[42]

依照這一版本的敘事，則哪吒的起死回生，並非由太乙所為，而為佛陀所救。細考哪吒的淵源，其實可以追溯到佛教。[43]考察哪吒跟佛教有關的資料，倒有不少。

蘇轍(1039－1112)《欒城集》有詩詠哪吒：

北方天王有狂子，只知拜佛不拜父。佛知其愚難教語，寶塔令父左手舉。兒來見佛頭輒俯，且與拜父略相似。[44]

北方天王是佛教護法天王，所以蘇轍的詩顯示他本人知道哪吒的佛教淵源；我們看其他唐宋文獻，也記載哪吒為佛教護法神的身分。

宋代贊寧（919-1001）編撰的《高僧傳》有如下記載：

貞觀中……〔宣律〕於西明寺夜行道，足跌，前階有物扶持，履空無害，熟顧視之，乃少年也。宣遽問：「何人中夜在此？」少年曰：「某非常人，即毘沙門天王之子那吒也，護法之故，擁護和尚時之久

---

42 吳承恩：《西遊記（下冊）》（北京：人民文學出版社，1980 年），頁1060。

43 柳存仁：〈沙門天王父子與中國小說之關係〉，《和風堂文集》（上海：上海古籍出版社，1991 年），頁 1061。

44 蘇轍：〈哪吒〉，見蘇轍：《欒城集》，冊 3，卷一。

矣。」[45]

類似的記錄也同見於晚唐鄭棨（861-874）的記載：

> 宣律精苦之甚，常夜行道，臨階墜墮，忽覺有人奉承
> 其足，宣律顧視之，乃少年也。宣律遽問：「弟子何
> 人，中夜在此？」少年曰：「某非常人，即毗沙王之
> 子，那吒太子也。護法之故，擁護和尚久矣。」[46]

宣律是否有此神奇遭遇，自然無從判斷，但自唐末到宋
朝，有人將哪吒視為佛教的護法，這是無可置疑的。

而且，從這些宗教故事，可以知道這年輕的神祇，在這
些敘事中是跟毗沙門天王有關。不過，在不同敘事中，天王
跟哪吒的關係也有不同講法，有主張哪吒為天王之子，也有
稱之為天王之孫。譬如《毗沙門儀軌》記載：

> 奉佛教勅。令第三子那吒捧塔隨天王……每月一日，
> 天王與諸天鬼神集會，十一日第二子獨健辭父王巡界
> 日，十五日與四天王集會日，二十一日那吒與父王交
> 塔日。……天王第二子獨健，常領天兵護其國界，天
> 王第三子那吒太子，捧塔常隨天王。[47]

這是將那吒視為天王的第三子。但是也有主其為天王之
孫；唐朝三藏不空大師所譯的《北方毗沙門天王隨軍護法儀
軌》中記載：

> 爾時那吒太子，手捧戟，以惡眼見四方白佛言：我是

45　贊寧：〈宋高僧傳〉，收入《景印文淵閣四庫全書》，冊 1052（台北：
　　台灣商務印書館，1986 年），頁 185。
46　鄭棨：〈開天傳信記〉，收入《景印文淵閣四庫全書》，冊 1042。
47　《大正新修大藏經》，冊 21，《毗沙門儀軌》，卷一（臺北：新文豐，
　　1973 年），頁 228。

> 北方天王吹室羅摩那羅闍第三王子其第二之孫，我祖
> 父天王及我那吒同共每日三度，白佛言：我護持佛法。
> 欲攝縛惡人或起不善之心。我晝夜守護國王大臣及百
> 官僚，相與殺害打陵，如是之輩者，我等哪吒以金剛
> 杖刺其眼及其心。若為比丘、比丘尼、優婆塞、優婆
> 夷，起不善心及殺害心者，亦以金剛棒打其頭。[48]

　　這一文獻就將天王與挪吒視為祖孫的關係。但無論哪吒
是天王之兒子還是孫子，此一神祇來自印度，似無疑問；因
為上述關於哪吒的記載並非出於中國文人之創造，而是翻譯
佛典的依據。而從文獻考察，其梵名就是 Nalakuvara 或
Nalakubala，中文翻譯表其音，稱為那拏天、那羅鳩婆、那
吒矩伐囉、那羅鳩伐羅、那吒鳩跋羅、那吒俱伐羅等，哪吒
自然是簡稱。祂是護持佛法，守護國王百官的善神。走筆至
此，哪吒源於佛教信仰，應該是可信的。

　　蓮花在佛教經典非常繁富，印度的蓮花有不同品種，其
碩大者，的確可以當船使用；而蓮花自然可以視為從此岸到
彼岸的渡過生死大海的象徵。而蓮生正可以指坐蓮往生，這
在淨土信仰中，是很普遍的說法。可見蓮花可以是一種交通
工具，它讓往生者得以到達一個死後新世界。但是蓮生有更
深層意義，它就是一種心身靈的轉變，而不僅是坐蓮往生的
意思。

　　值得注意的是蓮花生跟一般的生產方式是絕對不同的，

---

48 不空譯：《北方毘沙門天王隨軍護法儀軌》，中華電子學會出版
　　CBETA，T1247，T21n1247.pdf (ntu.edu.tw)。（檢索日期：2016 年 6
　　月 4 日。

傳統佛教認為有四種生產方式。佛教有「六道輪迴說」，即眾生因前世與今生的造作，產生業力，業力驅使六道眾生，往生三善道或三惡道。而在六道的生長的模態，又分為四類，稱為「胎、卵、濕、化」四生。據《增壹阿含經》：

> 爾時，世尊告諸比丘：有此四生。云何為四？所謂卵生、胎生、濕生、化生。彼云何名為卵生？所謂卵生者，雞、雀、烏、鵲、孔雀、蛇、魚、蟻子之屬，皆是卵生。是謂名為卵生。彼云何名為胎生？所謂人及畜生，至二足蟲，是謂名為胎生。彼云何名為因緣生？所謂腐肉中蟲、廁中蟲、如尸中蟲。如是之屬，皆名為因緣生。彼云何名為化生？所謂諸天、大地獄、餓鬼、若人、若畜生，是謂名為化生。是謂，比丘！有此四生。諸比丘捨離此四生，當求方便，成四諦法。如是，諸比丘！當作是學。[49]

其中「化生」是不須要父母外緣，無涉及精血，更不及淫慾。所以可以是最清淨無垢的，例如，彌勒菩薩於兜率天宮寶座中化生，就是無垢的化生。

對比四種不同的出生方式，我們可以知道蓮花化身是非常特別的。讓我們想像在子宮內的炎熱、潮濕，以及生產前後母子都要經歷的痛苦，流淚甚至流血。就足以理解生產並不只有值得慶幸的一面，至少也包含污穢與痛苦。是以傳統佛弟子，紀念生辰之時，更多一分感念母親的苦痛，並稱生日為母難日。

---

49 提婆譯：《增壹阿含經》卷十七，《大正新脩大藏經》，第二冊，頁632。

　　但是化身既不涉及淫慾，也不涉及流血，它是獨特的生命由來形式，它是淨而無染，而且甚至充滿祝福。而蓮花化身正象徵這一種神聖的轉生（transformative）特徵，這是因為蓮花出於汙泥而不染，離開汙泥而盛開的蓮花，就象徵離垢得淨，擺脫汙染的凡塵俗世，而到達清淨的淨土世間。

　　蓮花方式的化生已經包含超越界的，而並非僅僅是人類的轉化新生的特殊形式。無論如何，蓮花化身實質上是一脫離凡胎而徹底轉變的特殊轉化再生型態，如果用來理解哪吒的傳說，似乎很容易理解哪吒特殊生命歷程，所要經歷的徹底變化。其實哪吒的生命，也經歷一徹底變化；他出生就活潑，甚至有點野性，脾氣不好，又愛闖禍，甚至忤逆父親，本身就有點異常；後來竟然要變為幫助消滅邪魔的正義力量，甚至統領中軍的元帥，又是降妖伏魔的佛教護法神，這幾乎就是神仙版的馴獸經歷。所以哪吒的蓮花化身，其實也充滿佛教降魔的象徵。

　　佛教的降魔，並不只收服外道的神祇，更重要是收服內心的心魔，而完成一個轉迷成覺的成佛過程；依照淨土經典的記載，這蓮花化身，就是一成佛的環節。甚至主張九品往生，以劃分不同的程度，進行持續修行。[50]

　　阿彌陀佛將死者接引到西天，要憑藉阿彌陀佛的慈悲願力，其實就是他力救度。眾生程度不同，於是參照大家的成績（業力），分開九個級別，安排這些往生者。這是依據他們的業報來進行高低不同的分發，然後再求努力學習修行；總

---

50 有關淨土的九品往生說，可以參考吳有能：〈佛教的神聖空間〉，《台灣宗教研究》，第十三卷，第一期，2014 年 6 月，頁 63-98。

之，依靠阿彌陀佛的他力雖然得以帶業往生淨土，但還是要在淨土中修行才行。

這種蓮花化生到極樂世界可說是淨土的重要教義，在敦煌淨土壁畫中，我們看到蓮生童子，就有不同的蓮花化身的安排，有些還在蓮花裡面繼續修行，整個身體藏在蓮花中；有些修行久了，已經在蓮花中冒出頭來，有些更高級別了，就從蓮花中爬出，到了八功德水中暢泳。更有修行更高的，就排上水榭，去拜菩薩了。這些藝術手法，其實是表現蓮花轉生到的淨土，仍然需要努力修行，而各階段的修行，就用不同小孩在型態去呈現出來。[51]

五、對比反思

對比的反思蓮花的宗教意義，最可注意的自然是榮格及其後學所發展的思論；實際上，榮格的著作，不但廣泛的涉及許多不同植物，其原形研究更是影響深遠的心理學取向與原型研究；[52]在這方面繼承榮格進路的最重要代表作首推紐曼（Erich Neumann）的「大母神」解釋[53]；大母神常是土地

---

51 參考吳有能：〈佛教的神聖空間〉，《台灣宗教研究》，第十三卷。第一期，2014 年 6 月，頁 63-98。

52 榮格從心理(psyche)去解釋如蓮花、荷花、玫瑰等花，放在心理、靈性的發展。有關這一種將心理與象徵配合起來的心理學進路，可以參考 Richard Wilhelm translated and explained with a European commentary by C. G. Jung. *The Secret of the Golden Flower: A Chinese Book of Life* (London: Kegan Paul, Trench, Trubner & Co. Ltd., 1945), especially pp. 136-137.

53 Erich Neumann. Ralph Manheim trans. *The Great Mother: An Analysis of the Archetype* (Princeton, N. J.: Princeton University, 1963).

與肥沃的神祇，或者是天空與雨水的神祇；她掌握植物，所以也常是農業之神；這類神祇常提供地上的食物，以養育人類。所以依照紐曼的理解，大地神常跟某種植物象徵關聯起來，譬如印度與埃及的蓮花就是例子。紐曼認為蓮花與百合花等提供神聖誕生的原型。然而，近年考古學者對於古代是否有大母神，也有不同意見，引起不少爭議。[54]除了像榮格及紐曼這樣從心理以及原型研究的分析外，筆者認為就比較宗教現象而言，未必需要從宗教以外的心理分析去看，反而可以回頭注意該現象在宗教自身的解釋。在比較宗教學方面，筆者提出下列四點比較。

第一，我們觀察到蓮花這種植物出現在近東乃至遠東不同地區的宗教，而共通點之一是，它是跟生命有關的象徵。本研究認為在這些東方宗教的敘事中，蓮花與生命是密切相關的，有些側重生命的再生，有些強調生命的創生。創生是從沒有創造出新生命，而所謂再生即是死而復生，不論在漢傳佛教、道教或埃及宗教中都看到蓮花的再生象徵，這是第一個重點。

第二，蓮生創生與蓮花再生的分別何在？在埃及宗教創世的敘事當中，有一說法是認為神是從蓮花生出的。然而，佛道都沒有類似的創生或創世說。但是佛教有坐蓮往生極樂

---

54 現代考古學者一般並不認為遠古時代有大母神的信仰，而認為祂不過是十九到二十世紀，歷經榮格等人的學術建構而已。參考 Martin Liebscher's "Preface" to Erich Neumann's *The Great Mother: An Analysis of the Archetype* (Princeton, N. J.: Princeton University, 2015), pp. vii-X. Gimbutas, Marija. *The Language of the Goddess: Unearthing the Hidden Symbols of Western Civilization* (San Francisco: Harper & Row, 1989).

淨土的信仰，在淨土宗，更有蓮花化身之說。而道教文獻雖沒有相似的傳說，但哪吒重生的敘事，顯示以蓮花作為物質條件的重生想像。所以三宗教的蓮生敘事分別顯示創生與再生的元素。

　　蓮本有不同品種，而品類的不同，而又在埃及與佛道二教的敘事中頗有差異；倘從蓮的品類之殊，或可以解釋蓮花在不同宗教中的差異。譬如從朝夕開合的敘事，我們可以判斷古代埃及信仰中提到的蓮花，應是睡蓮；而遠東地區的敘事中，則兼及荷蓮。睡蓮葉子貼在水面，沒有蓮蓬，不長蓮子與蓮藕，是四季開花的植物。而荷蓮的葉子則挺出水面，有蓮蓬，會長蓮子，也有蓮藕，但只是夏季開花。是以在以睡蓮為主的埃及宗教敘事中，自然不會出現蓮子與蓮藕的想像；而印度中國多長荷蓮，很容易將荷花的不同成分，結合到宗教想像去。是以淨土有「蓮胎服惑」之說，這是說業力尚未清淨的死者，將納入蓮子之中繼續修行，這一宗教敘事運用的就是睡蓮所沒有的蓮子作為宗教象徵；而反映出蓮花象徵跟淨土的如來藏關聯，[55]至於道道神魔小說的哪吒就提到用荷葉與蓮藕，就更清楚，作者所運用的創作對象就是荷花。本研究從蓮的品類之殊，來解釋埃及與佛道宗教敘事中所指涉的蓮，其實不同。而蓮既然關聯到生死的想像，而傳統的生死觀，又多與靈肉關係相關，是以我們應進而思考蓮花的

---

55 淨土宗屬於如來藏的系統，而如來藏梵文是 *Tathāgatagarbha*，其中字尾"*garbha*"就有胎藏的意思；而蓮蓬也用相同的一字；淨土宗從蓮胎伏惑到花開見佛，就是慢慢修行而得到成就的過程，這就好比蓮蓬中的蓮胎（子），慢慢通過培育而得以開悟，所以兩者是頗有因緣的。

再生想像在靈肉關係上的論述。

第三，在靈肉關係上，在佛教敘事中，蓮花就是一個純粹靈體離開肉體的轉化方式，即是以靈體而非肉體的身份來轉化。例如，佛教論述中關於往生極樂世界過程，其實是人離開身軀往生到淨土世界，而整個過程，並沒有帶同肉身轉生極樂世界；因此這是靈而非肉的方式完成轉化，而這種想像是跟道教蓮花的化身想像不同。

在道教敘事中，蓮花化身明顯重視物質材料。所以在哪吒的敘事之中，蓮花的不同部位就成了哪吒再生的物質性元素。而植物的不同部位，如荷葉、蓮藕等等，就呼應着人的肉體的不同部分。通過蓮花所提供的物質性的材料再加上一種咒語和儀式才完成了生命轉化的歷程。因此，道教的蓮花化身的敘事並不是靈而非肉的，反而是靈肉結合的。

至於在古埃及宗教之中，也有人主張太陽神從蓮花產出；同時，蓮花每天的開闔，又象徵太陽神每天往返冥陽兩界。但當蓮花放在亡靈的復活的象徵上，蓮花就是一種取得靈能的手段，聞嗅蓮花的香氣，就是得到靈力的方式之一。所以埃及人既以蓮花供養諸神，也手持蓮花以取得能力。所以蓮花是重要的物質依據，讓人們的宗教生命得以純潔化。不過，跟道教不同，此中的蓮花並非用以替代肉體而完成轉生的工具，埃及人還是相信必須保有形體，死後才能復活。因此，這種靈體與一般與人共享相同形象的靈魂。從這種說法來看，如果佛教的蓮花轉化是靈而非肉的，而道教是靈肉結合的，則埃及宗教可謂於兩者之間。

第四，從蓮花做為載體而言，我們也可以觀察到其在不

同宗教的差別所在。

西方神學家田立克的象徵研究中提及到，象徵是表述一些我們不能表達的最後真實，同時也分享了最後的關懷的某一種力量。例如他舉出的國旗一例，國旗便是分享了國家的榮辱及力量。在以蓮花作為宗教符號的研究之中，我們可對田立克的觀察作一些回應。其一，在象徵說明的蓮花化身之中，蓮花自身並沒有靈力，只是作為一個象徵來說明一種神話性的敘事。但是，在埃及的宗教敘事之中，蓮花因其香氣代表著神的力量。因此聞蓮花即是吸收了神的力量，蓮花不但象徵著力量，也是力量的載體（container of power）。而在道教的神話傳說中，蓮花也是一種載體，而這個載體是經過道士的咒語及儀式得到了一種靈力的轉變。

而在佛教中，往生是藉著坐蓮花去到極樂世界，而蓮花就是一種盛載靈命的載體。死者再生即是靈命坐著蓮花這交通工具到達極樂世界，所以蓮花即象徵著最後世界，同時也引領著人到最後世界的一個重要載體。甚至它有一種靈能，坐蓮到極樂世界即蓮花是一讓人渡過彼岸的載體。[56]就此而言，蓮花就不只是一種跨越生死的工具，更是由此岸到彼岸的載體。了脫生死海，就是跨越六道輪迴的界限，所以蓮花自然也表達宗教上的跨界想像。

---

56 感謝《臺大佛學研究》評審提出印度的蓮花體型碩大，可以想像該地蓮花能載人渡河。事實上，淨土就常有坐蓮往生的觀念，此當然反映從此案到彼岸的想像。

六、結　論

　　本文運用比較宗教的手法，考究埃及與中國佛道二教傳統有關的蓮生神話敘事，試圖指出蓮花生是橫跨亞洲許多不同宗教文化所共享的宗教象徵。

　　本文提出蓮花這一宗教象徵跟生命有關，認為在關於蓮花的宗教敘事中，有些側重生命的再生，有些強調生命的創生。創生是從沒有創造出新生命，而所謂再生即是死而復生。埃及有太陽神從蓮花創生的敘事，而不論在漢傳佛教、道教或埃及宗教都看到蓮花的再生象徵。

　　筆者也試圖從植物的物質上差異，解釋上層的宗教建築。譬如蓮花有不同品類，而不同品類，確實影響不同地區的宗教想像。是以埃及宗教敘事中的水蓮，僅涉及花朵，而佛教與中土民間神魔敘事的蓮花化身，就常涉及蓮花的葉子與蓮藕，於是也反映在靈肉關係上的不同看法。

　　而就蓮花的宗教象徵及想像而言，本文認為由於水蓮的生長特點，呈現為朝開夕合，很容易被想像為生死循環的象徵。此外，蓮花出污泥而不染的特性，形成染淨與迷覺的「二元結構想像」；而蓮花又成為凡俗世界到終極世界，由此岸到彼岸的宗教方面的跨界想像。當然，蓮花相關的二元世界是相關而不相同的，隔離而不隔絕的。所以無論是離垢清淨的特性，或凡聖二元性的思想，也都包含跨越界限，並產生神聖性的敘事；無論是花盡神出的埃及太陽神[57]，「花開見佛」

---

57 George Hart, *Egyptian Myths: The Legendary Past* (Austin: University of

的淨土世界，還是用蓮花不同部位去讓哪吒再生，都涉及從凡塵到神聖的跨越與轉生。

此外，蓮花被關聯到某種靈能，甚至被視為化生或往生的載體；其實，這全都建立在古代對蓮花的宗教想像，而這是常常跟生命相關的。特別是神聖生命的創生或再生方面，埃及「蓮生日神」，佛教的「花開見佛」都可以視為神聖生命從蓮花中創生出來；至於哪吒傳說方面，道教與佛教的敘事中，都有通過蓮花的媒介，讓死者得以再生的故事；至於在埃及傳說中，則蓮花的開闔，也象徵死亡（黑夜）到再生復活（白天）的歷程，是以無論古代埃及與佛道三教，在死後復活的宗教想像方面，都分享相同的象徵結構。

綜上所述，蓮花確實是古代宗教的重要象徵，其植物特性，譬如開闔運動，散發香氣，以及蓮花的不同部位，都影響其在宗教傳說的地位。但無論差別何在，它們也有共通之處，最明顯的就是蓮與創生生命及再生生命有關；而這又涉及通過蓮花而有的種種「跨界想像」，譬如跨越凡俗到神聖，跨過污染到清淨，或跨越死亡到再生等等，所以筆者主張，蓮在比較宗教象徵方面具有跨界想像的意義。

Texas Press, 1990), p. 16.

第二章　佛教的神聖空間
——從伊利亞德觀點分析香港兩例

一、導　言

本章擬從伊利亞德（Eliade Mircea，或中譯為艾良德[1]，1907-1986）的視角管窺佛教的神聖空間；是次研究的對象是香港普照堂密教法會及志蓮淨苑建築群。[2]本文探究的密教法會則是 2011 年元朗普照堂主辦，並由少東上師主壇的密教法會。[3]雖然這兩研究對象看似毫不相關，但同樣關涉信徒心中的神聖空間，因此可以成為比較討論的對象。

---

1 有關伊利亞德的簡明介紹，可以參考 Joseph M. Kitagawa, "Eliade, Mircea", *The Encyclopedia of Religion.* (N.Y.: Macmillan Publishing Company), 1987, Vol. 5, pp. 85-90.

2 有關志蓮淨苑的簡介，可以參考官方網頁：http://www.chilineldser.org/。檢索日期：2014 年 10 月 10 日。

3 普照堂是一稱為真佛宗的宗派的分堂，該宗派自我定位為新興漢傳密宗單位。該堂在 1992 年開堂，由蓮蹻上師負責，現在普照堂位於香港新界元朗教育路，由吳蘭絲女士負責。普照堂暫無文獻資料介紹，上述資料是吳蘭絲堂主所提供。有關真佛宗的簡介，可以參考鄭志明：《當代新興宗教——修行團體篇》（嘉義：宗教文化研究所，2000 年），頁 196-256。丁仁傑：〈對於盧勝彥真佛宗的一個初步分紹〉，見氏著：《社會分化與宗教制度變遷》（台北：聯經出版社，2004 年），頁 541-607。

　　這裡先簡介兩個研究對象，然後再說明研究方法。志蓮淨苑位於香港九龍鑽石山，該淨苑以仿唐代木結構建築為特色，與緊鄰的斧山公園及南蓮園池結合為仿唐建築群，共分東蓮園、西蓮園、蓮園以及南蓮園池地主要部份，是香港的特色建築及景點之一。而本文所謂志蓮淨苑建築群是以淨苑為中心，並包含南面的南蓮園池以及佛廟旁邊的安老院、志蓮夜書院及小學。志蓮淨苑本為陳七的花園別墅，因陳七信佛，遂將之廉價售予覺一法師及葦庵法師，以弘揚佛法。1934年葦庵法師和覺一法師，成立女眾十方叢林。後因國共內戰，大量難民湧入香港，並聚居於黃大仙及鑽石山一帶的木屋，於是志蓮淨苑從 1948 年起先後開辦義學、孤兒院及安老院等，收容貧苦無依大眾。1980 年代，香港政府因建大老山隧道而必須清拆志蓮淨苑及周邊木屋區，於是產生志蓮淨苑的重建計劃；重建工程從 1989 年展開，而 2000 年 5 月 18 日淨苑正式落成啟用。[4]由於淨苑可說是香港佛教建築中最講究的，而且也是唯一仿唐木構建築，在香港佛教中有高度重要性，是以研究價值甚高。

　　現在的普照堂沒有法師，所以只以同修會形式匯聚同門，共修密法。每遇需要舉辦大型法會之時機，普明堂會向外禮請主壇法師，主持該次法會。但主持法會的法師並非固定，通常是請同宗的法師或上師擔任臨時性任務。本文研究的密教法會，舉辦的地點在香港新界藍地菜園村，由蓮花少

---

4 參鄧家宇：《二十世紀之香港佛教》（九龍：香港史學會，2008 年），頁44。

東上師主持。[5]雖然普照堂只是微型的同修會，但是從法會看，可說是該宗派的典型象徵；少東上師是該宗派內知名的學問僧，本身中英文流利；加上其佛堂在溫哥華，鄰近西雅圖彩虹山莊，是以多聞法益，得其師尊親傳；相對於台灣或印尼，該宗派在香港的上師不多，而其中熱心學術者更少；少東上師是香港地區其中一個重要有代表性的上師。同時，由於他的電台節目，吸引弟子眾多；加上他對學術有濃厚興趣，不但在香港中文大學開班授課，也願意提供研究者許多方便。所以本文選取其所主壇的法會，進行研究。

　　本文採用宗教現象學為主要研究方法。現象學本為胡塞爾（Edmund Husserl, 1859-1938）所創立的哲學運動，但其後現象學的發展波瀾壯闊，影響深遠，早已不囿於哲學思潮，而發展為跨越不同學科的現象學運動。[6]在宗教現象學方面，最著名者當為伊利亞德，他的現象學研究並非關心社會功能及宗教在社會結構中的角色。反之，宗教現象學留意的是宗教結構及理念的原型。現象學肯定本質直觀，並將宗教視為人類對神聖的回應（human's response to the sacred）[7]。有關伊利亞德的研究可謂汗牛充棟，而筆者特別受惠於愛奧華大學宗教學院巴德院長的研究，巴德（Robert D. Baird, 1933- ）

5　少東上師在加拿大溫哥華及香港都設有普明同修會，能以流利中英文弘法，並主持電台節目寬講心靈，頗受聽眾歡迎。

6　有關哲學現象學的發展，可以參考 Herbert Spiegelberg, *Phenomenological Movement: A Historical Introduction*. 3rd rev. and enlarged ed. (Springer, 1981). 近年國人開始運用現象學研究宗教，參曾慶豹編：《現象學與漢語神學》，（香港：道風書社，2007年）。

7　Mircea Eliade, *Patterns in Comparative Religion* (Cleveland: The World Publishing Company, 1967), p. 30.

從符號系統、儀式及神話三方面凸顯伊利亞德的觀點，並指出三者背後都存在一恆常的結構。[8]

其實，符號象徵、儀式與神話三者都是宗教學研究的關鍵概念，非三言兩語可完整交代；但是，此處仍需簡述伊利亞德的看法，以利下文分析。在三者之中，伊利亞德比較重視符號象徵與神話。[9]象徵指代表及承載抽象意義的具體事物，譬如宗教藝術象徵就代表及承載種種宗教的意義，宗教畫作與一般畫作的差別就在於其所象徵的宗教意義；譬如西藏佛畫就有很明顯的宗教色彩，宗者拉杰・多杰仁青說：「藏傳佛教繪畫藝術，從其表現形式與內容來看，仍未能超出佛教顯密經典中的論述。」[10]至於宗教儀式是教徒所從事的媒介性活動，它是經由傳統、詮釋及自我表達而構成複雜的、特定的社會文化媒介；而這一被選定媒介是有一定的目的，它的目的在引發出此時此地的人與並非立即可見的能量、權威及價值的關係。譬如迎神的儀式，就是一整套溝通此時此

---

8 Robert D. Baird, *Category Formation and the History of Religions*, (N.Y.: Mouton de Gruyter, 1991), 2nd edition, p.74.
9 伊利亞德認為符號、神話與儀式表達出一複雜系統，而該系統肯定了事物的終極實在・參考氏著 *Cosmos and History: The Myth of the Eternal Return*. Trans. W. R. Trask (N.Y.: Harper & Brother, 1954), p. 3.但是在符號、神話與儀式三者之中，伊利亞德給予宗教神話與符號特別的重視・當然現象學只是要減低，而非取消儀式的重要性（minimize but not dismiss）。所以現象學跟一般觀點不同，它並不將儀式視為相對穩定的。反之，現象學更加重視的是在神話背後的穩定結構，因為那擁有更強的穩定性。See Catherine Bell, "The Phenomenology of Religions," in her *Ritual: Perspectives and Dimensions* (Oxford: Oxford University Press, 1997) , pp. 8-11.
10 參宗者拉杰・多杰仁青著：《藏畫藝術概論》（北京：民族出版社，2002年），頁 284。

地的人與超越神的媒介性活動。至於神話，則是一組關於遙遠時代的敘事，這一敘事常常是關於天神、祖先等的故事；對於伊利亞德來說，神話反映古代民眾的原始思維，它顯示一種世界觀念，尤其是古民族對「真實」（reality）的理解；而對於世界真實的理解，其實不但反映出外在「真實」的結構。同時，也揭示著人們的存在處境；所以對伊利亞德來說，這也是後設心理分析（metapsychoanalysis）。[11]總而言之，符號可以象徵宗教的神聖向度，而對信徒而言，儀式又有溝通人神的媒介功能。至於神話，則既顯示人們對世界的理解，也揭示其心理。所以符號象徵、儀式與神話三者合成三個相關的分析項目。檢視伊利亞德文獻，筆者認為巴德的觀點頗能探驪得珠，是以本文借鑒伊利亞德的符號、儀式及神話的取徑，分析兩個佛教道場的神聖空間，並試圖發掘出其背後的恆常的信仰。最後，運用本研究所得試圖反思伊利亞德說之不足，並試圖指出中國佛教神聖空間的特色。

　　神聖空間的概念雖非伊利亞德所創，而討論神聖空間也不只伊氏一人而已，但無論如何，神聖空間理論以伊氏所論貢獻最多，影響也最大，可惜雖然國人雖已經注意伊利亞德，並也有運用其學說，[12]但在分析宗教神聖方面，仍鮮觸及伊利亞德的神聖空間論，[13]是以本文先介紹伊利亞德，並簡述

---

11 See Robert Luyster, "The Study of Myth: Two Approaches," in *Journal of Bible and Religion*, Vol. 34, No., 3, (July, 1966), pp. 235-243, esp., pp.236-237.

12 譬如中央研究院中國文哲研究所李豐楙教授就曾運用其學說以詮釋道教及台灣宗教。

13 譬如盧蕙馨、陳德光與林長寬主編：《宗教神聖：現象與詮釋》（台北：五南出版社，2003 年）。

其神聖空間論。

二、伊利亞德及其《神聖與世俗》

（一）伊利亞德生平及學術貢獻

伊利亞德創立宗教研究中影響深遠的芝加哥學派，[14]貢獻卓越；他學養豐富，兼通東西，接續了瓦池（Joachim Wach, 1898-1955）的比較傳統，壯大比較宗教學與宗教史研究的陣營。[15]其實他本身就是比較宗教史與宗教史的重要實踐者，[16]大力推動比較研究及東方思想的研究。後來芝加哥學派代有人出，特別在東方思想方面培養出代表性學者如北川三夫（1915-1992）等，其著作迄今仍然是宗教學不能忽視的重要經典。雖然伊氏已經過世多年，而其理論也被不同領域的專家批評為過度概括，甚至有違經驗證據，但正如芝加哥神學

---

14 以上生平簡介，主要參考芝加哥學派北川三夫教授的介紹。Joseph M. Kitagawa, "Eliade, Mircea", *The Encyclopedia of Religion.* Vol. 5, pp. 85-90. 伊利亞德有兩冊自傳，Mircea Eliade; translated by Mac Linscott Ricketts. *Autobiography* (Chicago: University of Chicago Press, 1990).

15 See Sharpe, Eric. *Comparative Religion: A History* (La Salle, Illinois: Open Court, 1987) 2nd ed., pp. 213-217; 220-250.

16 伊利亞德著作甚豐，譬如 *A History of Religious Ideas*, vol. I, *From the Stone Age to the Eleusinian Mysteries*, translated: W. Trask. (Chicago, IL: University of Chicago Press, 1978), *A History of Religious Ideas*, vol. II, *From Gautama Buddha to the Triumph of Christianity*, translated: W. Trask. (Chicago, IL: University of Chicago Press, 1982) and *The History of Religious Ideas*, vol. III, *From Muhammad to the Age of the Reforms*, translated: A. Hiltebeitel and D. Apostolos-Cappadona, (Chicago, IL: University of Chicago Press, 1985).

院講座教授 Wendy Doniger（1940-）所言，伊氏的立論迄今仍然是比較宗教研究的起步點（starting points for the comparative study of religion），而且也足以解釋許多當年伊氏沒有接觸過的數據。[17]在他汗牛充棟的著作中跟我們討論主題相關是《神聖與凡俗》一書。在宗教經驗中，他特別強調「顯聖」（hierophanies）的觀念，並將人類經驗區分為神聖與凡俗，於是區隔出聖與俗的空間。[18]

（二）伊利亞德的《神聖與凡俗》

伊利亞德是 20 世紀最受肯定與關注的宗教學家之一，其名著《聖與俗》更是當代宗教學扛鼎之作，是絕大多數美國大學宗教系課程必讀的經典名著。

伊利亞德認為不同宗教儘管各有特色，但彼此之間存在共同的結構，可以讓各教放下成見，平等相待。這一點意見很有意義，一般人習慣將宗教分為理性的與迷信的，但因為我們根本難以找到判定迷信的客觀標準。同時，又有甚麼人可以為所有宗教制定迷信標準呢？我們經常看到的情況是有人自居為正統或自視為正教，而強將異己的判定為邪教異端。從這個角度看，理性與迷信，正統與異端的區分，常常充滿歧視與霸權；何況又容易產生社會對立，甚至民族戰爭，

17　Wendy Doniger, "Foreword to the 2004 Edition", in M. Eliade, *Shamanism: Archaic Techniques of Ecstasy* (Princeton University Press, Princeton, 2004), p. xiii.

18　伊利亞德將神聖與凡俗的區分，視為「在世界上的兩種存在模態」。參考 M. Eliade, *The Sacred and the Profane: The Nature of Religion.* Willard R. Trask trans. (London & N.Y.: Harcourt Brace Jovanovich Publishers, 1959), p. 14.

譬如部分伊斯蘭極端分子，就將基督教視為邪教，最終引發
多年的宗教及民族對立與戰爭，所以今日理應揚棄這種妄自
判定異端的作法。就此而言，今天重讀《神聖與凡俗》仍有
重要的現實意義。伊利亞德重視所有宗教的共通之處，而這
共通結構就表現在神聖時空之中。

　　《神聖與凡俗》第一章講的是空間，第二章是時間。這
些都是橫跨不同宗教的共通結構。無論有無宗教信仰，人必
然生活於空間中，也必然處於時間長流之內，所以人時刻都
處於時空之中。然而宗教的時空結構，卻異於一般意義下的
時空概念，於是伊利亞德提出所謂神聖空間與神聖時間。

　　香港中文大學文化及宗教系黎志添教授，畫龍點睛的道
出伊利亞德在《神聖與凡俗》核心觀點：

> 在《神聖與凡俗》一書中進一步展現人類在其兩個最
> 重要的存在形式——時間與空間——中，如何獲得與
> 無限宇宙世界相互感應的宗教經驗……就以神聖空
> 間的經驗來說，從凡俗的觀點來看，門庭的中心、廟
> 宇的上階、高山的頂峰、都市的廣場中心、教堂圓頂
> 的視窗等，與其他空間位置並沒有什麼分別，不存有
> 宗教性的經驗。但對宗教人來說，這些空間具有神聖
> 性，因為它們象徵宇宙世界的中心。宗教人通過它們
> 能再經驗與宇宙中心（終極實體的中心）接通起來，
> 結果宗教人在其凡俗生命價值之上，建立起與凡俗世
> 界不同的神聖經驗與終極意義。在神聖空間裡，宗教
> 人因為重新經驗到與神聖的宇宙中心感通，這使他們
> 經驗到一次非歷史性與超歷史性的生命再造旅程，再

復回歸到永恆而獲得一種深刻意義的生命的體悟。[19]

總之，伊利亞德從神聖空間與時間觀念，去論述宗教信徒的密契宗教經驗，特別強調顯聖與人神溝通感應的面向。在當時一片將宗教經驗化約為種種世俗性解釋模型之日，伊利亞德以學術方式，運用大量文獻及田調證據，重新確立宗教經驗的特殊性，奠立其在現代宗教學的重要地位。

三、何謂神聖空間

世界宗教中著名的神聖空間很多，譬如耶路撒冷、梵蒂岡、聖城麥加等。至於中國就更多了，山西五臺山、四川峨眉山、安徽九華山及浙江普陀山；道教方面，有北京白雲觀（元代長春派發源地）、湖北武當山（明代道教第一山）、四川青城山（第五洞天）、江西龍虎山（正一教發源地）及福建清源山、大姥山（第一洞天）等，西藏佛教也有聖山聖湖等。而民間信仰的聖地就更多，譬如天池、湄州等；上述這些神聖空間範圍較大，雖然祭祀與崇拜場比較小，但其實也有一定神聖性，而足以稱為神聖空間。理解何謂神聖空間之後，我們可以進而析論神聖空間的特徵。

（一）神聖空間——聖顯的所在

伊利亞德主張神聖空間的形成並非隨機的與任意的，也

---

19 黎志添：〈宗教現象學：伊利亞德的神聖與凡俗論〉，收入黎志添：《宗教研究與詮釋學》（香港中文大學，2003 年），頁 13-35；引文見於頁 23。

並非依賴人力所能成就；反而是借助非常特殊的聖顯而被確認的，所謂聖顯就是「神聖向我們顯示出他自己。我們可以說宗教的歷史（從最原始的，到最高度發展的宗教），便是建立於極大量的聖顯，及無數神聖實體的顯現上的。」[20]所以聖與俗的中文翻譯者，就指出：「建構神聖空間的一道突破點，往往是因為聖顯（hierophany，神聖的介入），使一地由凡俗轉為神聖。並非人類自由地選擇神聖地點，人只能藉由神秘記號的協助，去尋求它、發現它。」[21]神聖空間就是聖顯之所在。所以伊利亞德說：「每一個神聖空間都必然包含著一個聖顯，這是神聖的介入，使它與周圍的宇宙氛圍分開，並在本質上有所不同……上天之門所包含的象徵意義，是豐富而複雜的；發生於該地的「神顯」（theophany）祝聖了那地，透過向上打開的事實，得與天共融，並使一種模式進入另一種模式的兩極通道得以打開。」[22]於是神聖空間就是介於天地之間而連貫天人的通道處。

　　總之，伊利亞德的神聖觀特別重視所謂「顯聖」，神聖空間就是神靈顯示或神蹟顯現的所在。在東亞宗教中，或者可稱為「顯靈」之處。正因為人們相信存在神靈感應或神仙降壇的顯靈現象，所以該地就被視為神聖空間。譬如「仙跡岩」、花蓮吉安的「慈惠堂」特別被重視，至於西王母所居的崑崙山也理所當然地被奉道教為聖地。[23]

---

20 伊利亞德著，楊素娥譯：《聖與俗—宗教的本質》（台北：桂冠圖書公司，2000年），頁62。
21 伊利亞德著，楊素娥譯：《聖與俗—宗教的本質》，頁29。
22 伊利亞德著，楊素娥譯：《聖與俗—宗教的本質》，頁76-77。
23 參鄭志明：〈臺灣瑤池金母信仰研究〉，收入《西王母信仰》（嘉義：

（二）神聖空間的特徵——異質的空間

　　一般認為空間都是同質無別的，但從神聖空間觀點看來，宗教空間是異質的。伊利亞德說：「對宗教人而言，空間並非同質性的（homogeneous），他會經驗到空間中存在著斷裂點（interruptions）與突破點（breaks）；以質來說，空間的某些部分與其他部是不同的。」[24]對於宗教徒而言，空間並不是均質的。神聖空間與其他空間彼此間有著性質上的不同。而宗教徒能夠體驗因聖顯而中斷尋常空間同質性，並且能夠走入聖顯所形成的異質空間。

（三）神聖空間是超越界與人間交會與溝通所在

　　神聖空間常是神與人交會或神與人溝通的地方。Joel P. Brereton 在解釋神聖空間的功能之時，首先就指出神聖空間是人神溝通與會面的所在。[25]譬如希臘的神殿、埃及的金字塔等，都是神聖空間。因為他們都是人神交會與溝通的場所，希臘人相信在神殿中能領受神諭，而金字塔的正三角立方體的建築形式，就是連結天人與冥界。伊利亞德認為許多神聖空間都是溝通上界、人界與下界的所在。[26]

南華管理學院，1997 年）。又蕭登福：《西王母信仰研究》（台北：新文豐出版社，2012 年）。

24　伊利亞德著，楊素娥譯：《聖與俗——宗教的本質》，頁 71。

25　在篇名為神聖空間的百科全書辭條中，伊利亞德說：「神聖空間是跟神靈溝通之所在，是人們前去跟諸神會面的地方。」See M. Eliade ed. *The Encyclopedia of Religion* (New York, Macmillan Publishing Company, 1987), Vol. 11, pp. 526-535, esp. p. 528.

26　伊利亞德說：「當夸邱特爾新入教者的吶喊說：我是世界的中心。這馬上反映出神聖空間的其中一個深義。……地上、上天及地下的三個宇宙性層次，已經被至於溝通之中。」參考 M. Eliade, *Sacred and Profane:*

　　總而言之，神聖空間必有連結或通向超越界的功能。神聖空間中人神可以交會、溝通或聯繫，或運用所謂顯聖、顯靈、示現等方式。呈現某些被信眾理解為感應，甚至密契的宗教經驗。譬如天壇祭天，皇帝可以上表，這就是相信神靈可以接收到下界眾生的表請。佛教法會也常有這種溝通上界的儀式，譬如文字類的表文、疏文等，音聲類的祈禱與唱誦等。

（四）神聖空間表象著超越界，甚至具體的模仿宗教想像中的神聖世界

　　依據依利亞德所述，神聖空間也表象著超越界，甚至模仿神聖世界。Joel Brereton 說：「神聖空間常常是宗教世界的視覺比喻。」[27]實際上，被視為神聖空間的所在，是表徵著超越界的，有些宗教甚至相信進入神聖空間，就是進入神的世界。

　　本節試圖解釋何謂神聖空間，並指出聖顯、異質、人神溝通與超越界象徵四點為神聖空間的特點。下文將檢查這四個特點是否存在於志蓮淨苑與密教法會之中，以說明兩者是否有神聖空間的特質。

四、兩個佛教道場所顯示的神聖空間

　　承上文所述，符號象徵、儀式與神話三者是伊利亞德的重要分析項目，本節參照運用這三項目，以分析兩個道場是

---

the Nature of Religion, pp. 336-37.

27 伊利亞德說：「神聖地方常常是宗教世界的視覺隱喻。」 See M. Eliade ed. *The Encyclopedia of Religion*, Vol. 11, p. 530.

否擁有神聖空間的四大特性。

（一）神聖空間——聖顯的所在

　　神聖空間就是神靈顯示或神蹟顯現所在；在東亞宗教傳統，或可稱為顯靈之處。法會儀式中的召請咒，不但假定主尊會降臨法會，也常認定諸佛菩薩，以及種種守護神會降壇。

　　在 2011 年密教法會的儀軌記錄下列操作：

　　　　唸召請咒三遍：「嗡啞吽。梭哈。」

　　一心奉請：南無真佛宗根本傳承上師蓮生活佛

　　　　　　　南無大白蓮花童子護摩主尊（三遍）

　　　　　　　南無華光自在佛

　　　　　　　南無真佛宗歷代傳承祖師

(1)南無五方佛	(2)南無藥師琉璃光王佛
(3)南無本師釋迦牟尼佛	(4)南無護世四大天王
(5)南無大慈大悲觀世音菩薩	(6)南無護法韋陀尊天菩薩
(7)南無迦藍尊者	(8)南無千手千眼觀世音菩薩
(9)南無金剛薩埵	(10)南無蓮華生大士
(11)南無大白傘蓋佛母	(12)南無無極瑤池金母大天尊
(13)南無大準提佛母	(14)南無大威德金剛
(15)南無白大黑天金剛護法	(16)南無華光自在佛
(17)南無紅財神	(18)南無黃財神
(19)南無大愛染明王	(20)南無大權神王穢跡金剛
(21)南無中央大聖不動明王	(22)南無太歲星君
(23)南無騎龍白財神	(24)南無龍王佛
(25)五路財神	(26)南無地藏王菩薩

(27)文昌帝君	(28)城隍爺
(29)堅牢地神	(30)地母
(31)法主公	(32)大鵬金翅鳥
(33)福德正神	(34)天神地神水神火神風神山神 　　龍神莊稼神苗稼神
(35)境內過往神仙聖眾、 　　金剛空行護法	(36)南無壇城諸尊菩薩摩訶薩
(37)十方三世一切佛， 　　一切菩薩摩訶薩	(38)南無摩訶般若波羅密多

　　從以上儀軌，可見主壇法師帶同與會大眾唸誦「召請咒」，祈請主尊以及諸佛菩薩的降壇；信徒們相信，成功的法會能夠請到神靈降壇，這自然反映著一種「靈顯」的信仰；而從這一層面理解，則法會的空間就是靈顯所在。

　　至於在佛廟中，信徒自然相信寺廟是諸佛菩薩可以示現的所在。[28] 是以信眾可以在寺廟像諸佛禱告、求籤等，志蓮淨苑的大雄寶殿一如其他佛廟，都設有拜佛用的拜墊。可見信眾相信該地是諸佛臨在，可以跟諸佛菩薩溝通的所在。而因為臨在就是一種靈顯的方式，所以本文認為在志蓮淨苑與密教法會都呈現符合神聖空間的聖顯特色。

（二）神聖空間的特徵──異質的空間

　　從神聖空間觀點看來，宗教空間是異質的。而神聖空間

28　有關佛教寺院的宗教構造及其象徵意義的簡介，參考居閱時、瞿明安主編：《中國象徵文化》（上海：上海人民出版社，2001 年），頁 32-40。

的異質性可以通過象徵及儀式表現出來。譬如豎立宗教標記，如聖堂就象徵著該地為一神聖空間，聖堂所區隔出的領域具備神聖意義，跟周遭環境存在性質上的差異；所以在政教之爭中，世俗世界的王權，能否進入作為異質性神聖空間的聖堂，都是可以爭議的重要大事。而在宗教經驗中，人們又常可通過不同儀式，區隔出神聖與世俗的界線，從而彰顯異質性的神聖空間。

1. 通過象徵與符號營造神聖莊嚴性

　　符號象徵主要有視覺及聽覺兩種，視覺方面，宗教場所常用神像、壁畫甚至建築等符號來傳達宗教訊息。譬如基督宗教的聖堂也常以白色圍牆象徵神聖潔淨，又或以十架、聖禮桌（communion table）及聖像等標示其神聖性。而佛教也善用各種符號傳達宗教感覺。譬如志蓮淨苑的佛像的面容姿態，常帶慈祥莊嚴的感覺；至於佛像的手印，更傳遞佛教的理念。而在法會中，因為會場是臨時搭建的，所以雖然有佛像，但都很小，高度不超過一尺；但密教法會的重要佛像表現在大幅唐卡，唐卡是各種神靈的圖畫性象徵；[29]是次法會中的唐卡所繪畫的就法壇的主尊——大白蓮花童子，左右兩邊也懸掛唐卡，一邊是不動明王，不動明王「喝醒眾生，嚇退魔障」，不但能驅散我慢等障礙，也有保護行者及法會的功能。另一邊是穢跡金剛，穢跡金剛是五大金剛之一，有金剛力，可將「醜穢不淨」變為清淨大地。所以懸掛穢跡金剛，自然也有淨化法會場地的象徵意義。特別的是不動明王與穢跡金剛都顯

---

29 吉布編著：《唐卡的故事》（西安：陝西師範大學出版社，2004 年），特別是頁 8-11。

憤怒相，表現出降伏內外眾邪，排除垢染，清淨道場的效果。

　　除了上述的視覺符號之外，在聽覺方面，佛廟常用梵唄，唱誦等聽覺符號以強化信徒心中的神聖感。譬如志蓮淨苑都在某些時段，播放梵唄，也在下午播放法師的唱誦。而通過聲音建立神聖空間，在重視三密清淨的密宗更為明顯。密宗強調真言，在是次法會中聽到清淨法身佛、大悲咒等唱誦；對信眾來說，這種咒音有內清淨與外清淨的效果，從而形成莊嚴佛地，清淨空間的效果。當然最明顯的證據就是儀軌上的咒語，譬如上師登壇後，在觀想大禮拜及敬獻哈達之後，上師請大眾一起唸百字大明咒，這就已經通過咒音清淨道場；其後，上師帶領與會大眾唸清淨咒：

　　　　嗡。修利。修利。摩訶修利。修修利。梭哈。

　　　　嗡。修哆利。修哆利。修摩利。修摩利。梭啥。

　　　　嗡。縛日囉怛。訶賀斛。

　　　　唸安土地真言：南摩三滿哆。母馱南。唵。度魯度魯。

　　　　地尾。梭哈。

首三句咒，是淨身業真言、淨口業真言與淨意業真言，這自然是針對身口意三密；至於最後一咒，則是安土地的咒音，召請本境地基主守護壇城，保護修法。[30] 因此，這些真言，就象徵修行者三密清淨之外，還有關於處所的免於外邪，得保清淨。從大明咒的清淨道場，經三密清淨之清淨信眾，到土地真言的清淨處所，就將道場、信眾與所在都通過咒音的象徵而加以淨化，從而構建異質的神聖空間。綜上所言，無

---

30 參盧勝彥著：《真佛儀軌經》（南投草屯：真佛宗出版社，1997 年），頁 146。

論是視覺或聽覺的象徵系統，都足以標示出神聖空間的異質性。

2. 聖凡劃界——異質空間的建立

建立神聖空間的異質性，可以用不同方式，而劃界可算最重要的一種，目的是為了區隔出神聖與凡俗的空間疆界。佛廟中常見表現這種疆界的方式之一，並非在主尊，而在於驅滅妖邪的守護神上。譬如志蓮的大雄寶殿中央恭奉的是釋迦牟尼佛，左邊大智文殊師利菩薩，右邊大行普賢菩薩，至於迦葉尊者和阿難尊者侍立在佛陀兩側；但真正象徵神聖空間的區隔，則並非主尊，而是各式各樣的保護神。志蓮淨苑的造像，非常有特色，其設計得到原中央工藝美術學院常沙娜教授的協助，多反應敦煌的造像藝術特色。[31]佛教傳說中守護佛廟的神靈不少，而志蓮也有如下幾項：

(1)四大大王[32]

志蓮的四大天王，就安放在天王殿；天王殿正面供奉彌勒菩薩，而在彌勒菩薩背後便是韋馱菩薩。彌勒兩旁放置持國天王、增長天王、廣目天王及多聞天王四大天王。四大天王標示著由山門進入天王殿的區隔，更象徵神聖空間的出現。

---

31 參考「敦煌壁畫志蓮有得睇」，見《太陽報》網址：http://the-sun.on.cc/cnt/news/20110509/00407_081.html。檢索日期：2014 年 6 月 10 日。

32 佛教四大天王在中國小說常附會為「風調雨順」，祂們分別是：南方增長天王持劍，代表「風」；東方持國天王拿琵琶，代表「調」；北方多聞天王執傘，代表「雨」；西方廣目天王持蛇，代表「順」。組合起來便成了「風調雨順」，而四大天王中，又以北方多聞天王毗沙門最尊。

(2)韋馱菩薩

韋馱天（梵文：Skanda），佛教護法神，形象多數為身披盔甲、手持寶杵（降魔杵）的將軍。相傳有羅剎將佛舍利子搶走，而韋馱奮力追奪回來。所以韋馱天成為保護出家眾，護持佛法的將軍。

漢傳佛教的寺院中，多數供奉韋馱天；而志蓮淨苑也有韋馱，放在彌勒佛像背後，臉朝向大雄寶殿。韋馱藝術造型是身披甲冑的武將形象，手持法器金剛杵，形成保衛佛教神聖空間的象徵。

(3)關公（伽藍菩薩）

除了韋馱外，漢傳佛教另一重要護法神就是伽藍菩薩；佛教本有十八或二十一位伽藍菩薩，後來才以關羽一人代之。本來佛典上並沒有將關羽視為伽藍菩薩的記載；而且隋代以前，也無這種習俗。今日佛教奉關羽為神，傳說跟天臺宗祖師智者大師有關。[33]志蓮淨苑也有以關公形象來設計的伽藍菩薩像，置放在祖堂內的一側；這個巨型木刻的伽藍菩薩像，放在祖堂中，顯得過大，也不協調；有可能是原來放在別處，後移置於此；而原因之一，推測就是因為這將關羽視為伽藍菩薩的習慣，是宋代以後的新風尚，而仿唐建築的志蓮淨苑

---

33 《智者大師別傳》卷四載：「其夕雲開月朗，見二人，並諸部從，威嚴如王，長者美髯而豐厚，少者冠帽而秀髮，來前致敬！師問何來？曰予乃蜀前將軍關羽，指少者曰：吾子平也。漢末紛亂九州瓜裂，曹操不仁，孫權自保，予義臣蜀漢，期復帝室，時事相違，有志不遂，死有餘烈。」、「師即秉爐，授以五戒。」傳說關羽被斬首，遇上化為厲鬼，到處尋找自己頭顱，後智者大師於入定時為關羽鬼魂宣講佛法。關羽皈依受戒，並發願作為佛教的護法。從此天臺宗開始供奉關羽。漸漸地關羽被捧成伽藍菩薩，跟韋馱菩薩並稱，成為中國漢傳佛寺的兩大護法神。

跟這宋以後的神像設計，一唐一宋，似不太協調；所以移入祖堂之中。

但無論如，這些護法神像的存在，發揮著保護聖地的象徵，自然也標示著佛廟的神聖世界與外面的凡俗世界的區分。

至於密教法會中，也可以觀察到神聖空間的疆界，但最特別的是它的儀式活動。是次法會的第一以及第二流程如下：

　　一、

1.恭請主壇金剛上師主持「南無大白蓮花童子息災、祈福、增益、超度護摩法會」。

2.請大眾起立。

3.請齊唱誦蓮花童子心咒：「嗡。古魯蓮生悉地。吽。」

4.恭請 主壇金剛上師上香。

5.觀想大禮拜。

（一拜根本傳承上師及壇城三寶。二拜諸菩薩。三拜護法金剛。四稽首平等印。）

6.恭請 主壇金剛上師上法座。請各位就座。

7.請道場代表向主壇金剛上師敬獻哈達，以表最高敬意。

　　二、

1.拍掌彈指。嗡嘛呢唄咪吽。

2.手結蓮花童子手印。唸七遍師尊心咒祈求傳承大加持。

3.唸百字大明咒一遍。清淨道場。

嗡。別炸薩多沙嘛耶。嘛奴巴拉耶。別炸薩多爹奴
巴的叉。遮左咩巴哇。蘇多卡欲咩巴哇。蘇甫卡玉
咩巴哇。晏奴囉多咩巴哇。沙爾哇。司地。咩不囉
也叉。沙爾哇。加爾麻。蘇冰咩。即打木。司哩任
古魯吽。哈哈。哈哈。呵。巴加問。沙爾哇。打他
架打。別炸嘛咩門渣。別至巴哇。嘛哈沙媽耶。薩
多啊。吽呸。」

4.恭請主壇金剛上師道場結界。

5.宣讀疏文。

　　上列儀軌中的第一部分，其實只是準備開始階段，所以
只涉及登壇、就座及大禮拜等；第二部分才是真正進入實質
的法會。從第一部分的禮拜根本傳承上師，以及第二部分法
師使用觀想、真言與手印，再再顯示出密乘三密並用的習慣；
而此之後，唸大明咒，清淨道場，並由主壇金剛上師結界，
以淨化空間，所以在儀式中，主壇法師通過用焚香念咒，為
主壇結界清淨。當日主尊是大白蓮花主尊，並有穢跡金剛及
不動明王守護。[34]主壇法師又以護摩棒敲供爐邊緣四角，每
角敲擊七次，進行「結界清淨」的儀式，這就畫出神聖領域。
在嚴謹的法會中，其實未受戒的信士根本連壇城都不能上去
的，這是因為法壇的神聖性，不容俗人汙染。總而言之，在
本次研究的對象中，無論法壇與寺院，都存在運用象徵符號
（保護神）或儀式，區隔神聖與凡俗的疆界。

---

34 關於兩金剛的簡介，請分別參考馬書田：《中國密宗神》（北京：團結
　　出版社，2008年），頁117-118及125。

（三）神聖空間是超越界與人間交會與溝通所在

　　主壇法師在進入神聖空間前，也必須經過象徵閉關的閉門靜處的階段，然後才由迎師隊伍迎接出關。這一離聚的儀式過程，象徵離開凡俗而通向神聖領域，而閉關就是超凡入聖的中介階段。至於道士作法前必在手上磨粉，也是代表離染入淨的過程，其背後運作原理相似。現以密教法會的情況說明如下：

1. 分離狀態（主壇法師閉關）

2. 閾限狀態（迎師請法）

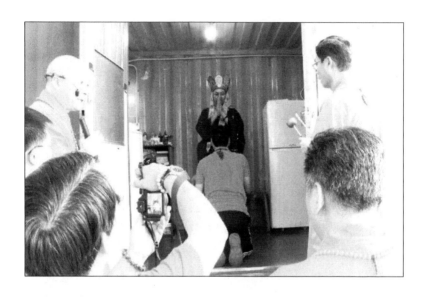

上圖顯示法師從閉關到出關的通過儀式，彰顯法師進入神聖世界。其實，這一通過儀式也形成身分的轉易，[35]宗教儀軌發揮從「常態世界」引領入「非常世界」的功能。這種「通過儀式」讓當事人離開「常人身分」，取得「非常身分」，並因而得以建構神聖領域；法師閉關到出關的過程，只是讓法師進入「非常狀態」，也就是取得足以打開神聖世界的特殊身分；但是此時，法壇尚未清淨，所以法壇的神聖世界並未建立。

---

35 參維克多・特納著，黃劍波及柳博贇中譯：《儀式過程：結構與反結構》（北京：中國人民大學出版社，2006 年），特別是頁 94-97。有關范根納(Arnold van Gennep, 1873-1957)理論的簡介，可以參考金澤：《宗教人類學導論》（北京：宗教文化出版社，2001 年），頁 273-279。

　　而在召請主尊等儀式後，儀軌漸漸進入正行部分；法師入三摩地，邁入相應交感的狀態，經歷「我入」與「入我」的狀態，而追求與主尊合一。正如約翰‧布洛菲爾德所說：「召請壇場及其諸神是密教徒為使迅速滅除自我並使與之結合所必需的神通力的出現與採用的方法。」[36]既然主尊入我，則此時法壇的神聖空間的性質，就更為明顯，它已經是人神交通的通道。

　　所以我們可以說法會中，法師通過儀式將人間與佛國聯結起來。而在信徒的護摩火供的敘述中，認為可以通過這些儀式，將貢品供養主尊及諸天。既然信徒相信在特定空間，通過特定儀式可以在法會現場將貢品供奉神靈，這就顯示他們相信在法會所營造的神聖空間正是人神交會與溝通的所在。

　　法會中人們將所求諸事默禱上蒼，或寫在報名表上，將功德回向陽世親友，祖先父母，冤親債主。這都假設了在特定神聖空間中，可以完成報恩贖罪的行為，而這當然假設在神聖空間中人們可以跟靈界進行種種實質的溝通。

　　一般民眾也相信在廟宇中，可以跟其所崇信的神祇溝通，神祇會聆聽、溝通與互動。譬如求籤的人，無論是口中敘述，還是心中默念，都認為神靈可以聽到他們的訴求。而在反覆求籤的活動中，人們正在進行某種溝通與互動。在寺廟中，人們站在菩薩前高聲誦經，或焚香默禱等行為，正反映追求溝通，甚至感應的主觀期盼。

---

36 約翰‧布洛菲爾德著，耿升譯：《西藏佛教密宗》（西藏：西藏人民出版社，1992 年），頁 85-86。

　　就如其他佛教寺廟一般，志蓮淨苑也有許多佛事，譬如禮佛、浴佛與拜懺活動等，而「酬佛恩供天」和「全年大悲懺圓滿」法會是當地慣常舉行的佛事。[37]這些佛事能否建立的佛教所宣稱的功德力量，並非我們可以置喙。因為既然宗教神秘經驗並非世俗學科所能夠檢證，我們也就既不能肯定，也不能否定，而應採取中止判斷的態度，以合理地保留信眾們的信仰空間。

　　一如許多佛廟般，志蓮也進行拜懺等集體活動。筆者認為無論在經濟資本、社會資本與情感資本三方面，梁王寶懺活動都發揮極大的影響力，是以拜懺基本上已經是漢傳佛教最重要的團體活動之一。活動增加寺廟的經濟收益，以及有助於建立宗教場所的社區影響力。在這種集體活動之中，信徒強化其對信仰群體歸屬感，也增加成員間的相互支持與感情連結，這就建構重要社會資本與情感資本。於是主觀上比較安心，而客觀上又有助緣，於是有利於其他活動。這種在家庭與事業方面的順遂，又回頭來歸因於法會神效的主觀認受性，以及更投入社團的認同，甚而認為特定道場的靈力與磁場比較適應個人修行，並強化對這一特定神聖空間的信仰。所以在佛廟中被認定為佛弟子跟佛菩薩溝通，甚至交會的地方是十分正常的。

　　總而言之，神聖空間必有連結或通向超越界的功能。神聖空間中人神可以交會、溝通或聯繫，或運用所謂顯聖、顯

---

37 該地信眾雲迪曾有日誌說明他／她參與志蓮的佛事，Available at：http://wc9882_1226.mysinablog.com/index.php?op=ViewArticle&articleId=961230。檢索日期：2011 年 8 月 17 日。

靈、示現等方式，呈現某些被信眾理解為感應，甚至密契的宗教經驗。

（四）神聖空間表象著超越界，甚至具體的模仿宗教想像中的神聖世界

法會的壇城就是曼陀羅，依照佛教傳統的講法，也就是諸佛會集所在。所以壇城就代表著諸佛世界在人間的示現或諸佛世界的象徵。筆者主張藏密的壇城與曼陀羅其實都是神聖空間的具體象徵。特別是在比較大型的法會中，往往有許多上師坐在法壇之上，最易象徵諸佛降壇的意象。當然對信眾來說，也許這就真的是諸佛在人間的示現了。

這種以空間表像超越界的手法，也存在顯教之中，譬如志蓮淨苑的建築，採用「三進三重門一塔」的結構。這些建築設計是富有宗教象徵意義的，淨苑有大門三道：「東門」、「西門」及「山門」。山門象徵佛教的智慧、慈悲和方便三種解脫法門，而從山門進入志蓮淨苑，就象徵步上解脫之道。

淨苑的佛寺是依斜度不大的山坡興建，坐北向南，它是由南北向的中軸線，設計出左右對稱配置，並構成三組接連的合院式建築群，稱為「三進三重門一院」。

第一重門稱為「山門」，在中軸線的南端，從南面的南園蓮池，有一平橋接到山門，進入山門就是「一進」。這個前院中的建築物包括蓮池四個、長廊、天王殿、鐘樓和鼓樓。而蓮池是「淨土經變圖」七寶池和八功德水的藝術呈現。經過蓮池，步上石階，就進入「天王殿」，天王殿和鼓樓是參照敦煌淨土經變式的建築，有兩層瓦頂。而天王殿的屋頂東西兩

端，設有一對內彎的金色「鴟尾」，日照之下，金碧輝煌。

通過「天王殿」就是二進的「二重門」；眼前就是中庭，而東西兩邊分別設有觀音殿、藥師殿及祖堂等，北面是「大雄殿」，大雄殿設有一層瓦頂，上有一對鴟尾，用四層斗拱承托。不過「大雄殿」不可穿越；而必須經兩側的通道才可「三進」，第三進是的是五觀堂、法堂、藏經樓和唸佛堂等，平常不對外開放。所謂一院就在合院群旁，其主要建築是七層「萬佛塔」。

志蓮淨苑表面上只是一個仿唐木構建築群，而在官方網站也說：「南蓮園池以始建於隋代、確立於唐代的的山西省絳守居園池為藍本」[38]；但實際上，筆者認為整個淨苑的建築空間暗暗隱含著《觀無量壽經》所描寫的淨土世界，實際上，是參照敦煌的淨土經變壁畫而營造的，所以可以視為在五濁世間建築清淨世間的具體象徵。

直接的證據是志蓮淨苑的萬佛塔中就存放著一巨幅淨土經變圖，呈現觀無量壽經所說的淨土世界。其中有阿彌陀佛西方三聖大殿，大殿正前方就是蓮池。而主壇之正上方有寶蓮燈，放大光明。這一設計跟莫高窟及榆林窟的觀經經變圖相近[39]。

原來志蓮淨苑這一道場本來就是淨土道場。設計之初，

---

38 參考志蓮淨苑官方網站：http://www.nanliangarden.org/concept.php。檢索日期：2014 年 6 月 11 日。

39 關於莫高窟 172 窟的經變介紹，參考樊錦詩、趙聲良著：《燦爛佛宮》（杭州：浙江文藝出版社，2011 年），頁 149-151。Fan Jinshi, *The Caves of Dunhuang* (Hong Kong: London Editions (HK) Ltd, 2010), pp. 157-159.

也確實請人參照舊經變圖而繪畫出其所藏的經變圖，俞宗魁
與瀧川昭雄在設計之初，就參考敦煌莫高窟 172 窟，所以其
空間實寄託了佛教，特別是觀無量壽經的想法。譬如三進三
重門的設計，本就反映著佛教解脫的觀點，所謂三進就是山
門、天王殿與大雄殿，而三門就是指三解脫門，三解脫是空、
無相與無作。除此之外，志蓮模仿 172 窟北壁的西方淨土變，
四個蓮池是表示淨土變下方的七寶蓮池與八功德水，至於寺
廟中的長明燈，其實表示經變中央的寶燈。

　　此外，經變兩側，有對聯式的立軸畫，分別繪畫未生怨
與十六觀。這也顯然符合敦煌的宗教藝術手法。莫高窟到初
唐的 431 窟才有明確的觀無量壽經變，「從圖像上看，它的兩
側比阿彌陀經變多出了未生怨故事與十六觀。還有畫在下面
的九品往生。」[40]韋提希夫人選擇西方極樂世界之後，佛分
十六觀的次第，說明以面朝西方觀想落日漸次到觀西方三聖
身相及彌陀淨土莊嚴諸相的往生西方的方法。其中並提到
上、中、下三輩九品往生的位階。所謂十六觀就是：

　　初　　觀：觀想西方日落，直至閉目、開目皆有落日歷
　　　　　　　歷在目。
　　第 二 觀：觀水澄清如琉璃。
　　第 三 觀：轉而粗見極樂國地琉璃寶地、樓閣、華幢樣
　　　　　　　貌。
　　第 四 觀：觀極樂世界寶樹、羅網。
　　第 五 觀：觀極樂世界八池功德水。

---

40 敦煌文物研究所：《敦煌莫高窟內容總錄》（北京：文物出版社，1982
　年），頁 187。

第　六　觀：總觀想極樂世界之寶樹、寶地、寶池。

第　七　觀：觀七寶蓮華座。

第　八　觀：觀蓮華座上金色佛菩薩像。

第　九　觀：觀無量壽佛眉間白毫，現八萬四千色身相好。

第　十　觀：觀觀世音菩薩真實色身相。

第十一觀：觀大勢至菩薩真實色身相。

第十二觀：普觀無量壽佛所建極樂世界色相。

第十三觀：觀西方三聖色身相，主要提及觀相念佛方法。

第十四觀：觀根性上品的上中下三等眾生往生並獲西方
　　　　　三聖和蓮池海會菩薩接引的情況。

第十五觀：觀根性中品的上中下三等眾生往生並獲阿彌
　　　　　陀佛接引的情況。

第十六觀：觀根性下品的上中下三等眾生往生並獲化佛
　　　　　菩薩接引的情況。並提及由於下品眾生多是
　　　　　犯戒、謗三寶以至犯五逆十惡之罪，若在快
　　　　　將命終之時，幸得善知識教以持名念佛，而
　　　　　稱念阿彌陀佛名號，即能消除八十億劫生死
　　　　　之罪而得往生極樂世界。[41]

當然，在實際建築中，難以全數表達這些修行理念，但從初
觀、琉璃觀到第八觀，都可以在志蓮建築群中體現出來。其
實在山水花樹都很豐富的志蓮建築群，要觀日、觀水以及觀

---

41 慧遠：《觀無量壽經義疏》，收入《大正藏》，三十七冊，No.1749。參
　考中華電子佛典：

http://www.cbeta.org/result/normal/T37/1749_001.htm。檢索日期：2014年
　6月10日。

寶樹、蓮池都不困難；而從日想觀過度到水想觀，轉水成冰，再想成琉璃，並及於琉璃地，這就自然聯想到西方極樂世界的琉璃大地，從而進入第三地，於是轉出地想觀。從地想就帶出寶樹、樓台、蓮池等等，所以善學者，自然可以運用志蓮的空間，善修十六觀。所以若說志蓮建築群體現出神聖空間的象徵，確實信而有徵。

　　其實神聖空間與世俗空間並非斷然分立，而是在區隔之外，尚可以相連。南園蓮池與志蓮淨苑在整個志蓮建築群，正好構成世俗空間與神聖空間的對揚，而中間的平橋，雖然標示神聖與凡俗兩空間之區隔，但又是兩地的接連，所以平橋是分別又連結之所在。其中線索就是從圓滿閣經山門到達大雄寶殿的縱軸線，通過這一直線，就接連起神聖與凡俗的世界。

　　下圖為志蓮建築群的空間配置圖，圖中箭頭所指為平橋，平橋左邊為志蓮淨苑，而右邊為南蓮園池，兩者分別象徵神聖空間與凡俗空間。

南園蓮池的圓滿閣無論在色彩與設計跟整體風格並不協調，圓滿閣誇飾的紅橋金閣，明顯有日本建築風格。金身圓滿閣風格就好像京都金閣寺，至於紅色的子午橋就具日本風。當然蓮池參考的是唐絳守居園池的理念，而唐風建築隨隋唐時期日本聖德太子所推動的大化革新，自然影響到日本京都古代建築。今天蓮池若要參考京都建築風格，以期望達到仿唐的效果，那麼參考日本京都古建築也是理所當然的。但筆者認為值得強調的是，紅橋金閣的富麗感覺與誇張色彩，基本上跟整個蓮池的恬靜典雅基調，在風格上頗難配搭。然而金色在佛教代表圓滿，紅色代表吉祥，共同反映莊嚴佛界，而橋正好象徵渡過生死海，進入佛國的領域。所以紅橋盡頭正遙對清淨山門，而山門之內，就是九品蓮池了。

五、兩種神聖空間的反省

在上一節，我們看到伊利亞德神聖空間論所指的四大特徵，都可以在兩個研究對象中找到，可見伊利亞德的觀點，雖然已經超過半個世紀，但迄今仍有高度解釋力。不過，上文的分析，只及符號象徵與儀式，而未曾提到神話敘事。同時，伊利亞德的立論並不能完全處理上文提到的宗教現象，所以我們尚可依據研究對象所提供的宗教經驗，一方面分析其相關的神話敘事，同時，也嘗試反省補充伊利亞德的觀點；所以，筆者在下文綜合提出下列五點意見。

（一）

筆者認為神聖空間首先必然是一被定義的場域，所以沒有未經詮釋與敘述而能自然成立的神聖空間。反之，通常的情況是人們通過詮釋與敘述而構成神聖空間的敘事與信仰。這些詮釋與敘事當中或有不少附會與傳說，甚至充斥著無法檢證的故事與說明，但是我們可以注意這些詮釋與敘述所反映的意義。所以與其像伊氏之直接從聖顯談神聖空間，筆者主張應留意神聖空間的詮釋與敘事；這是因為人們雖然難以判別傳說的事實性，但即使傳說為虛構，信徒既然相信這些敘事，則這一相信本身就構成個人的心理事實。而當有多人共同相信其為事實，這就演變為社會中的集體事實。由於這些詮釋與敘事取得心理及社會層次的事實性，所以相關敘事本身盡可以是虛構不實，但因信仰其為事實所產生的社會作用卻是真實的。神聖空間通過詮釋與敘述而建立，而一旦建立之後，就會產生真實的社會影響。從社會事實而言，就更可以理解由宗教敘事所產生的具體現象與社會行為。

（二）

我們確知即使在臨時建構的法會現場，仍然有通過儀式使到空間神聖化以及時間神聖化。法會儀式使均質性的空間與時間轉變為異質性，也就使得尋常的空地經過召請諸神的儀式後，成為信眾眼中諸佛顯聖的地方。從這一異質與顯聖的空間之出現，使得臨時法會的現場，也符合伊利亞德所說的神聖空間的聖顯以及異質的意義。是以筆者提出在東亞佛道臨時法會現場，也存在神聖空間的現象。筆者提出依照神

聖空間存在的久暫，可以區分為長期性與臨時性兩類。

1. 長期性

長期性的神聖空間有廟宇、聖山……等，而又可區分為自然區域與人為場所兩類。所謂自然的神聖空間，就是將自然界的山川河嶽，賦於神聖價值，譬如將某山視為神山，或某湖視為聖湖之類。至於人為的就是通過工程建築，來創製神聖空間，譬如蓋廟宇、金字塔等。

2. 臨時性

(1)臨時性的神聖空間有臨時的法會現場與神壇等，其創製為臨時的，而特定儀式或節慶之後，就會拆掉或放棄。

(2)依筆者觀察，臨時性的場所，又可細分為移動性與固定性兩種。譬如神靈繞境時的法座及寶船等，就創製出移動性的神聖空間。台灣的媽祖出巡時所用鑾轎就是移動的神聖空間。而香港長洲與台灣澎湖等地區的媽祖也有巡海活動，法船就是移動的神聖空間。隨著網路世界的建立，人們可以在網站崇拜祭祀，甚至修法，這些網站將來或可以轉而變成新的神聖空間。筆者認為東亞宗教在進香、返祖廟、巡海及繞境等活動所創造的移動的神聖空間，確實是非常值得注意的重要宗教現象，譬如天后聖母就是很好的例子。而隨全球化與網路發展，神聖空間的移動性必會加強，而造成新型態的宗教神聖空間。[42]

---

42 這一方面的情況比較複雜，而且也有不同向度，其中之一個重點是：從在地化到全球化，不但反映出網路時代的神聖空間的特性，更關緊要的是網路空間從作為所指的那一個在地的、具體的神聖空間中鬆脫開來，這不但造成作為象徵符號的「能指」，逐漸離開「所指」，而轉成無盡能指，或無盡的構成性鎖鏈；但更重要的是虛擬世界可以弱

　　而就本文論述而言，淨苑的空間是固定的，但法會的空間是移動的，法會通過儀式，而創造出儀式性空間，並同樣享有神聖性。總之，假定我們接受臨時法壇也是神聖空間的觀點，則筆者提出神聖空間可以區分為臨時性與長期性兩類，以補充伊利亞德的看法。

　　（三）

　　人們常運用儀式指認、標示、創造或重溫特定地方的神聖性，從而使該地從其他空間中區隔出來，這個空間就是神聖空間。特別要注意的是在東亞經驗中，神聖空間並非只是被消極的認識與確認，而更可以積極的創造與重製。伊氏雖然在印度研究，對東方宗教也有認識，但卻囿於神靈顯聖的觀點。所以強調神靈的主動顯示，而忽略了東亞信仰中強調人的主動創造。在上述法會現場，主壇法師通過儀式而製造出神聖空間，而實際上東亞宗教經驗顯示，人們相信可以通過特定的儀軌，將神聖空間主動地創造出來，佛教、道教與民間宗教都顯示創製神聖空間方面的主動性。也就是說在東亞宗教傳統中，人們並非被動的發現聖顯，或被動地接受神

化甚至取消實體神聖空間本有的距離感，虛擬的神聖空間隨人的電子指令而可以無盡的出現，反覆的經歷，於是這一神聖空間淪為隨使用者意志而出現的對象。但在虛擬世界中的神聖空間，實可同時兼備「能指」與「所指」雙重身分。這是因為虛擬世界提供高像真的實際感受，本來作為「能指」的虛擬神聖空間，被使用者視為「所指」的神聖空間，於是虛擬世界的實感性，取代原有神聖空間的實體性。同時，隨時感性取代實體性，於是神聖空間更由在地轉為離地，並游移於網絡，隨指令而建構、挪置、修改與解構，從這一角度看，離地的神聖空間再脈絡化於互聯網，所以虛擬的神聖空間反而讓神聖空間真正隨主體的實感而實踐了全球化。

聖空間，而是能夠主動地召請降壇，並與神交會。這種人神
協力，共同創造神聖空間的經驗，彰顯東亞宗教傳統的人文
精神的主動性。[43]這是本文要是提出的第三點結論。

（四）

　　無論是在佛教道場或儀式中，皆通過象徵系統連結著在
凡俗與神聖聯結的世界。在儀式中進入正行後，法師通過口
頌真言、手結法印以及意存觀想的三密，達到「我入」、「入
我」，這種跟本尊合而為一的歷程。這一歷程就不單是主壇法
師個人空掉，並融入主尊而已，而更期盼通過儀式，將與會
大眾與神聖世界的主尊連結為一。譬如：一開始即以清淨結
界及召請咒語，期待諸佛降壇，其次又通過火供的儀式及口
念真言，把與會大眾與神聖世界連結起來。這些連結凡俗與
神聖的種種施為，凸顯著法會現場已經由平凡的空間轉化為
接通神人的所在。這又符合神聖空間的第二種定義。當然在
志蓮淨苑，從圓滿閣經天橋，直接接上山門的空間設計，無
疑使世俗空間與神聖空間連為一起，於是志蓮淨苑可以通往
神聖世界的意義，則為更明顯了。總而言之，無論是密教法
會，還是志蓮淨苑兩者有臨時性與長期性的差別，但它們都
有接連神聖世界的功能。

（五）

　　從上文對宗教場所以符號系統及具體儀式的研究，我們

---

43 關於東亞宗教基本特徵的討論，簡明的可以參考 William Ng, "East
　　Asian Religion", in Peter Clarke and Peter Beyer ed., *The World
　　Religions: Continuities and Transformations* (London & N.Y.: Routledge,
　　2009), pp. 177-189.

可以進一步探詢其背後所反映的特定宗教神話敘事，以說明符號與儀式背後透顯的恆定的淨土信仰敘事。

志蓮建築群，本來就是參照敦煌莫高窟壁畫而設計的；而在志蓮的佛塔中，仍然保留大型淨土經變壁畫。這幅畫是一九九八年樊錦詩院長帶領美術所的同仁如李振甫，去香港志蓮淨苑協助繪製的，志蓮的壁畫是以莫高 172 窟的經變為依據，[44] 而 172 窟也是有西方淨土變的典型代表。172 窟南北兩壁都有經變畫，兩壁「均繪有場面宏大的寺院建築群，是唐代壁畫中表現建築群的代表作。」[45] 也許就是因為這個緣故，志蓮淨苑就特別以之為建築參考。志蓮的壁畫模仿敦煌莫高 172 窟為主，但是在構圖成分與色彩方面，都有很多創新，這創新部分來自吸收其他敦煌壁畫的元素，部分來自大膽的藝術巧思。所以李振甫先生說：「取眾所長為我所用，創作出一種新的、完整的，世界上無法與我比的西方淨土變來。」[46] 不過，壁畫參考 172 窟南壁的淨土經變圖，[47] 而志蓮的建築群也參照淨土經變，故而也寄寓了淨土的神話敘事。

---

44 參考李振甫：〈論香港志蓮淨苑佛教傳統新壁畫的藝術成就〉，收入《敦煌研究》2001 年 2 期，總第 68 期，頁 29-31。

45 參考香港敦煌之友，網站：http://www.fodhk.org.hk/cave/17；檢索日期：2014 年 10 月 27 日。。

46 參考李振甫：〈論香港志蓮淨苑佛教傳統新壁畫的藝術成就〉，頁 30。

47 有關敦煌壁畫與志蓮淨苑的設計的討論，參考吳有能：〈淨土經變及其現在建築的呈現〉，發表於《詮釋與實踐：中國西北宗教與文化國際研討會》，香港浸會大學主辦。檢索日期：2014 年 9 月 29-30 日。

志蓮淨苑的淨土經變圖　　　　莫高 172 窟觀無量壽經變

　　志蓮淨苑的蓮池顯現著大乘佛教普渡眾生，要將世俗間接引到西天世界的理想。對民眾來說，最津津樂道之處的傳聞，也許是「梅詠二池」及「智慧燈」。[48]但嚴格來說，這一建築群確實反映出宗教神話敘事，建築群中最吸引目光的當然就是美麗的蓮池，而蓮池寄寓的是淨土宗的蓮邦的神話。

---

48 香港流傳的說法是進入山門後的蓮池，分別由歌手梅艷芳與譚詠麟捐建，所以分別稱為梅詠二池；至於智慧燈則由曾志偉捐獻。當然這些傳聞，並未得到廟方證實或否認。

大理石蓮花上有蓮子浮雕象徵蓮胎伏惑

（箭頭所示為蓮胎）

　　其中，最值得注意的是這建築群寄託了《觀無量壽經》關於九品蓮生的看法，以及相應的「帶業往生」的觀點。所謂「帶業往生」指的是行者雖然未能除淨惡業，仍可以帶著惡業往生到淨土世界。志蓮有純白大理石所製的寶蓮燈，而燈上有顆粒狀的蓮子浮雕。這是要表現「蓮胎伏惑」的意思，也就是說那些未能完全消業的眾生，也可以在往生後，暫居淨土世界的蓮胎（蓮子）之中，繼續修行，[49] 等到有一天功

<hr />

49 有關蓮胎斷惑及蓮胎伏惑的說明，簡明的可以參考李炳南先生的說法：「西方而曰蓮邦，果胡為乎？雖斷惑上品之士，亦必經過蓮生，接引亦此蓮花，化身亦由蓮內。他佛淨土，必斷惑而往生，故不必處蓮修養，此佛淨土，未斷惑可往生，故必處此以養聖胎。如不經蓮養，直接見佛，未見經文，不敢妄言。」所以依照淨土教義，無論斷惑與否，

行圓滿，業盡清淨，就可以由蓮花生出，成為諸佛菩薩，這就是所謂蓮生佛，或蓮花生佛。

依據這樣的神話敘事，就算身有罪業，仍然可以往生淨土，在蓮花中修行。就以九品蓮生的下三品為例，在《觀無量壽經》中提及下品上生的眾生：「即便命終，乘寶蓮華，隨化佛後，生寶池中。經七七日，蓮華乃敷。」而下品中生的情況是：「如一念頃，即得往生七寶池中，蓮華之內，經於六劫，蓮華乃敷。」最極端是下品上生：「佛告阿難，及韋提希：『下品下生者，或有眾生，作不善業，五逆十惡，具諸不善，如此愚人，以惡業故，應墮惡道，經歷多劫，受苦無窮。』『如此愚人，臨命終時，遇善知識，種種安慰，為說妙法，教令念佛，彼人苦逼，不遑念佛；善友告言：「汝若不能念彼佛者，應稱無量壽佛，如是至心，令聲不絕，具足十念，稱南無阿彌陀佛。」稱佛名故，所念念中，除八十億劫生死之

都必須經過蓮生的中介階段，在蓮花中修行養聖胎，以期修行圓滿。但是養聖胎的，有斷惑與伏惑之分；斷惑是斷除惑念，伏惑則只是暫時壓下，而非根本斷除；李炳南申述淨土經典加以說明：「學佛得求斷惑，若不求斷惑，有惑則終日造業，起惑、造業、受苦，必是如此。臨命終時心不顛倒，才能往生，這是經上所說，非經上話，任何大學問家說，也不可信。這是依法不依人。七日得一心不亂，真正得一心則斷見思惑，若斷不了惑，伏惑也行，但是別的宗派伏惑沒用。修淨土宗能把惑伏住不起來，就感應道交。其他宗派有一點差錯都不行，若一剎那失念就沒希望了。」伏惑是壓下惑業，進而通過感應道交，接受彌陀佛力的接引，而得以超升到蓮邦。
參考李炳南居士：《佛學問答：淨土篇（6）》，見學佛網：http://big5.xuefo.net/nr/article3/32537.html；以及李炳南：《修學法要》，見雪盧老人專輯：http://www.haihui.org.tw/data/55/index.asp?t1=2&t2=1&t3=17，檢索日期：2014 年 10 月 27 日。

罪。』『命終之時，見金蓮華，猶如日輪，住其人前，如一念頃，即得往生極樂世界。』『<u>於蓮華中，滿十二大劫</u>，蓮華方開，觀世音，大勢至，以大悲音聲，為其廣說諸法實相，除滅罪法。聞已歡喜，應時即發菩提之心。』從以上三例，都是帶著惡業，而在蓮花中繼續完成純淨化的過程（Process of Purification）。而蓮花童子，就具體的表徵這種在功德池中修行的往生淨土者。

綜上所論，淨土信仰其實反映在志蓮的佛塔中的壁畫，也滲透在整個建築群的設計上。從救贖論而言，帶業往生的敘事，以及跟它相關的蓮胎伏惑也表現在蓮池的建築，以及白玉蓮台的設計上。而從修行論而言，依觀經而來的十六觀修行，也部分反映在建築群的設計中，所以筆者認為在種種符號象徵設計中，其實反映的就是淨土的神話敘事。

但有趣的是在這個密教法會中，筆者發現這一神話敘事也反映在密教法會中。是次法會中的主尊是大白蓮花童子，而筆者認為相關的宗教敘事也反映著淨土的思想；蓮花童子在佛教文獻中早就提到，同時也見諸敦煌壁畫。[50]《佛說無量壽經》云：

> 無量壽佛與諸大眾。現其人前。即隨彼佛往生其國。便於七寶華中自然化生。住不退轉。智慧勇猛神通自在。[51]

---

50 參楊雄：〈莫高窟壁畫中的化生童子〉，見《敦煌研究》，敦煌研究院，1988 年，期三，頁 83-87。

51 康僧鎧譯：《佛說無量壽經》卷下，《大正新脩大藏經》第 12 冊，頁 272。

　　所謂「七寶華中自然化生」也就是「七寶池內，蓮花化生」。[52]《觀無量壽經》更是將往生蓮池者區分成九等，於是就有所謂「九品蓮華生」的說法[53]。而往生淨土世界並在蓮花化生的就是「化生童子」；而由於是在蓮花中經歷化生，因此也可稱為「蓮花童子」。這種淨土敘事自然反應在淨土的藝術創作之中。楊雄提出「莫高窟畫有化生童子的唐代西方淨土變約占 120 餘幅的三分之一略多。」[54]。可見化生童子與西方淨土信仰必有密切的關聯；在西方極樂淨土外，「化生童子」也曾出現在莫高窟「藥師淨土變」，[55]是以可以判定蓮花童子跟淨土信仰關係密切。檢視榆林窟或莫高窟的淨土經變圖也可以清晰地觀察到這一淨土宗教敘述的具體藝術呈現。譬如下圖是敦煌莫高窟 220 窟南壁蓮花童子的樣子：

左圖中，朵朵蓮花之中就有一個一個修行中，或已修好正在離開蓮胎的蓮花童子，這當然還是寄寓淨土信仰在蓮胎修行的宗教敘事。至於莫高窟 311 窟的隋代藻井也很清楚表達化生童子的樣子：

---

52 明袾宏撰：《阿彌陀經疏鈔》卷四，《卍新纂續藏經》第 22 冊，頁 666。
53 《佛說無量壽經》依念佛人的智慧功德，有深淺的不同，可以分為上、中、下三輩。在三輩中，每一輩又可分為三品，即上上、上中、上下、中上、中中、中下、下上、下中、下下，合之便成九品，也就是九種的品類的意思。由於往生的人有九種的品類，所以所托生的蓮花叫做「九品蓮花生」，即「九品化生」。
54 參楊雄：〈莫高窟壁畫中的化生童子〉，頁 83-87。
55 同上註，頁 86。

圖左下交腳的人像坐在蓮蓬之上，也是蓮胎化生而出的藝術表現；而由於淨土信仰的普及，蓮花童子的造像或壁畫，其實相當普及，[56]特別是在觀無量壽經變，[57]就更為明顯。

在是次密教儀式中，主尊是大白蓮花童子，而這一大白蓮花童子的信仰，是真佛宗特有的主尊，而這信仰呈現清楚的淨土蓮花童子的信仰痕跡。這其中最明顯是在法會儀軌的正行中，包含下列項目：

手結蓮花童子手印。

祈請蓮花童子：「自性蓮花法性身。右手說法左持蓮。化身遍滿千萬境。天衣寶飾妙莊嚴。得承道顯密一身。融合傳承最上珍。真佛密法眾生導。普度群生而無餘。」

以及：

---

56 參考段文傑、李愷主編：《敦煌藻井臨摹品選集》（陝西：陝西旅遊出版社，1997 年），其中有李承先與馮仲年臨摹的隋莫高窟第 314 窟的蓮花童子藻井，見該書頁 18。此外，311 窟的隋蓮花童子藻井也是有代表性的藝術表現。參考敦煌研究院編：《敦煌莫高窟》（香港：廣彙書業有限公司，ND）。

57 敦煌莫高窟的觀經變，始於隋代，而終於宋‧隋代僅存 393 窟，初唐則有 431 窟為代表，盛唐因為善導的影響，觀經變也就豐富起來。莫高窟中的西方淨土變中，很多都是觀經變，譬如 12、44、45、66、103、112、148、159、171、172、197、217、237、320 等窟都有觀經變，特別是 171 窟的東南北三壁都有觀經變，可說是重要代表。參考施萍婷：〈敦煌經變畫〉，收入《敦煌研究》，2011 年，第 5 期，總第 129 期，頁 10。

　　唸蓮花童子心咒 108 遍：「嗡。古魯蓮生悉地。吽。」可見法會就是蓮花童子的信仰的現代呈現，而此一信仰雖以密教法會方式表現，但是其依據必有極深的淨土信仰神話為依據。真佛宗自我定位為密教，實為融合道、顯與密而成之宗派；而該宗派也有蓮花童子從大日如來而來的神話敘事，這自然顯現密教色彩；[58]但其宗派提倡往生西方極樂世界，就是去所謂「摩訶雙蓮池」的信仰。[59]從蓮池及蓮花化生及蓮花童子等等觀念組織而成的神話敘事，其實也表現出相當濃厚的傳統淨土世界觀念的一面。

　　所以志蓮淨苑與密教法會的神聖空間，盡管看似風馬牛不相干，但卻在不同的象徵系統背後反映出相同的宗教神話敘事。就此而言，在我們研究的對象中，共同反映一恆常的敘述結構──對往生淨土的信仰。志蓮淨苑既為淨苑，基本上弘揚淨土教門，所以在改建之時，也就參考敦煌的淨土經變、繪製壁畫以及設計建築群；因此，我們在淨苑以及南蓮

---

58 真佛宗自述：「蓮花童子的淵源是：大日如來──佛眼佛母──蓮花童子。而「蓮生活佛盧勝彥」的淵源是：大日如來──佛眼佛母──蓮花童子──蓮生活佛盧勝彥。這就是大日如來，化身為佛眼佛母，佛眼佛母化身為蓮花童子，蓮花童子化身為蓮生活佛。」參盧勝彥：《真佛法中法》（桃園：大燈文化出版社，2002 年），頁 111。

59 檢視《大正藏》暫未發現這雙蓮池的記載，但真佛宗相信佛眼佛母從大日如來「清淨法界宮」出來，雙眼化為「摩訶雙蓮池」，池中化生「蓮花童子」，而蓮花童子就是蓮生活佛的前生。參盧勝彥：《真佛的心燈》（南投：真佛宗出版社，1997 年），頁 85；又說「大白蓮花童子金剛相應法若修持得到成就，一樣往生西方極樂世界，因為蓮花童子的世界就是西方極樂世界的摩訶雙蓮池，本就在西方極樂世界之中。這蓮花童子是從西方阿彌陀佛的佛國來的，其最終的佛土，仍然是西方極樂世界。」參盧勝彥：《密宗揭魔法》（南投：真佛宗出版社，1997），頁 159。

園池基本上看到觀無量壽經所教導的十六觀修行法，譬如水觀、日觀、寶樹觀等等；同時，也看到蓮花往生的藝術表現。至於在法會中，我們看到主尊是真佛密教的大白蓮花童子，而其背後的宗教神話依據，其實存在濃厚顯教的淨土色彩。所以本文認為淨土觀念，特別是蓮花化生觀念，其實就是符號象徵及儀式背後所內蘊的恆常信仰，並且也充分顯示在志蓮淨苑及密教法會之中。

六、結　論

本文參照伊利亞德的《神聖與凡俗》所提出的神聖空間觀點，考察志蓮淨苑建築群及香港普明佛學會的密教法會，並特別從符號象徵、儀式及神話三方面進行分析。

本文印證了伊利亞德所謂「聖顯觀」，特別是法會的召請咒連串儀式，就象徵主尊講壇的想法。同時，本文也印證所謂「異質空間」的觀點，在法會中通過視覺與聽覺的象徵符號的建構，聖界與凡俗的區分就清楚表達出來；而在淨苑中，護法神的出現，標誌出異質空間的特性，因為在有護法神護持的廟內空間，顯然就並非外面的凡俗世界，因而區隔出「神聖空間」。

其次，除了靜態的空間結構性表達外，本文提出密教法會的儀式創建出神聖空間，特別是「結界清淨」的儀式，更明顯從一般的空間，劃出神聖清淨空間；而如果從范根納（Arnold van Gennep）所謂的「通過儀式」（Rites of Passages）解釋，則儀式讓法師離開「常人身分」而取得「非常身分」；而隨儀軌進深，上師進入相應交感的狀態，經歷我入與入我

的狀態，而與主尊合一，此時儀式中的法壇已經是神人交通的通道。

再者，無論是淨苑的靜態神聖空間，還是法會的動態儀式性的神聖空間。兩者都反映著淨土性質的神話敘事元素——蓮花化生與往生淨土等，而在符號象徵與儀式背後所反映的就是這恆定的淨土神話敘事結構。

但是，本文也反照出伊利亞德理論之不足。首先，在伊利亞德所陳述的靜態的、固定的神聖空間外，本文研究的儀式性神聖空間，正顯示神聖空間也可以是移動的；其次，在伊利亞德的聖顯觀之下，神聖空間是被動的給予人間，但本文的例子顯示，兩者都是通過人為努力，自行創建，而非被動的接受神靈的顯聖；特別是法會的儀式性空間，就更加明顯是法師的主動創建。就此而言，我們可以提出伊利亞德的被動聖顯觀之外，應該補充佛教的主動聖顯觀，而這也顯示出東方宗教的人文精神。

第三章 合法性與身分認同
——兩個香港「道堂」的初步反省

一、問題所在

香港地區的道教源於中國內地，特別是廣東地區一帶。而這其中，特別重要的源頭包括廣州、南海、羅浮山等地。至於香港道教起於何時，實在難有定論。有的因文獻提到晉朝在番禺一地有道觀，而香港在歷史上曾屬於番禺範圍，所以有人推言香港在晉朝就有道教了。但番禺有道觀是否就能視為香港地區有道教呢？這是爭議的焦點。[1]但可以確定的是南宋時代，香港已有北堂天后廟;而大致到了十七世紀以下，有關香港道教的歷史資料比較多一點。[2]而道光、咸豐年間，粵省出現不少崇奉呂祖的仙館;光緒年間，這種仙館逐漸發展到香港地區;是以若從這種仙館算起，則道教在香港的發

---

* 本章得到圓玄學院副總幹事李家駿博士啟發與協助，特此致謝。

1 參考李桂玲編著:《台港澳宗教概況》，（北京:東方出版社，1996），頁 280。黃兆漢與鄭煒明著:《香港與澳門之道教》（香港:加略山房，1993 年），頁 14。

2 黃兆漢與鄭煒明著:《香港與澳門之道教》（香港:加略山房，1993 年），頁 14。

展歷史起碼也上百年。譬如光緒九年，羅浮山羅元一道長到
香港大嶼山，創建純陽仙院及普雲院（即今日鹿湖精舍）。[3] 雖
然仙院後來改為佛教精舍，但迄今仍存在。就此而言，仙院
是具有指標性意義的早期道教建築；所以也有論者視為香港
道教的明確起源，並形成香港道風百年的主張。[4] 此後，一直
到二十世紀二三十年代，黃大仙祠、省躬草堂、抱道堂、蓬
瀛仙館、玉壺仙洞及通善壇等許多道壇從廣東南下，道教在
香港更加鼎盛。而新興宗教如先天道福慶堂、紅卍十字會、
天德聖教等也慢慢傳入。而到了抗戰時期，更多道侶紛紛避
居港澳。以上這些，可說是民國時期從粵省南下香港的重要
道教團體。[5]

　　自四九年前後，香港又出現了新一批道教團體及道眾。
他們多數是新近南下香港的，面對陌生的環境，如果要在當
地立足，必須要有足夠號召性。因此他們需要顯示自己的合
法性，以贏取信眾。

　　合法性是英語 legitimacy 的翻譯，通常又漢譯為認受性、
正統性、合理性或正當性；它原本是政治學的概念；[6] 在功能

---

3 明慧法師編：《大嶼山誌》，（香港：明文書局，1957 年初版）；本文依
　據香港：明珠佛學社，2015 年版，頁 24。
4 游子安編著：《道風百年：香港道教與道觀》（香港：利文出版社，2002
　年），頁 23。
5 羅汝飛：〈香港道教的過度與變遷〉，收入黃紹倫編：《中國宗教倫理與
　現代化》（香港：商務印書館，1991 年），頁 161-171。
6 合法性難以簡單定義，不過一般來說，它跟順從與同意相關，而形成
　一概念群組。它指的是作為一個整體的政府被民眾的認可程度。而這
　認可通常關連到三個基礎，政權如何形成、政權為人民做了甚麼，以
　及在歷史及現時這政權與人民的關係。Russell Hardin, "Compliance,
　Consent and Legitimacy," Charles Boix and Susan C. Stokes, *The Oxford
　Handbook of Comparative Politics*, (N.Y.: Oxford University Press, 2007),

上，合法性往往能夠激發和保存民眾對組織與制度的信任，使民眾相信現行的組織與制度是適合當前社會的。就此而言，合法性就是團體，乃至國家，能夠繼續存在與發展的基礎。漢語中合法性一詞又經常關聯到另一意思；因為漢語所謂合法是指「符合法律」，[7]也就是不違反法律規定，所以合法跟違法構成一對反義詞。而根據《中國大百科全書》，所謂合法性是指「由政治權力客體所認可的政治權力主體佔有及使用政治權力的正當性。雖然合法性與權力在程序上的合法有一定的聯繫。但它所表達的主要是權力客體對權力主體的心理支持程度。」[8]析而言之，筆者認為合法性的討論至少可分兩方面。從權力主體（如政府、團體）而言，主要涉及權力來源的合理性；而從權力客體（譬如民眾）而言，則主要指民眾對權力主體的認受性；這認受性通常表達為對該主體的心理支持，以及履行相關義務的意願。

　　如果我們將政治上有關合法性的理解，外推到宗教研究之上，[9]則宗教的合法性可以指信眾對其信仰的宗教團體及權

---

pp. 236-255. (特別是 pp. 237).

7　漢語大辭典編輯委員會編纂：《漢語大詞典》，第二版，第三卷，（上海：漢語大詞典出版社，1994 年），頁 149-150。

8　「在現代社會，權力客體的合法性主要來源於法律。合法性是有效統治的基礎，社會大眾是否願意對權力客體的權威盡政治義務，是權力主體是否具有合法性的標誌，而權力客體的行為符合權力主體的要求是具有合法性的權力在社會生活中運作的必然結果。」《中國大百科全書》總編委會：《中國大百科全書》，第二版（北京：中國大百科全書出版社，2009 年），頁 9-306。

9　合法性跟宗教的關係可說千絲萬縷，簡明介紹可以參考 James Luther Adams and Thomas Mikelson, "Legitimation," in Lindsay Jones ed., *Encyclopedia of Religion*, 2nd ed., Thomson, Gale, (2005, Volume 8): pp. 5396-5404。特別是 pp. 5398-5401.

威的心理支持程度。在功能上合法性對內能夠激發與保存信
眾的信任，進而產生對宗派、教義、人物、經典、儀式等方
面的認可、接納與認同。那麼這合法性的基礎從何而來呢？
簡單說，合法性建立在共同認可的基礎上；而從權力來源看，
某宗教組織或個人是否有合法性，就在於其權力來源是否合
理；這種認可的基礎可區分宗教性基礎及世俗性基礎兩者。
第一，在宗教基礎方面，教派或組織若具有合理的傳承、神
靈認可或宗師的認同等，往往容易取得信眾認受，並從而形
成對該宗教團體的支持與認可。由此該宗教或組織就比較容
以取得合法性。第二，在世俗基礎方面，宗派或組織是否合
法，也常構成另一層次的合法性議題；如果教派不為政府所
接納，其往往被認定為違法，因此它在社會大眾中的認受性
會被傷害，甚至引申出合法性危機，譬如被認定為邪教等。

　　合法性又必然涉及認同，而認同則展現為對內的自我歸
屬，以及對外的距離化，甚至排斥。前者是自我身分的認同，
後者為對他者的身分區隔。本文以香港青松觀及圓玄學院為
例，探索這些宗教團體在歷史發展中如何處理自身的合法性，
顯題化其在身分認同方面的變遷；並反省其在中國社會文化
史上的意義。

二、政治變化與道派的合法性議題

（一）中國政治變化下的道教新形勢

在十九世紀末到二十世紀初，動盪的時局、巨大的政治

變化都對宗教影響極大。辛亥革命，以及隨之而來的科學主義、外來勢力等，對傳統宗教形成巨大壓力。民間宗教備受當時政府的打壓，譬如國民政府管治下的廣東，就本著「改革風俗，破除迷信」的科學口號，反對民間宗教。而在廣東的道教，也難以獨善其身[10]。譬如 1913 年春，廣東省警察廳充公廣州芳村的黃大仙祠。所以 1915 年，廣東西樵黃大仙祠普慶壇梁仁庵先生就將黃大仙的畫像帶來香港，後來輾轉成為今香港的黃大仙祠。1935 年黃廣攀著的〈南鎮從善正金全堂並立四十周年紀念概述〉一文提及：「曩者辛亥鼎革，國內潮流激變，神教淩替。梅菉母堂遭解散，主事者身殉。我堂遠在海隅，倖免波及。」[11]而從善正金全堂並非特例；事實上，當時已經有不少廣東一帶的道眾移居香港，所以早期香港建立的道堂，多數跟廣東道教組織直接相關。[12]不過，道壇在三十年代廣東仍非常流行，根據 1938 年的統計，先天道堂就約有二百所。[13]

---

10 有關廣東道教的發展史，參考 黎志添：〈廣東道教歷史要述—— 以正一派、全真派及呂祖道壇為中心，兼論三者之間的互動關係〉，《弘道》〈2013 年 12 月〉，Available online at: http://www.hongdao.net/a/qingsongxueshu/qikanmulu/2013/1205/1162.html。檢索日期：2021 年 8 月 12 日。

11 黃廣攀撰，黃善呂參正：〈南鎮從善正金全堂并立四十周年紀念概述〉，收入《華南研究資料中心通訊》第 19 期 (2000 年 4 月 15 日)，頁 5。

12 Tsui, Bartholomew Pui Ming (徐佩明), *Taoist Tradition and Change: The Story of the Complete Perfection Sect in Hong Kong* (Christian Study Centre on Chinese Religion and Culture, CUHK: The Chinese University of Hong Kong Press, 1991), pp. 76-80. ; 黎志添：〈民國時期廣州市喃無道館的歷史研究〉，《中央研究所近代史研究所集刊》，2002 年第 37 期，頁 27。

13 廣東省政府廣東年鑑編纂委員會編：《廣東年鑑》（廣州：廣東省政府秘書處，1942 年），頁 167。

　　到了四十年代末年，國民政府貪腐無能，加上金融改革失敗，民怨沸騰。軍事上又節節敗退。大廈將傾，乾坤易手之勢，已經洞若觀火。不少廣東民眾，深恐兵凶戰危，身家性命不保，所以選擇避走港澳。而廣東地區不少僧道也選擇到香港暫時安頓，以觀世變，再定行止。

　　後來，中華人民共和國政府成立，而主政的共產黨相信無神論，自然引發不少宗教團體的憂心。根據馬喬利‧托普萊的研究：「從 50 年代中期中國大陸的期刊記載來看，共產黨政權對於教派組織的取締是從那時開始的。」[14]馬喬利的說法是就普遍情況來說；而對不少民間宗教的整頓，可能從五十年代就開始了。譬如一貫道，更被大力清剿，直接判定為反動組織。1953 年，廣州市公安局發出〈反動會道門登記和道徒退道辦法〉，[15]其中主要就是針對一貫道。不過，先天道與同善社等民間教派似乎也沒能置身事外。因此，雖然有人熱烈歡迎新成立的中國政府，但也有些人保持觀望態度，所以開始設法離開大陸。1950 年，廣州市開始整肅部分宗教人士，政府並不承認民間宗教，而不少教派也遭遇困難，所以部分也就自然開始遷移到港澳、台灣，甚至東南亞。譬如現存〈先天道近況及其分佈〉的文獻就清楚提及：「總會中樞百餘年來向設川省，近自大陸變色……現正進行將總會遷設香港。新中國成立之初掌教的宋道剛因為身在大陸，不能行使

14　馬喬利‧托普萊，周育民譯：〈先天道：中國的一個秘密教派〉，《民間宗教》第二輯（1996 年 12 月），頁 19-50。

15　趙嘉珠主編：《中國會道門史料集成：近百年來會道門的組織與分布》（北京：中國社會科學出版社，2004 年），頁 881。

職權,乃致函移駐香港的廣東曾道接任家長職務,以維持先天道脈。」[16]而類似的教派如同善社、德教、天德教、先天道、一貫道等都有遷移到香港的情況。其中有些在民國時代已有在香港初步發展,所以算是有些基礎,譬如先天道的萬佛堂。但也有初來乍到道堂,在香港重新開始。而奠立其宗教合法性成為當務之急,否則難以吸收信眾。至於新中國並不承認的新興教派就更得面對身分合法性問題。

(二)殖民地政府與宗教管理的深化

早期港英殖民政府,對管理華人並無太大興趣,甚至出現華洋分治的局面;譬如限制華人居住及活動地區,1844 年更將不少華人遷移到上環太平山區。到了二十世紀初,隨華人仕紳商賈的勢力發展,於是港府乾脆吸納華人領袖進入政府,譬如黃勝與周壽臣等,以幫忙管理香港,並溝通政府與華民。

二戰後,國際形勢丕變,東南亞的去殖民化急速發展;對於在全球占有大量殖民地的英國而言,去殖民化的衝擊非常大,她不得不採取政治改革,甚至讓殖民地獨立的作法。於是緬甸、馬來亞、新加坡以及汶萊等英國在遠東的殖民地,都啟動去殖運動,並先後取得獨立。[17]二戰後的英國殖民地香

---

16 林萬傳:〈泰國先天道源流暨訪問紀實〉,見王見川主編:《民間宗教》1995 年第一期,頁 142。

17 有關東南亞脫殖史,簡明的可參考 Pearn Bertie Reginald 著,張奕善譯:《東南亞史導論》(*An Introduction to the History of South-East Asia*)(台北:台灣學生書局,1979 年),頁 282-296。〈第 28 章〈民族主義的勝利〉〉;緬甸及馬來西亞脫殖可參考 Pluvier, Jan M., *South-East Asia From Colonialism to Independence* (Kuala Lumpur: Oxford

港也不例外，戰後的首兩任香港總督楊慕琦與葛亮洪，都大力推行一定程度的民主化與本地化，楊慕琦在戰後結束軍事管治後，馬上宣布政改。市政局成員三分二開放為民選，並規定華人佔一半名額。立法局設十五位議員，其中七名官守議員，八位非官守議員。新中國成立，香港政治形勢大變；共產黨一向主張反殖反帝，所以港英政府對香港的前途也非常注意，1952 年，英國與香港政府取消楊計畫。

葛量洪接任港督後，在各方面實施政治改革，積極推進本地化，1946 年開始任命第一位華人政務官，到了 1951 年，這級別的政務官及專業級別的官員，已經佔 10.75%。到 1971 年，這級別的官員超過一半是本地華人。

另一方面，隨新中國成立，國民黨退守台灣，當時中國內戰的狀態，似乎一時無法改變。何況，戰亂之餘，百廢待舉，兩岸都無餘力積極處理香港事宜。英國明白在這樣的政治情勢下，暫時可以繼續保有香港這一殖民地；於是港英政府更積極處理華民的內政問題。於是，政務司就開始著手處理華人傳統宗教信仰。1961 年，華民司召集了數次宗教社團代表會議，呼籲成立組織，辦理社會福利事業。[18]而華人宗教

University Press, 1977), pp. 389-400 and pp. 530-548. ; 有關英國殖民地在亞洲的脫殖，可以參考 Grimal, Henri, "The Emancipation of British Asia," in his *Decolonization: The British, French, Dutch and Belgian Empires, 1919-1963*, 1965, pp. 214-231.

18 鶴山易覺慈編輯：《寶松抱鶴記》（香港：雲鶴山房，1962 年），頁 466-467。網址： http://www.daoist.org/reference/book_1.pdf。檢索日期：2021 年 8 月 12 日。此外，可以參考香港道教聯合會官方網頁：香港道教聯合會-道教文化中心資料庫 (daoinfo.org)。檢索日期：2021 年 8 月 12 日。

由於沒有類似基督教教會的組織，因此對英國人來說，並不
好掌握。何況連今日學者都難以定義甚麼是道教，那時的英
國殖民地官員更感到困難。同時社會上也出現跟華人宗教相
關的法律事件，譬如在法庭開審時，有關人等是否向基督教
上帝宣誓等議題；而客觀上政府也需要強化治理華人社會，
於是港英政府就讓本地道教代表自行成立組織。這一政府的
推動，促成各宗派自身的身分認同議題的顯題化。

　　綜上所述，廣東道教團體以及道眾面對政治社會的新形
勢，部分人選擇南下香港。在新的環境，他們並無原來在廣
東地區的認受性與知名度，因此極需建立道團的合法性。特
別是新中國政權信奉的馬克思主義基本上認為宗教是人民鴉
片，即使新中國承認所謂五大宗教，客觀上也沒有承認民間
宗教，往往通通視為封建迷信。而某些宗派，本來就在三教
合流的大勢下，出現佛道兼修，甚至三教共融的信仰。但在
現代西方宗派主義的宗教分類方法下，儒釋道三教判然劃分。
對於這些兼收並蓄的宗派，就難免無所適從，其宗教身分無
法在宗派分類中取得足夠的認同。加上港英政府強化宗教管
理的政策，本來在宗教內部的認同與否問題，一下子上提到
官方認可的層次。於是，港英政府策動道教團體籌組聯合組
織的推力，客觀上劇化了香港地區的道教身分認同問題。

三、青松觀的合法性敘事：靈性資本與

·　　信仰轉變

（一）扶乩敘事的宗教合法性

　　青松觀是香港知名道觀，現址位於新界屯門麒麟圍，建於 1960 年。維基百科說：「青松觀是一個香港道教慈善團體，青松取其松柏長青，老當益壯的意思。」[19]不過這對青松觀的名稱的解釋，大概是望文生義的猜測。

　　青松觀梁運恆道長在青松觀的官方導覽影片中就否定這種吉祥如意的講法，並提出宗教性的解釋：「原來青松觀的得名，卻是另有玄機。當年十八位廣州至寶台及香港的道長，在一個農曆 12 月 18 日的夜晚，決定要在香港成立一所道壇，並得到祖師賜名青松觀。後來才發現，青松兩字拆開就是十二月，十八公。」[20]這個深富神祕色彩的宗教性敘事，為青松觀提供具有強大吸引性的合法性宣傳。

　　這個敘事其實有其內部文獻支持，1949 年 12 月，何啟忠等得呂祖乩旨「南下設壇，繼行普渡。」[21]1950 年，呂祖降壇乩示：「善為至寶，今日組壇於九龍，宗旨亦以一善為皈；

19　青松觀：《維基百科，自由的百科全書》，網址：https://zh.wikipedia.org/wiki/青松觀。檢索日期：2021 年 8 月 12 日。

20　香港道教學院〈道教視頻〉：《青松觀導賞》，網址：https://youtu.be/ zp5k 0fY4bdo。檢索日期：2021 年 8 月 12 日。

21　侯寶垣：《觀史沿革概要》，青松觀編：《九龍青松仙觀擴遷新址暨成立廿五周年紀念特刊》（1974 年），第 14 頁。

況淵源出自至寶台耶。世人云：善似青松惡似花，今將以青松觀三字為此壇命名也。」從這一段文字看來，青松觀之得名，取於明劉伯溫詩：「善似青松惡似花，看看眼前不如它；有朝一日遭霜打，只見青松不見花。」這大約是寄託勸善止惡的理想。然而後來卻又有拆字神諭，這就更顯示其神秘性。據說，玉皇大天尊降壇表示：「十二月，十八公。」[22]若將十二月三個字由上而下合拼為一個字，就可得青字；而十八公中的十八兩字合拼為木字，再將木與公兩字左右合拼就得松字。所以「十二月，十八公」實隱藏著青松兩字。通過神話化的宗教敘事，除點出道脈源於至寶台，更賦予青松觀神聖性；而青松觀因這一敘事，披上遵照神喻的外衣；而客觀上就讓社會大眾，特別是信眾群體更容易建立或強化對青松觀心理支持程度，這樣就達致建構合法性的效果。

（二）道脈傳承的教派合法性

然而，青松觀的道脈又源於何處？依據何啟忠（1916-1968）的《寶松抱鶴記》自述，何道長就是「廣業仙壇」的乩手。他學道於羅浮山冲虛觀；依據陳伯陶（1855-1930）的〈羅浮指南〉的記述，可知因清代杜陽棟與曾一貫兩位道長的傳承，所以冲虛觀轉成龍門派道觀。[23]實際上，從清康熙

---

22 侯寶垣：《觀史沿革概要》，青松觀編：《九龍青松仙觀擴遷新址暨成立廿五周年紀念特刊》（1974 年），第 14 頁。

23 《羅浮指南》，原名〈羅浮補志〉，現收錄於〔明‧陳璉〕撰，〔民國〕九龍真逸（陳伯陶）補，《羅浮山志補》，（1920 年）。本文依據的是廣陵書社編：《中國道觀志叢刊》，（揚州：江蘇古籍出版社，2000 年），第 36 冊；而《羅浮指南》，見於頁 531-604。本來冲虛觀并不屬于龍門派。但康熙二十七年惠州太守呂應奎與博羅縣令等籌款重修道觀，

以下，冲虛觀成為遠近知名的龍門嫡傳。何啟忠道長接冲虛觀龍門道脈，所以創立的至寶臺也是奉呂祖。[24]後來他在香港號召各人成立青松觀，也是運用原先至寶臺的關係為主，所以青松觀自然就是全真龍門道脈。

青松觀也從教派正統性去建立其宗教權威，所以在大門就有「龍門衍派，麟地開玄」的對聯。牌樓正中央有「青蒼松蓋」匾額，而左右又分別寫上「道接終南」及「教啟全真」的匾額。所以在建築上清楚標示其全真龍門派的傳承。

青松觀的大殿稱為純陽殿，中間供奉呂純陽祖師，左右分別是王重陽祖師及邱長春祖師的神像。大殿上方也有匾額交代全真道脈，以及龍門宗派。這是通過宗教傳承來奠立正統性。

但是，1945 年〈創建廣東省廣州市越秀山管下西關至寶台道派壇文〉記載「本台自羅浮山冲虛觀分跡，全真道士何啟忠創設於羊城以自修，供奉儒釋道三教至尊。」[25]足見廣州時期的至寶台，雖是道教，但兼奉三教神尊；而青松觀雖然在宗派淵源上是全真龍門派的傳承，但卻依然使用深富神

三十七年後杜陽棟與曾一貫龍門派道長先後主持冲虛觀，於是冲虛觀成為廣東龍門基地。而依據陳伯陶自述，這是參照其父親所著〈長春道教源流〉及《浮山志》的觀點，參考《羅浮山志補》，頁 545-546。簡明的敘述，可以參考黎志添：《瞭解道教》（香港：三聯書店香港有限公司，2017 年），頁 118-119。但黎教授將陳伯陶的《羅浮山志補》誤記為〈羅浮補志述略〉。

24　何啟忠編撰：《寶松抱鶴記》（香港：雲鶴山房，1962 年），頁 225-249。

25　1945 年〈創建廣東省廣州市越秀山管下西關至寶台道派壇文〉，見於《香港道教青松觀文化網頁》，網址：道教香港青松觀・道教文化網頁 (daoist.org)

秘色彩的扶乩敘事。部分原因或許就是扶乩得來的宗教權威，以及直接來自神靈的合法性。同時，這也顯示廣東地區扶乩文化普遍流行，許多道教團體也存在扶乩習慣。[26]所以用扶乩敘事來正名，正符合明代中葉以下的道教傳統。

（三）從有效性強化宗教合法性

今日，進入青松觀園內，不但可以看到侯觀主的銅像，而侯觀主更被奉為真仙了。在道教的神仙觀中，除了先天諸神，以及日月星宿與山川河嶽等自然神外，更有後天修練而成的種種神仙。而修道成仙更是學道人的理想，侯觀主的修真有成，正好視為青松觀修道的見證，這也就通過有效性強化其合法性。

四、圓玄學院：曲折的合法性與隱蔽的身分

香港荃灣的圓玄學院肇端於 1950 年，由趙聿修、呂重德發起建造，很快就匯聚謝顯通、杜光聖、陸吟舫、楊永康、趙聿修、呂重德、王明韻、黃錫祺等人的支持。歷經幾年修建，學院在 1953 年開幕，今天已經是香港宗教重鎮。

但問題是，到底圓玄學院是屬於甚麼宗教呢？為了準備港澳的回歸，北京社會科學院宗教研究中心李桂玲編著《台

---

26 扶乩文化的介紹，特別是閩台地區的，簡明的介紹，可以參考 Clart, Philip, "Moral Mediums: Spirit-Writing and the Cultural Construction of Chinese Spirit-Mediumship," *Ethnologies* 25 (Oct. 2003):153-190.; 有關香港扶乩的介紹，參考 V. R. Burkhardt, "Chinese Creeds and Customs," *South China Morning Post* [Hong Kong] 1972, Vol. 1, p. 110.

港澳宗教概況》，直接認為圓玄學院就是道教團體。[27]這是中國關於這一主題的第一本專書，也可以說是當時中國內地中有相當代表性及影響力的觀點。

我們參考圓玄學院官方網站中「源起」一項有如下說明：

> 圓玄學院雖棣屬於道教，但其信仰思想，內容廣博而形式多樣，不僅包括道教之無為哲學、陰陽五行，養生諸術，還以傳播中國傳統文化為己任，更吸收諸子百家信仰之所長，而且廣納外來的修養思想，所以，信奉的是「道」，也是多神信仰，而追求的是「天人合一」，以積極的人生態度，領悟生命的超越真諦。[28]

從上文得知，圓玄學院雖包容諸子百家，吸收外來修養思想，且追求天人合一，傳承中華文化。但其身分認同是道教，或者更好說是一種有豐富包容傾向的道教。但是在圓玄學院的臉書，卻標示為佛寺。[29]

我們在歷史田野調查中，看到學院有三教大殿，院內有儒家的八德壁，更崇拜呂祖、關公、濟公和尚等神像；同時又有儒家的孔子及佛道的觀音像。總之，學院中充分顯示三教兼修的宗教象徵。然而三教兼修並不代表三教同尊。其中有沒有主從關係？

回過頭來查看文獻，可以發現在一九七一年，圓玄學院三教大殿落成的特刊中，保留著當時學院主席趙聿修先生的

---

27 李桂玲編著：《台港澳宗教概況》（北京：東方出版社，1996 年），頁283。

28 圓玄學院，《宗旨》，網址：http://www.yuenyuen.org.hk/non-flash/ ch1/ ch1.htm。檢索日期：2021 年 8 月 12 日。

29 圓玄學院 Facebook。檢索日期：2021 年 9 月 30 日。

文章。文中趙先生清晰交代圓玄學院的來由及其宗教理念：

> 原奉壇鸞指示，命名為九天冊立圓玄至道特級天壇，
> 為普通稱謂方便起見，簡稱為圓玄學院。其立名宗旨，
> 悉皆奉呂祖先師之命而行。蓋圓者，圓融廣大之義；
> 玄者，玄妙無窮之意也。圓意代表佛，玄意代表道。
> 即本院者，釋道同參，以佛居首，先重性功，次言煉
> 道之體，並尊儒者之克己復禮，以期天下歸仁，由入
> 世而習出世之方，從在後天而永返先天之理。三者備
> 矣，始可言性命雙修……然就本院名義與宗旨及其歷
> 史淵源，自應以釋迦佛祖為三教之主供焉。[30]

分析趙聿修先生的說法，我們得知從源起而言，圓玄學院起於扶乩，奉呂祖之命而建宗旨。而從思想言，圓玄二字分別代表佛道二家。不過，雖說釋道同參，但以佛居首，而釋迦佛祖敬為三教主供。而從修練言，以性功開始，再求煉道之體，並尊儒家思想，以期天下歸仁。再從實踐言，學院強調由入世而學習出世的方法，在後天而返先天之理。

值得注意的是，倡導三教融和精神的宗派，從明清以下，所在多見[31]。進而主張由佛教總攝三教的教理，雖明清以下並

---

30 趙聿修：〈圓玄學院三教大殿崇奉三教宗師關於主供神位之商榷〉，收入《圓玄學院三教大殿落成特刊》，1971 年，頁 2。

31 譬如三一教主林兆恩；有關研究參考 Kenneth Dean, *Lord of the Three in One: The Spread of a Cult in Southeast China.* (Princeton, New Jersey: Princeton University Press, 1998). There are many modern works on syncretism in Chinese philosophy and religions especially in the Ming and Qing periods. See Shih, Heng-Ching, *The Syncretism of Ch'an and Pure Land Buddhism.* (New York: Peter Lang, 1992). However, some recent scholarships have doubts over the idea of syncretism. Robert H. Sharf, "On Pure Land Buddhism and Ch'an/Pure Land Syncretism in

不少見，但顯然並非道家各派都能同意。無論如何，文中顯示趙先生主張主供釋迦，而輔以儒道。

　　既然以釋迦為主供，那學院是否是佛教派別呢？我們看到趙先生重視性功以及鍊道之體，並講究性命雙修，以及先天之理。是則又有明顯道教，特別是全真的味道。至於儒家之學，也被視為必須，那就難以從三教中找到歸屬了。

　　那這並非傳統三教的宗派又是甚麼教派？從歷史田野調查，在學院的李家駿先生的特別介紹下，我們參觀了該院最早期的建築。在二樓龍邊樓梯旁，設有一非常狹小的房間，房門平常是虛掩，可見並非供外人參拜之處，但並不限制訪客入內。因為設有神位，我們或勉強稱為偏殿吧。在這個偏殿，供奉的是同善社的迴龍老人。同時，上方掛著迴龍老人的題字「如意圖」。依據武內房司的〈慈善と宗教結社〉一文的研究，彭迴龍是四川人，也是同善社創教者。[32]原來同善社出自先天道，改革了先天道的一些宗教思想及實踐。譬如同

Medieval China," *T'oung Pao*, Second Series Vol. 88, Fasc. 4/5 (Jan. 2002): 282-331. Sharf 反對所謂中國歷史上存在獨立的淨土宗，更談不上所謂禪淨融合之說。

32 關於彭迴龍的介紹，特別參考頁 73-74。至於有關同善社的研究不少，最早期的介紹可能就是 Paul De Witt Twinem, "Modern Syncretic Religious Society in China I," *Journal of Religion* Vol. V, no. 5 (Spe. 1925): pp.463-464.；末光高義：《支那の秘密宗教と慈善結社》，滿州評論社，1932 年。 Available online at: https://dl.ndl.go.jp/info:ndljp/pid/1453606。（東京：大空社，1998 年，アジア学叢書，51，重印本），檢索日期：2021 年 8 月 15 日。現代學術研究可以參考酒井忠夫：《近代支那における人宗教結社の研究》（東京：東亞研究所，1944 年）。林萬傳：《先天大道系統研究》（台南：靝巨書局，1986 年）。王見川：〈同善社早期歷史(1912-1945)初探〉，收入《民間宗教》第一期（1995 年 12 月），頁 57-81。

善社「不戒酒、不斷葷、聽人婚嫁」，這就反映著從類僧侶嚴格主義轉向更世俗化的做法。

　　同時，我們在走訪中，知道學院的最高處是停車場，而停車場的圍牆寫著「南無天元太保阿彌陀佛」。

　　教人念「南無天元太保阿彌陀佛」十字，是同善社其中一種修持方式。在范古農的著作中，提問者提到「四川龍鳳山有述古老人者，自稱燃燈古佛應世，教同善社人誦萬佛救劫經，念南無天元太保阿彌陀佛十字」，又「四川龍鳳山有述古老人者，自妄稱為燃燈古佛應世，掌三教合一同善社，教人誦萬佛救劫經，念天元太保十字佛。」[33]可見這佛號跟同善社有關。

　　而所謂《彌勒救苦真經》是以「南無天元太保阿彌陀佛」作結。[34]該經在民初非常流行，先天道、一貫道與同善社等

33　參見范古農：〈外道之辨別〉，《古農佛學答問》卷六。網址：http://www.bfnn.org/book/books2/1465.htm。檢索日期：2021 年 8 月 12 日。

34　〈彌勒救苦真經〉，《寶德大道院》，網址：http://www.boder.idv.tw/ume5.htm。檢索日期：2021 年 8 月 12 日。

民間教派的派別都常有持誦該經的習慣。而針對這一佛號，一貫道興毅組線「義和－義興」單位的「道學寶筏」提供這樣的說明：

> 「南無」：皈依。皈依什麼？皈依「天元太保阿彌陀佛」。「天元太保」：講的是中國儒、道二家修行的精髓。「阿彌陀佛」：佛家修行結晶無量光無量壽。所以這十個字加起來就是三教匯通。所有的心法都融匯在一起。[35]

依照這解釋，這特殊的佛號表達的是三教匯通，心法融匯的意思。這倒也符合圓玄學院三教合一的宗旨。

李家駿先生曾考察圓玄學院歷屆主席，從趙聿修，經呂眾德、湯國華、趙鎮東、湯偉奇為止，全部皆為同善社信徒，他們全部當過先覺祠與乾元洞等同善社的領導[36]，可見圓玄學院跟同善社密切的關係。實際上迄今為止，所有主席都是同善社的信眾。而圓玄學院所宣揚的教理正好也反映同善社的三教合一宗旨：重視儒家八德，道家修行方法等，這精神清楚反映其同善社的特色。而趙聿修先生既為同善社人員，那麼他主理下的圓玄學院會體現同善社的宗教精神與實踐也就十分自然了。

但因為同善社不為中國政府所認可，加之在港英殖民地

---

35 參考：〈彌勒真經/南無天元太保阿彌陀佛〉，《Xuite 日誌》，網址：https://blog.xuite.net/key543/twblog/155008700-彌勒真經%2F 南無天元太保阿彌陀佛。檢索日期： 2021 年 8 月 12 日。

36 李家駿：《先天道在香港的蛻變與轉型：論先天道對香港道教發展的重要性》（香港：香港中文大學宗教研究課程哲學碩士論文，2005年），頁 69。

政府呼籲組織道教聯合會的壓力下，圓玄學院將自我歸屬為道教團體，以便取得，或強化其道教的身分認同。而擁有道教身分的合法性，既可避開同善社作為新興宗教的合法性爭議，更可徐圖中國政府的認受。後來，圓玄學院也成為道教聯合會多屆的主席，於是圓玄學院的道教身分就更鞏固了。所以圓玄學院其實經歷了從同善社蛻變為正統道教的宗教身分變化。當然，時至今日，除了少數歷史痕跡，這一變化也不被大眾所注意了。

五、扶乩降壇認受性的辯證

　　以上兩個個案都跟扶乩有關，可見扶乩在香港佛道教中流行。其實，黎志添教授曾說明代中葉以下，扶乩已經甚為流行。而依據吉岡義豐教授（1916-1979）在 1939 年的觀察，中國民間宗教史的特色就在善意與乩示。[37]到了民初的新興宗教信仰之中，扶乩就更為流行。不過，扶乩雖然流行，但是否能取得宗派的合法性呢？

　　佛教界中就不一定接受扶乩。如果要算民國名僧，太虛大師與印光大師都可說是當世高僧了，太虛大師就曾批評這些扶乩宗派：

> 四川為近今流行全國種種外道之發源地。除濟生會發起於上海，悟善社發起於北京，道院發起於山東，案此三者，皆除扶乩所錄之說外無別秘傳，且亦有四川

---

37 吉岡義豐：〈はじめに〉，氏著：《現代中國の諸宗教：民眾宗教の系譜》（東京：佼成出版社，1974）。

> 人於中引端也…之外，他若同善社道德學社等，其所
> 奉之祖師及最初傳道之人，皆四川人也。此種外道，
> 在昔無不言三教合一者，今則漸有言五教六教萬教合
> 一者。[38]

太虛大師的筆鋒批判同善社等主張諸教合一的教派為外道。
至於淨土宗祖師級的印光大師，眼見扶乩流行，也特別多次
批評：

> 扶乩，乃靈鬼作用，其言某佛、某菩薩、某仙，皆假
> 冒其名。真仙，或偶爾應機，恐千百不得其一，況佛、
> 菩薩乎？以乩提倡佛法，雖有小益，根本已錯，**真學
> 佛者，決不仗此以提倡佛法**。[39]
>
> 扶乩一道，實有真仙降臨，然百無二、三次。若盡認
> 做真仙，則是以平民妄稱帝王矣。所臨壇者，多屬靈
> 鬼，倘果有學識之靈鬼，其語言頗有可觀，至說佛法，
> 則非己所知，故多謬說。一班無知無識之人，遂謂真
> 佛真菩薩，**其語言之訛謬處，害人實深。**[40]
>
> 扶乩一事，皆靈鬼依託扶者之智識而為。亦或多由扶
> 者自行造作而成者。且非全無真仙，殆百千次偶一臨
> 壇耳。至言佛菩薩則全是假冒。但扶乩者多是勸人為

---

38 太虛：〈略評外道唐煥章〉，《海潮音》 4 卷，第 5 期，收入太虛大師
　　著：《太虛大師全書》，台北：善導寺佛經流通處印行，1980 年，第
　　31 冊，頁 1403-1406。

39 印光大師：《文鈔續編卷上·復江景春居士書二》，網址：http://www.
　　pureland.tw/pureland/master13/LearningCenter/WenChao/book2-v1/21-0
　　75.html。檢索日期：2021 年 8 月 12 日。

40 印光大師：《文鈔正編卷二·復馬舜卿居士書》，網址：http://www. pure
　　land.tw/pureland/master13/LearningCenter/WenChao/book1-v2/12-045
　　.html。檢索日期：2021 年 8 月 12 日。

善，縱不真實，因其已掛為善之名，較之公然為惡者，當勝一籌。又可證明有鬼神禍福等事，令人有所畏懼。所以吾人亦不便故意攻擊。奈因其所說，不拘與佛法合不合（稍知佛法之人扶之，即能常說淺近相似之佛法。不知佛法之人扶之，則全是胡說巴道），終多是以魚目為明珠，壞亂佛法，其害甚大（**真知佛法之人，決不附和扶乩。**佛制三皈，即已分明詳切告誡，何況深義）。故凡真佛弟子，切不可隨便贊同。」[41]

又乩壇所說，多屬靈鬼依託當人之智識而作。若說世間道理，則是者尚多。若說佛法，則非己所知，妄造謠言。**如《金剛直解》後所附之先天古佛寶號，乃滅人慧命，瞎人正眼，極惡無比之魔話。以此施人，罪過無量矣。**[42]

　　從太虛與印光大師的言論，我們清楚看到他們反對扶乩。而這些扶乩實踐及教派，更是魚目混珠，壞亂佛法，甚至滅人慧命，它們當然並非佛法。依照這一觀點，則扶乩降壇，就更不能為這些教派奠立佛教內的合法性了。

　　那麼在道教內又是怎樣看待扶乩呢？近世以下，明朝張宇初天師在《道門十規》中就曾批評扶乩為邪說，他寫道「**又等圓光、附體、降將、附箕、扶鸞、照水諸項邪說，行持正**

41 印光大師：《文鈔三編卷一・復李慰農居士書一》，網址：http://www.pureland.tw/pureland/master13/LearningCenter/WenChao/book3-v1/31-167.html。檢索日期：2021 年 8 月 12 日。

42 印光大師：《文鈔正編卷一・與陳錫週居士書》，網址：http://www.pureland.tw/pureland/master13/LearningCenter/WenChao/book1-v1/11-022.html。檢索日期：2021 年 8 月 12 日。

法之士所不宜道；亦不得蔽惑邪言，誘眾害道。」[43]至於明清時期編著正一道受籙的科儀經典《太上天壇玉格》更明言「經云一切上真、天仙、神將，不附生人之體，若輒附人語者，決是邪魔外道，不正之鬼」。[44]正統道教的說法，本來就清楚地排斥扶乩。

　　然而，道堂流行扶乩又是事實，1920 年梁啟超就曾說道：

> 中國人中迷信之毒本甚深，及佛教流行，而種種邪魔外道惑世誣民之術，亦隨而復活；乩壇盈城，圖讖累牘。[45]

　　「乩壇盈城，圖讖累牘」八字，清晰點出當時扶乩之流行。清末民初作家柴小梵（1893-1936）在《梵天廬叢錄・卷33》記載：「近日〔筆者案：辛亥（1911）秋〕有同善社者，分社滿中國。社中皆有乩壇，降壇者有孔子、老子、釋迦牟尼、謨罕默德、拿破崙、華盛頓、託爾斯泰等人，智者目笑其後矣。」[46]在柴小梵筆下，扶乩降壇的同善社勢力頗大，且有諸教合一的取向。

43　[明] 張宇初：《道門十規》（中國哲學書電子化計劃），網址：https://ctext.org/wiki.pl?if=gb&chapter=287976。檢索日期：2021 年 8 月 12 日。

44　《道法會元・太上天壇玉法（下）》（中國哲學書電子化計劃），卷 250，網址：https://ctext.org/wiki.pl?if=gb&chapter=263033#lib100386.54。檢索日期：2021 年 8 月 12 日。

45　梁啟超：《清代學術概論》（台北，商務印書館，1920 年初版，1994 年台二版），頁 166。

46　轉引自許地山：《扶箕迷信底研究》（台北：商務印書館，1966 年），頁 106。

　　綜合來看，扶乩降壇的實踐，不但不為佛教高僧接受，也不符合上述道教精神。依照一般所謂正統的教義，則扶乩降壇本不應得到佛道的認受性。但是，由於扶乩降壇的宗教實踐，其來已久；而經明清發展，又混入佛道之中，更難區隔。如果要指斥其魚目混珠，更會被反譏為門戶之見，甚至是執於分別之心。[47]在這種氛圍下，就算高僧高功警戒再三，扶乩降壇仍可以對社會大眾產生很大的宣傳效果。對信眾來說，扶乩就是讓神靈降臨世俗世間，扶乩在信眾面前舉行，信眾親自觀察乩手移動乩筆，聽到旁人唱乩。這種直接見證性很容易在信仰群體轉化為強大的信仰與認同。所以扶乩的「靈性資本」就是「象徵資本」，這種儀式的神聖象徵資本，在信眾中容易轉化為支撐教派合法性的基礎。青松觀與圓玄學院起碼在創立之初，都通過扶乩敘事，讓分享這一信仰想像的信眾，自然共享身分認同，並進而形成一信仰共同體。而因為扶乩降壇宣稱直接跟神靈溝通的敘事，提供了強大的宗教合法性。畢竟，抽象教理的爭議，大眾不易理解；但具體的神靈溝通，卻容易贏得信眾的認受。所以扶乩雖然受到正統的佛教高僧與高功道士所反對，但依然能建立香港道觀的合法性。而扶乩是民眾的生活世界，人們在扶乩中自由地

---

47 有佛弟子問范古農：「洪江一隅，真正佛徒甚少，不過四五人而已，余皆信仰同善社者，學人常閱各種佛化刊物，始各該社實係外道。友人中有入該社者，學人亦常秉佛理以勸之。然彼則曰社中注重打坐，即佛家之禪定功夫也。又注重誦金剛經及受持彌陀觀音名號，亦與佛家之淨土法門吻合，何得謂為外道，反謂學人為門戶之見。」參見范古農：〈外道之辨別〉，《古農佛學答問》卷六。網址：http://www.bfnn.org/book/books2/1465.htm，檢索日期：2021 年 8 月 12 日。

實踐自己宗教生活，並可以跟信仰群體自由交流與互動，展現獨立於高道名僧的權威，以及政府法令的規管；甚至相對獨立於市場的生活實踐，所以這生活世界也可以視為公民社會的一種表現[48]。

六、結　語

本文通過對圓玄學院及青松觀兩個道堂的文獻研究及田野調查，展示這兩道堂在建立其道教門派的合法性曲折。

青松觀強調其全真龍門道脈，這是以道脈傳承的正統性，彰顯其身為道教門派的合法性。但何道長本身就是避禍才到香港，而新中國承認的是五大宗教，對於混雜的民間教派，並不友善；所以我們觀察到青松觀雖源於講究兼容三教的廣州道教至寶台，但青松觀卻明顯放棄兼容三教的舊取向，轉而強調正統道教身分的認同，整個道觀再無儒佛的信仰。所以青松觀是從全真龍門派傳承去強調正統身分的合法性，此一純正道教身分的認同，導致其不再強調三教兼容的宗教信仰。

圓玄學院本來是新中國成立後，同善社信眾到香港後所

---

48 "From a perspective turned toward the situation, the lifeworld appears as a reservoir of taken-for-granteds, of unshaken convictions that participants in communication draw upon in cooperative processes of interpretation. Single elements, specific taken-for-granted, are, however, mobilized in the form of consensual and yet problematizable knowledge only when they become relevant to a situation." Habermas, Jürgen, *The Theory of Communicative Action,* Volume 2 *Lifeworld and System: A Critique of Functionalist Reason* (Boston: Beacon Press, 1987), pp. 124.

建立的修行基地。當時中國政府不承認許多所謂「會道門」的宗教教派，而同善社雖不如一貫道的受到嚴重取締，但也在排斥之列。所以圓玄學院也低調得很，從不強調其同善社的身分，反而強調三教合一。特別是儒家八德及慈善事業的具體實踐，以贏取社會接納。後來，更趁港英殖民政府開始管治華人宗教，大力參與創立香港道教聯合會，並歷任多屆主席。於是，圓玄學院的道教身分更被強化。於是不但取得充分的宗教合法性，而這一新興宗教披上道教的外衣；久而久之，新的道教身分，已經掩埋原來同善社的身分了。而今天無論訪問其義工及參拜信眾，都幾乎完全不知道其原來的同善社身分，可見在取得宗教合法性的過程中，圓玄學院宗教身分的蛻變。

如果我們更從系統（system）與生活世界（Lebenswelt）反省這些道堂的經驗，也可以看到更深層的社會文化意義。所謂系統指的就是政府或社會組織，系統用權力與金錢，強化管理，以爭取效益最大化。宗教本來就屬於生活世界的一部分。宗教經常發揮提供社會規範，促使文化再產的功能。但兩個道堂都因新中國成立之初，雷厲風行地整頓宗教；他們也迫於形勢，遷移到香港。後來它們都積極響應殖民政府的呼籲，成為香港道教聯合會的創會成員。雖然香港道聯會只是柔性的宗教組織，但仍發揮系統的功能。而道聯會組織的道教身分，漸漸影響到成員的宗教實踐及身分認同，乃至身分建構，這部分反映了「生活世界的殖民化」（Colonization

of the Life-world）[49]。當系統侵入宗教的生活世界，宗教也就
逐漸失去其批判能力，而且弱化其部分公民責任。

---

49 "However, deformations of the lifeworld take the form of a reification of
communicative relations only in capitalist societies, that is, only where
the private household is the point of incursion for the displacement of
crises into the lifeworld. This is not a question of the overextension of a
single medium but of the monetarization and bureaucratization of the
spheres of action of employees and of consumers, of citizens and of
clients of state bureaucracies. Deformations of the lifeworld take a
different form in societies in which the points of incursion for the
penetration of crises into the lifeworld politically relevant memberships.
There too, in bureaucratic-socialist societies, domains of action that are
dependent on social integration are switched over to mechanisms of
system integration. But instead of the reification of communicative
relations we find the shamming of communicative relations in
bureaucratically desiccated, forcibly " humanized" domains of
pseudo-political intercourse in an overextended and administered public
sphere. This pseudo-politicization is symmetrical to reifying
privatization in certain respects. The lifeworld is not directly assimilated
to the system, that is, to legally regulated, formally organized domains of
action; rather, systemically self-sufficient organizations are fictively put
back into a simulated horizon of the lifeworld. While the system is
draped out as the lifeworld, the lifeworld is absorbed by the system."
Jürgen Habermas, *The Theory of Communicative Action,* Volume 2
Lifeworld and System: A Critique of Functionalist Reason (Boston:
Beacon Press, 1987), pp. 386.

第四章　東密歸華爭議

——從王弘願之爭議談現代東亞

佛教傳統內部的顯密交鋒

一、導　言

　　十九世紀中期以降，西方世界對中國造成極大的經濟、文化等衝擊，李鴻章所謂「此三千餘年一大變局也」[1]，實為至當之言。當時列強的侵凌令中國處於危亡立見之境，所以救亡圖存已成為現代化知識分子的論說基調；同時，相應的中國社會文化也積極調整，以回應新時代的種種變化，而佛教也不例外。太虛大師（1890-1947）就曾指陳清末民初中國佛教的衰敗與落後：「迨乎前清，其〔佛教〕衰也始真衰矣。迨乎近今，其衰也，始衰而瀕於亡矣。從全球運開，泰西文明過渡東亞，我國之政教學術莫不瞠焉其後，而佛教實後而

1　李鴻章：《李文忠公全書》（光緒 34 年金陵版），奏稿十九，〈復議製造輪船未可裁撤折〉，頁 44。

尤後者。」[2] 中國佛教各宗派身陷危局，在面向現代化的同時，紛紛做出調適與轉變；在這轉變的過程中，東亞文明內部之互動最為明顯，而其文化互動便構成了東亞世界的共同精神文明。日本西嶋定生（1919-1988）教授認為東亞文明重要的共同文化成分有四：儒教、大乘佛教、漢字與律令。[3] 其中，古代日本從中國引進大乘佛教，而到了二十世紀，日本佛教則反之對中國產生重要影響。譬如律宗及唯識方面，我們看到從日本重新輸入的佛典，確實引起重大的反響。其中最重要的自然首推楊文會居士（1837-1911）的金陵刻經處，楊氏大量從日本引進中國久已失傳的佛教典籍，補充了中國佛典的不足。[4]楊氏的日本友人南條文雄（1849-1927）曾說：「明治二十四年〔1891〕以後，余與道友相議，所贈居士（指楊氏）和漢內典凡二百八十三部。而居士翻刻卻贈來者，殆及十餘部。如曇鸞、道綽、善導、窺基、智旭之書，亦在其中。」[5] 這些重新引入中土的佛典，刺激了中國近代律學以及唯識學的研究發展。其中影響重大的是歐陽竟無居士

2 太虛大師全書編纂委員會：《太虛大師全書》（臺北：善導寺佛經流通處，1980 年），第 2 冊，頁 913。

3 西嶋定生：《中國古代國家と東アジア世界》（東京：東京大學出版會，1983 年）。有關東亞宗教的歷史發展，簡明的可參考拙著，William Ng, "East Asian Religious History," in Peter Clarke and Peter Beyer eds., *The World's Religions: Continuities and Transformations* (London & New York: Routledge, 2009), pp. 177-189.

4 肖平：《近代中國佛教的復興：與日本佛教界的交往錄》（廣州：廣東人民出版社，2003 年），第 4 章，〈佛經刻印事業的振興與中日學人的交往〉，頁 131-143。

5 參考〈日本卍字續藏經南條文雄序〉。引文參見藍吉富：〈楊仁山與現代佛教〉，原刊《華岡佛學學報》，第 2 期。網址：http://ccbs.ntu.edu.tw/FULLTEXT/JR-BJ007/bj72_3.htm，檢索日期：2008 年 12 月 2 日。

（1871-1943）的唯識研究，他成立支那內學院，提倡內學，更意外地刺激起當代新儒學的興起。[6] 熊十力先生（1885-1968）亦從唯識學開始，形成他的新儒家思想。[7] 可見東亞佛教傳統的內部交流確實是了解近代中國佛教以至其他思想流派的不可忽視的環節。

　　與本文特別相關的是密宗。密宗是大乘佛學的一支，其在印度形成之後，先後分成兩支：其一傳至西藏，稱為藏密；其二傳到中國，並輾轉傳到日本。傳到中國稱之謂唐密，而流行於日本的，稱為真言宗。唐密相較於藏密而言，是比較古舊的。[8] 唐密自宋以下已經漸漸息微，但是經日本的空海大師（774-835）引進到日本之後卻得到重大的發展，形成所

---

6 歐陽竟無，原名歐陽漸，字鏡湖，因是江西宜黃縣人，又稱「宜黃大師」，曾師從楊文會，後到日本學習密宗要義。受楊文會的影響，多年研究唯識宗學說，著有《唯識擇抉論》，在廿世紀二十年代，曾與太虛大師就中國佛教未來進行論爭，歐陽居士認為佛教宜謹守唯識宗教義，視法相、唯識為二宗，而太虛大師則認為法相、唯識為一宗。參考黃夏年：〈歐陽竟無與王恩洋〉，收入鄭曉江編：《融通孔佛——一代佛學大師歐陽竟無》（北京：宗教文化出版社，2004 年），頁 164-166。有關歐陽竟無建立內學院的內容參徐清祥：《歐陽竟無評傳》（南昌：百花洲文藝出版社，2010 年），第 7 章，〈內院隱然為佛學重鎮〉，頁 61-78。

7 熊十力，自號漆園，又號逸翁，生於清光緒 11 年，湖北黃岡人，因與梁漱溟就佛學問題展開筆戰，後成為好友。在梁漱溟引薦下，到南京內學院修習佛法，師從歐陽竟無，後把唯識與儒家思想揉合，創造了《新唯識論》，成為新儒家思想的基礎。對於熊十力的看法，太虛大師與韓清淨都表反對，而時人稱歐陽竟無與韓清淨為南歐北韓，當時引起了一系列的論戰。參郭齊勇：《天地間一個讀書人》（臺北：業強出版社，1994 年），頁 33-77。簡明的思想史介紹可見釋東初：《中國佛教近代史》（臺北：中華佛教文化館，1974 年），下冊，第 21 章，〈近代學人與佛學思想〉，頁 599-603。

8 有關唐密的簡要介紹參栂尾祥雲著，李世傑譯：《密教史》（臺北：中國佛教雜誌社，1960），頁 12-20；呂建福：《中國密教史》（北京：中國社會科學出版社，1995 年），第 4 章，〈唐代密宗的形成和發展〉，頁 201-431。吳信如編著：《臺密東密與唐密》（北京：中國藏學出版社，2011 年），頁 243-292。

謂的東密。[9] 在近代中日佛教交流的重要過程中，東密回傳
中土，弘傳歸華，影響深遠，由此刺激起了國人對密教以至
藏密的興趣。[10] 當時大勇法師、法尊大師（1902-1980）都是
在日本真言密法回歸中土的背景之下，而往西藏求法。[11]所
以要論及現代中土密乘之再興，絕對不能忽視日本真言宗的
重要貢獻，而要提及真言密宗在華的發展，就必需提及王弘
願居士。

　　本章所要處理的是圍繞王弘願在《海潮音》月刊上所發
表的爭論。這場爭論不但涉及在華真言宗的信眾，也涉及中
國佛教不同宗派的四眾弟子，其中以太虛大師與其弟子涉入
甚深，而王弘願與他們的爭議實為當日教界重大又矚目的教
理之爭，也是中國佛教與日本真言密教在華的重大爭鋒。結
果太虛的人間佛教取得優勢，而中土東密則漸漸消沉。此後，

9　自空海法師之後，其弟子實慧、真雅的兩派法系得以發展，得到皇室及
　　貴族的肯定，後來發展成為古義真言宗以及新義真言宗，古義派在高野
　　山及京都的東寺作為傳法中心，而新義派以和歌山那賀郡的根來寺為傳
　　法中心。在德川幕府時期，得到政府的肯定，頒發法度，如《真言宗諸
　　法度》、《關東真言宗古義諸法度》及《關東新義真言宗法度》。新義真言
　　宗更在唯識學研究上貢獻良多，如快道（1751-1810）著有《俱舍論法義》、
　　《二十唯識論權衡鈔》及《金七十論疏》等。戒定（1750-1805）著有《二
　　十唯識論帳秘錄》、《五教章帳秘錄》等。參考楊曾文：《日本佛教史》（北
　　京：人民出版社，2008 年），頁 121-135、523-524。
10　陳勇革：《佛教弘化的現代轉型：民國浙江佛教研究》（北京：宗教文化
　　出版社，2003 年），頁 283-289。
11　參法尊：〈法尊法師自述〉，網址：https://mywebspace.wisc.edu/shenghaili/
　　web/big5texts/autobio.htm，檢索日期：2008 年 12 月 2 日。同見法尊法師
　　著：《法尊法師論文集》（臺北：大千出版社，2002 年），頁 459-464。
　　一般的介紹見釋東初：《中國佛教近代史》，上冊，第 17 章，〈東西密教
　　之弘傳〉，頁 441-447；呂建福：《中國密教史》，第 7 章，〈近代密教〉，
　　頁 637-639。

日本二戰戰敗，東密又背負侵略者的包袱，亦難以發展，而之後文革對中國文化的摧殘亦使佛教深受打擊[12]，真言宗在華自然一蹶不振，只剩下香港一地勉強維持微弱的傳承。[13] 從此中國佛教就以人間佛教為主流，而密乘要到了近二、三十年才因雜密與藏密而在中土漸次恢復發展。可見王弘願與太虛之爭，標誌著中國佛教走向理性化說明與入世化實踐的人間佛教的大方向，所以東密歸華所引起的爭議，實可說是關乎中國當代佛教轉型過程中的重要事件。然而，由於東密在中國的消沉，所以這場爭論就慢慢被世人淡忘，近年雖有研究，但多數偏於太虛的立場，實尚有補充空間。[14] 所以本文再次探索相關論述，並嘗試運用有關王弘願的材料，換一個視角來重新審視此一爭議。結構方面，第一節為導論，第二節簡介王弘願及相關事蹟，第三節說明爭議的內容，第四

---

12 1949 年後佛教在大陸基本情況的介紹可參 Holmes Welch, *Buddhism under Mao* (Cambridge: Harvard University Press, 1972)。尤其是書中介紹文革部分的第 11 章。

13 於 1930 至 1970 年間，香港佛教真言宗居士林在香港大坑道 9 號開設修院，是現今光明臺的前身，後為方便學生起見，改為光明夜校，由女居士林主席周慶覺女士任校長。參考高永霄：〈從悼念慈祥法師的示寂——談香港佛教義學的始終〉，載於《香港佛教》，第 476 期。網址：http://www.hkbuddhist.org/magazine/476/476_11.html，檢索日期：2012 年 10 月 9 日。其它的簡明介紹可參鄧家宙：《二十世紀之香港佛教》（香港：香港史學會，2008 年），頁 45-46、178。

14 釋東初：《中國佛教近代史》，上冊，第 17 章，〈東西密教之弘傳〉，頁 428-429。最近的論述則有羅同兵：〈太虛對「東密」的理性抉擇：從密教對武昌佛學院的衝擊說起〉，《宗教學研究》，2002 年第 1 期。文章亦收入氏著：《太虛對中國佛教現代化道路的抉擇》（成都：巴蜀書社，2003 年），第 6 章，〈密教抉擇〉，頁 194-212。部分提及王弘願的論文尚有梅靜軒：〈民國早期顯密佛教衝突的探討〉，《中華佛學研究》，第 3 期（1999 年 3 月）。

節則為反省，第五節特別以日本的相關問題，譬如帝國主義等進行反省，最後在第六節，回顧全章作結。

二、王弘願居士

王弘願是廣東省潮安縣人，他生於光緒二年（1876），卒於民國二十六年（1937），是日本真言宗豐山派的傳燈上師。他在清末接受傳統儒家教育，由於其特別愛好唐朝韓愈，所以取名為師愈，字慕韓。光緒十四年（1888），王弘願參與科考，晉身秀才，並在潮洲中學堂任教；民國建立後，兼任代理校長。王弘願大約在四十歲之後，研讀佛書，機緣巧合下，結識開元寺的監院怡光法師，兩人成為至交。而王弘願也漸漸從闢佛立場，轉而歸依佛教。中年皈依佛教的王弘願，改名為弘願，號圓五居士。民國十年前後，王弘願讀到日本真言宗大僧正權田雷斧的《密宗綱要》一書，十分欣賞，就將這本書翻譯成為中文，並且與權田取得聯繫。一九二四年，權田帶同小林正盛少僧正與小野塚僧正等一行十二人，親到潮洲弘傳密法，王弘願亦在此時得到兩部傳法灌頂。[15] 就在這時，香港亦派員接待權田到香港，這即是香港真言宗居士

---

15 有關權田一行的記載，參王弘願：〈震旦密教重興紀盛〉，《海潮音》，第 5 年第 10 期（1924 年 11 月），頁 5。此外，有關王弘願的生平，簡明的可以參考于凌波編撰：《現代佛教人物辭典》（臺北三重：佛光文化事業公司，2004 年），上冊，頁 159-162。及于凌波：〈廣東潮安王弘願居士傳〉，收入于氏編著：《民國佛教居士傳》（臺中：慈光圖書館臺中淨宗學會，2004 年），上冊，頁 133-146。

林成立的背景。[16] 其後，權田運用庚子賠款資助王弘願到日本留學。一九二六年王弘願學成，並得到權田授予真言宗第四十九世傳燈大阿闍黎之位。王弘願既肩負傳燈之重責大任，返抵國門之後，就極力弘揚真言密法，聲勢極大。[17] 太虛大師也說：「至民國七年，潮州王弘願將日文之《密宗綱要》譯華傳布，余時在滬纂覺社叢書，得之廣為流播，極力提倡，冀中國密教早日恢復。未久，而『密教』『密教』之聲，竟遍中國矣！」[18]。同時，太虛大師座下的弟子如大勇等人亦到日本學習真言密法，這些弟子學成回國之後，在太虛主理的武昌佛學院等地倡導密宗，大為成功，吸引大量信眾，甚至武昌佛學院的院董亦轉學於密。[19] 就在這樣的背景之下，真言密宗與太虛大師領導的人間佛教就形成一個彼此競爭的形勢，雙方在《海潮音》這一佛學雜誌上面展開激烈的論戰，而這就是本文要處理的議題了。

　　正如上文所言，從前學界幾乎無人研究這一議題，少數研究即使注意到這一問題，也多數從太虛大師的角度入手。同時，由於資料散迭，特別是文革之後，文獻大量的流失使得研究更加困難。所以研究者多數只能依賴有限的材料，如張曼濤先生主編的《現代佛教學術叢刊》中的相關資料 [20]，

---

16 鄧家宙：《二十世紀之香港佛教》，頁 45。
17 呂建福：《中國密教史》，第 7 章，〈近代密教〉，頁 636。
18 密宗革興會：〈王師愈諍潮中的閒話〉，收入張曼濤編：《密宗思想論集（密宗專集之三）》（臺北：大乘文化出版社，1979 年），頁 123-124。
19 釋東初：《中國佛教近代史》，頁 428-429。
20 張曼濤：《密宗思想論集（密宗專集之三）》。

及《海潮音》雜誌或文庫 21，即使是近年如羅同兵先生的專
文討論也僅補充運用《太虛大師全集》的資料 22。由於資料
的限制，相關論題的研究有相當大的局限性，原因是張曼濤
主編的論集中的文章，多數是直接從《海潮音》雜誌中選取
出來；即使再加上太虛全集的資料，也不能夠讓讀者充分理
解真言密宗的立場，這樣就很難讓人理解全局。最近，情況
有點改觀，黃夏年先生編輯出版的民國佛教期刊令研究更為
方便。23而真言宗方面，筆者在追蹤當年真言密宗的資料之
時，偶然又發現王弘願先生的部份著作。據聞王弘願先生的
著作大約有四、五十冊之多；不過，從港、臺兩地大學及公
營圖書館的館藏看來，不少收藏了王弘願所譯的《密教綱要》；
而香港大學則更藏有《唐一行阿闍梨梵文字母表淺註》、《華
嚴疏序口義記》等，但是也並未有王氏其他論著。而檢閱幾
個中國大陸的重點大學圖書館，最多也只發現王弘願先生一
二種微卷資料，至於王弘願的《圓五先生文集》似乎已多散
迭無存。2008 年年底，筆者在偶然的機緣之下，認識真言宗
歐陽寶都先生，他尚有文集資料。據他稱述，這一套著作本
來有機會在香港重新出版，但是卻因為負責印行的出版社倒
閉，於是出版之事便無疾而終了。這套資料看來是鉛字直排
的稿件，在筆者幾經請求之下，才得到極少部份王弘願先生
的文章。因為密宗講求秘密學、秘密傳，筆者並非信徒，不

---

21 慈忍室主人編：《海潮音文庫》第 2 編，第 10 冊，《真言宗》（臺北：
　　新文豐出版公司，1985 年）。
22 羅同兵：《太虛對中國佛教現代化道路的抉擇》（成都：巴蜀書社，2003
　　年），頁 194-212。
23 黃夏年主編：《民國佛教期刊文獻集成》（北京：中國書店，2008 年）。

能讀到這套作品的全貌，現在只能運用極有限的資料來進行這一研究。另外幸運的是，本文在撰寫之時，有澳門居士將馮達庵（1887-1978）的部份著作重新出版。[24]馮先生是王弘願的大弟子，他的著作有助於理解王氏的立場。

三、爭議的說明

圍繞王弘願的相關爭議，可分時間、人物、論點與解釋四方面來說明。

（一）時間方面

爭議在《海潮音》月刊創刊的第一年就已經出現了。但以一九二七年刊出密教專號後方轉趨激烈。原來太虛大師早已有心改革現代的中國佛教，而其中特別重視教育及文化的推廣，《海潮音》雜誌本身即可以說是太虛大師改革佛教的重要基地。[25] 由於要推行佛教改革，太虛大師希望聯絡各個宗派，而並不只是代表他的個別立場，所以《海潮音》基本上是歡迎各個宗派來投稿的。早期，《海潮音》雜誌亦提倡密宗，正因為這個原故，太虛大師亦推薦王弘願所翻譯的密宗著作。[26] 但是由於後來密宗教勢大興，影響增大，太虛大師等又不能同意王弘願的觀點與行為，加上王弘願同門師兄曼殊揭諦又疑因金錢等問題，不滿於王弘願，於是雙方由客氣討論漸次發展到筆墨交鋒，甚至連教訓指責的語言都出來了，其間

---

24 馮達庵：《佛法要論》（北京：宗教文化出版社，2006年）。
25 陳勇革：《佛教弘化的現代轉型》，頁221-223。
26 肖平：《近代中國佛教的復興：與日本佛教界的交往錄》，頁205。

並發律師函件，幾乎不可收拾。太虛後來甚至說：「宿歲雷釜輩傳密之荒唐，匪特於佛律祖規大相逕庭，且與彼日本傳密之通制，亦大相違背，而吾國對於佛法瞞盰攏侗專務名利之輩，且轉相仿效，居然以居士於極短時間受兩部大法，荒謬亦云甚矣。〔……〕若雷釜之行迹，固不異蓮如也！以蓮如為淨土真宗則毀之，今以雷釜為密宗則尊之，乃同出於提倡東密者一人之筆，非著魔病狂，何至顛倒如此。」[27] 這就是事件發生的相關背景。

（二）人物方面

我們可以分顯教及密教兩邊來說明。在顯教方面，王弘願先生不但跟淨土宗印光大師辯論，更跟太虛大師爭衡。太虛大師的顯教發展多是爭取教眾及社會賢達的支持 [28]，密宗雖然早期得到太虛大師的幫助，但是由於本身的成功而動搖了太虛大師的根基。在太虛大師所成立的武昌佛學院之中，他不但面對學生的流失，而且他佛學院的院董事也改變了宗派而成為了密宗的信徒 [29]。所以，太虛大師與王弘願先生的論爭也可以說是顯、密生存路線的爭奪。今日，我們檢視太虛大師的著作時，就發現當時在雙方論戰的時候，太虛大師就以「密宗革興會」的化名投稿來批評王弘願先生 [30]，我們

---

27 太虛大師：〈中國現時密宗復興之趨勢〉，見《海潮音文庫》第 2 編，第 10 冊，《真言宗》，頁 160-161。

28 Holmes Welch, *The Buddhist Revival in China* (Cambridge: Harvard University Press, 1968), p. 67.

29 羅同兵：《太虛對中國佛教現代化道路的抉擇》，第 6 章，〈密教抉擇〉，頁 195-196。

30 即〈王師愈諍潮中的閒話〉一文，收入張曼濤編：《密宗思想論集（密

亦可從中看到他對密宗爭議的關注。

其次在密宗方面，主要有持松法師、曼殊揭諦法師與王弘願先生之爭。整個論爭不僅僅是關於真言宗內部的理論，更促成王弘願同門師兄弟之間的分裂，其中原委今日難以推知。與此同時，我們亦可發現王弘願先生批評所謂「天臺密法」的內容，由此可見，真言宗密教不但跟顯教相爭，其實內部也有激烈的分歧。

（三）爭議方面

具體整理起來有三點，第一點是居士身分問題，第二點是判教問題，第三點是成佛問題，而第四點則是筆者的相關解讀。

1. 居士身分

在這方面爭論的重點在於居士是否可以主持灌頂的儀式；其次是居士與出家眾地位高下的問題。姚陶馥批評道：「王弘願、馮達菴以居士而授僧尼戒，受僧尼拜。創千古未有之逆行！」[31] 原則上來說，顯教重視佛、法、僧三寶。但是，如果居士可以弘法，甚至替出家眾灌頂，那豈不是僧寶還低於居士？所以，當時他們就指摘王弘願先生在「三寶」之外加上第四寶。[32]

依佛制，出家眾必須遵守嚴格的戒律，而居士卻不用遵

宗專集之三）》。相關說明見釋印順：《太虛法師年譜》（北京：宗教文化出版社，1995 年），〈太虛大師的名號・籍貫・年齡・眷屬〉，頁 4。

31　姚陶馥：〈護法痛言〉，載於《海潮音》，第 14 卷第 7 號（1932 年 7月），頁 45。

32　同上註。

守相關戒律。居士既然不能夠跳脫出殺戒及色戒，自然就不
應該居於僧寶之上。但在日本佛教中，他們允許「肉食妻帶」
的傳統。所謂「肉食妻帶」就是允許僧職人員及一般居士可
以食肉及娶妻。[33] 明治初年日本政府就解除了對僧侶關於食
肉、帶妻的禁令。[34] 在中國佛教的戒律看來，日本真言密法
這一種「肉食妻帶」的傳統其實表明主其事者仍在凡夫之位、
染污之中。一個染污之人又怎能夠修得清淨之心？所以，王
弘願先生以居士之身擔當傳法上師的位置，對於中國的佛教
傳統來說是不可思議的。因此在這點上，雙方有嚴重的分歧。

2. 判教方面

判教就是判別宗派高下的議題。持松法師撰〈賢密教衡〉，
主張顯、密只是攝生化儀，各有淺深頓漸，故不應用化儀之
差別來判定教義的深淺。[35] 這一方面，王弘願除了跟太虛大
師有爭論，也跟同門的持松公開以書信論法，往來有數次之
多。王弘願說：「吾之所欲與持松師相質者，問題有二：曰判
教，曰末學之於祖師。」[36] 王弘願先生堅守宗門敬師的傳統，

---

33 參賴永海編：《中國佛教百科全書》，「肉食妻帶」條。網址：
　　http://www.foyin.com/plus/view.php?aid=5928，檢索日期：2008.12.2。
34 末木文美士，涂玉盞譯：《日本佛教史》（臺北：商周出版社，2002
　　年），附錄三，〈佛教的本土化〉，頁 271。而明治 5 年，政府頒布一系
　　列措施改變了僧人的社會地位及生活習慣：在社會地位方面，廢除僧
　　位、僧官名位，規定僧人只是一種職業；在生活習慣上，規定僧人稱
　　姓氏，更可以讓僧人食肉、娶妻及蓄髮，將僧侶制度世俗化或現代化。
　　參村上專精著，楊曾文譯：《日本佛教史綱》（臺北：華宇出版社，1988
　　年），頁 360-361。
35 持松：〈賢密教衡〉、〈賢密教衡釋惑〉，收入張曼濤編：《密宗思想論
　　集（密宗專集之三）》，頁 45-80 及 81-88。
36 王弘願：〈答賢密教衡釋惑〉，收入張曼濤編：《密宗思想論集（密宗

自然也秉承了日本真言宗祖祖相傳的師說，所以力持空海大師的判教。[37] 王阿闍黎對真言密法相當自信，曾說：「吾儕學佛，為成佛也。正惟為成佛，所以學吾宗，吾宗實最為速達覺地之法門也。」[38] 這種高揚密教，貶抑他宗的立場，自然反映其對空海二教論與十住心論的堅持。[39]

　　二教論與十住心論最重要的爭議點就在於判定密宗高於顯宗，而王弘願又另外撰文提倡十殊勝說，提出一、教主之不同殊勝也；二、說處伴類之不同而殊勝也；三、內外悲智應用偏圓之不同而殊勝；四、相承之不同而殊勝也；五、教義之不同而殊勝也；六、印璽之不同而殊勝也；七、真言梵文之不同而殊勝也；八、灌頂之不同而殊勝也；九、法則之不同而殊勝也；十、傳持之不同而殊勝也，[40] 說明密教異於也優於其他宗派，從而惹來更多非難。

　　這一點與人間佛教主張的「八宗平等」的基本立場有明顯差異，更嚴重的是王弘願的行文不慎而惹來更多非議。王弘願評論「顯宗滅密宗當興」這樣的說法，而讓人誤會是他的主張，所以趙士覲幫忙投書解釋：

　　　李某之函，未見投到，中持「顯教滅密教當興」一語為攻詰之柄，此語固非王阿闍黎倡言，不過法界壇記

專集之三）》，頁 90。

37　參王益明：《空海學術體系的範疇研究》（廣州：廣東人民出版社，2005年）。

38　王弘願：〈答賢密教衡釋惑〉，收入張曼濤編：《密宗思想論集（密宗專集之三）》，頁 91。

39　所以王特別指「持松阿闍黎對於祖師弘法大師之十住心論既有不歉」，見同上註，頁 92。

40　王弘願：〈解行特刊序〉，轉載於《海潮音》，第 14 卷第 7 號，頁 41-45。

偶一引他人之語而批評之，且有不盡同意者，原文具
在。可覆按也。〔……〕阿闍梨引其言而品之曰：「今
未逮其時，而現斯象。」〔……〕換言之，即曰：「何
待顯教滅，而後密教興也。」今乃移步換形，張皇駭
汗，一若將以密教滅顯教者。須知王阿闍梨不但以振
興佛法自任，不作此愚妄之想，即深文周納以入人罪
者，亦已是愚妄之想也。[41]

　　像「滅顯興密」這樣的話，自然給人消滅其他宗派的味
道，雖然檢閱先生之作，不過是引述他人的論述，但由於眾
人對其排他立場的印象已經形成，自然容易引發誤解而招來
顯宗的圍剿。

3. 成佛方面

　　成佛可以說是佛教各宗的共同理想，但有關教義方面卻
爭議頗多，而最重要的爭論點是關於身的議題。其一是即身
成佛的討論，其二是女身成佛的問題。太虛大師的〈論即身
成佛〉認為即身成佛是顯、密的共同話題，可是彼此對即身
成佛的理解卻很不同。所以，一方面有人談即身成佛，另一
方面有人談立地成佛。立地成佛是指明白佛性而能成佛，並
不在乎形體。而真言密法所講的即身成佛是從肉身講修行[42]。
對於部分顯教弟子來說，這也許就是執著身體而不重心性的
表現。太虛更認為：「殊不知若定執其肉身能現佛相為即身成
佛，則諸精靈妖怪，亦能現此種種之神異。〔……〕此等繆執，

---

41 趙士觀:〈與海潮音社書〉，轉載於《海潮音》，第 14 卷第 7 號，頁 56-57。
42 真言宗空海之《即身成佛義》即為經典代表，簡要介紹見末木文美士，
　　涂玉盞譯:《日本佛教史》，第 2 章，〈密教與圓教〉，頁 98-101。

混同魔外」。又指斥持咒加持五臟六腑，以轉肉身為金剛佛體之人的情執。除此之外還批評真言宗從六大來論人身與佛身不異之說，直斥之說：「人身是六大，屎身亦是六大，即身成屎也。」[43]

另一主要爭論是，真言密法在王弘願先生的現代化詮釋之下允許女身成佛，這又與中國傳統佛教一定要通過男身成佛有重要的對立。在這議題上，王弘願與淨土宗印光大師也有討論。他說：「女身成佛，實為密教獨有之義〔……〕日本法華宗師，以女身成佛之義，深合實理。」[44] 先生認為既不分僧俗，何分男女？王弘願先生認為女性亦可以成佛，女身無須先轉化為男身然後才有成佛的機會。

王弘願先生在這幾個方面的意見，都與中國傳統佛教產生極大的衝突。特別是部分論點，譬如女身成佛論，更顯出其跟現代重視男女平等的思想呈現選擇親和性。以上三點就是他們在教義上爭論的簡要概括。

4. 解釋方面

我認為以下三個重要的原因，可以理解雙方的爭議。第一是彼此不能調和在經典解釋上的差異，譬如女身成佛之爭即涉及《華嚴經》中有關龍女的解釋，印光法師與王弘願先生就曾有相關爭論：由於對龍女的判斷不同，所以對於女身成佛是否合乎佛法就產生了衝突。

---

43 以上總結自太虛大師：〈論即身成佛〉，收入張曼濤編：《密宗思想論集（密宗專集之三）》，頁 149-156。

44 王弘願：〈復印光大師論女身成佛書〉，見載於慈忍室主人編：《海潮音文庫》第 2 編，第 10 冊，《真言宗》，頁 180-181。

　　其次就是宗派的差別，原因是顯教與密教兩者常常在宗教立場上有所衝突。如顯教重視「三寶」，密教卻重視師承。所以在與持松的討論中，王弘願多次引宗門祖師為言，如謂：「弘法大師者，非他人，吾與公之祖師也，吾與公之聖祖師也。不有弘法大師，吾輩生在今日，何從聞即身成佛之真言法，接大日如來金剛薩埵之血脈，閱大師御遺告，大師神遊都史陀彌勒內院，於微雲琯裏見知其末裔之能否遵守其法規。今見公前後論文，寧不愀然不樂。而傳弘法大師之法於公之金山穆韶、權田雷斧二大阿闍黎，又將何以自安耶？願持松阿闍黎之深長思也。」[45] 這是因為密宗除了講佛、法、僧三寶，更重視根本傳承上師之故。換句話說，傳承上師是學習密法主要的依靠，而不是佛、法、僧而已。

　　第三點是「自力」與「他力」的衝突。中國佛教一般重視「自力」或者重視「自他合一」；但是密宗則非常側重「他力救渡」，因此重視根本傳承上師的加持以及諸佛的神通。雙方的基本側重點完全不同，自然引申出種種教義之爭。

　　以上分別從爭論時間、人物、議題、解釋這四方面，簡單敘述了雙方的爭議大要。我們在下文將進行反省與評論。

---

45 王弘願：〈答賢密教衡釋惑〉，收入張曼濤編：《密宗思想論集（密宗專集之三）》，頁 99-100。

四、反省與評論

（一）僧俗之爭

有關王弘願的爭論，關鍵點之一在於王弘願居士的身分，特別是王以居士身分為上師，傳法灌頂，甚至為出家眾加持，接受僧眾禮拜。這在中國僧人眼中，是有違佛制的。譬如曼殊揭諦法師就表示反對：

> 佛法是清淨法，顯密同歸，佛制是決定制，顯密同稟；**比丘不拜居士，律制綦嚴。**試觀密教自西天東來，由華而傳新羅、日本等國，於歷史地理上，有一人是居士為傳燈阿闍梨者乎？無有也！其他西藏、蒙古喇嘛密教，有一居士為教主者乎？無有也！至於印度、暹羅、緬甸等國，佛化所被，歷史悠久，亦從無居士任住持佛法之例。推而及於古今中外，世界萬國，**凡有佛教之地，絕對不許在家俗士為傳教師，受四眾七眾皈依頂禮以破壞三寶，此鐵案之不能顛撲者也。**[46]

又說：

> 汝既反對出家，則必戀愛家庭妻孥團聚之樂，及營謀一切治生之術，萬不應於佛教中作人師範！乃汝竟一面因家庭戀愛，營謀生活；一面又假借佛法，為人灌頂收皈依，為其一種副業，以增收入而弋名聞；吾真

---

46 曼殊揭諦：〈與王弘願論密教書〉，收入張曼濤編：《密宗思想論集（密宗專集之三）》，頁 107-108。

服汝貪欲範圍之闊大，而撟舌難下者也！[47]

至於太虛大師則更暗斥王弘願與其師權田雷斧，將居士、男女議題，上提到佛與魔之爭。太虛說：

> 適有僧制先壞之日本傳密教僧來，但為獲得支那最先布教權之名利恭敬，將比丘眾主教傳法之名位，授之在家男女，援曼荼羅之形相，曰俗形居中臺也，曰定妃為女形也，以神其說。由是男女僧俗，僧俗男女，攪成一團者曰密教。男女僧俗，僧俗男女，律儀七眾者曰顯教。而男女僧俗應依七眾律儀以序次高下否之問題，又轉成顯教密教問題。益趨重重糾紛而不可開解之勢。殊不知密教乃佛所說之魔受化經（即《大毗盧遮那成佛經》及《金剛頂經》等見梵網經）耳。為化魔故，入魔中（僧俗男女混為一團）以佛理（顯教）軌其心，佛律範其身（七眾律儀），故能化魔入佛，即魔成佛。蓋密之所依，即為天魔鬼神（若執金剛歡喜天及羅剎夜叉牛鬼蛇神）；而佛轉化天魔神以成為佛之不思議用者，則正在乎顯教之理觀與範眾之律行耳。今習密而斥除性相之教理，破毀僧俗之律儀，則非以佛化魔，而反成以魔障佛，其乖違佛說魔受化經之密旨為何如耶！故以男女僧俗混然一團謂之密斥去顯理顯律者，非顯密問題，乃佛魔問題也。密依顯理顯律則轉成佛，密離顯理顯律則還為魔。今固魔強法弱之世，然吾益不能不以佛法繩之，以契於佛說魔

---

47 同上註，頁 105。

受化經之密旨也。[48]

這裡涉及密乘的傳法問題，我們先從密教講，然後談真言宗以說明太虛的批評未必公允。依法不依人的重點在能夠宏傳佛法，按照實用原則而言，只要本乎佛法，則未必需要徹底拘泥於個傳法者的身分，所以大小乘有僧尼向居士學法的傳統，而居士也可將菩薩戒傳給其他居士，只是不能接受僧尼禮拜而已。譬如維摩以居士之身，仍得到僧俗景仰，佛弟子、帝釋、梵王、世主、大臣、庶民等，都曾經受到他的教化。而密乘打從印度初始，在傳法上就已經出現打破僧俗界線的情況，除了修學成就高下外，有沒有上師的許可成為傳法的關鍵考慮點而非信徒的身分。譬如噶舉派的初祖瑪爾巴（1012-1097）與二祖米拉日巴（1040-1123），薩迦初祖寶王（1034-1102）等，都是居士。所以曼殊揭諦的批評，與事實不符。也就是說，密乘確實有居士傳法的傳統[49]，所以不應以白衣傳法詬病王弘願。

而王弘願認為從真言密教傳統看來，也應該有不同考慮。

48　太虛：〈今佛教中之男女僧俗顯密問題〉，載於慈忍室主人編：《海潮音文庫》第 2 編，第 10 冊之《真言宗》，頁 179-180。

49　筆者參考的是包瓦士與聖嚴法師等著作。聖嚴法師寫道：「馬爾巴是一位大譯師、大成就者，但他不是比丘，他有妻有子，現處居家而常修梵行。所以由他傳出的弟子，多半也是在家人，他的嫡傳高弟是密勒日巴（Mi-la-ras-pa）。〔……〕他未受比丘戒，但當弟子們問他為何不跟馬爾巴上師一樣的蓄妻生子，他的回答是至尊馬爾巴為了度眾方便，他卻沒有這個必要。」見聖嚴法師：《西藏佛教史》，編入《法鼓全集》（臺北：法鼓文化事業公司，1999 年），第 2 輯，第 3 冊，頁 79-81。John Powers wrote that "It is significant that Kagyu tradition considers Marpa to have attained a level of awakening equivalent to that of Vajradhara, because he was a householder with a wife and family." See his *Introduction to Tibetan Buddhism* (N.Y.: Snow Lion, 2007), p. 401.

首先，王弘願並非一般居士，一九二六年，王弘願東渡日本求法，由於修業精進，得到了真言宗豐山派第四十六代傳燈阿闍黎之位。[50] 既然王弘願是傳燈阿闍黎，就有權力及義務傳揚真言密法，所以他的弘法活動並未違犯真言宗的規矩。而且，灌頂傳法儀式的重點，不在於比丘與居士的身分之別，而在於傳燈者在儀式上已經被認知為或暫時就是佛，依照這條思路，無論王弘願是否是居士之身，他以傳燈阿闍黎身分傳法，就如同佛自身在傳法灌頂，依真言教之傳統，王弘願傳法當然並無不妥。而且，在唐代也有居士傳法的例子。但曼殊揭諦不但不認同居士傳法之論，怒勸王弘願「謂既欲宏揚佛法，理應捨俗出家，如吾弟能火速現比丘身，則眾口自息」[51]；他還進一步暗示王弘願之取得傳燈身分是否如法，所以提到「日本密宗各流，於吾師權田大僧正到中國傳法，與居士授傳法灌頂事，攻擊甚烈。」[52] 王弘願則認為他是權田大僧正親自灌頂，親授傳燈之位，且「居士當大阿闍黎，有聖言可據，是不錯的。」[53] 所以總合來看，依王居士之見，

50　1924 年 6 月，權田應中國廣東潮安縣王弘願居士等之請，偕大阿闍黎小林正盛僧正、小野塚與澄僧正、大阿闍黎大橋僧都、阿闍黎岡田、中村、山田、和田、戶川憲戒、飯塚、中村僧都、畫伯橋本共十二人莅潮（州）之開元寺開壇灌頂，特為慧剛、王弘願居士以下四人授傳法灌頂，且和詩讚曰：『白衣傳法世間希，祗為支那佛法微。』云云，一九二六年夏王弘願得傳法院流四十九世阿黎位，密號遍照金剛。參〈真言宗豐山派大阿闍黎——權田雷斧大僧正略傳〉，2009 年 11 月 7 日參考網頁：http://hi.baidu.com/rolpehmgrybqvzd/item/a2a355f21b8bc6df6225d275

51　曼殊揭諦：〈與王弘願論密教書〉，載收入張曼濤編：《密宗思想論集（密宗專集之三）》，頁 103。

52　同上註。

53　同上註。

就真言宗傳統而言，可否傳法灌頂並無僧俗之分，而只論分位之別：擁有傳燈上師之位的居士，有權傳法灌頂，而出家人若無傳燈上師之位則不能傳法灌頂。

其實，這種情形跟藏密的喇嘛相似，喇嘛就是上師，「值得注意的是，並不是所有出家人都稱作喇嘛，喇嘛也不只是限於出家人，不少在家人也被尊稱為喇嘛。換言之，喇嘛是以其是否具有傳法、指導修行的資格而定。」[54] 如果從這個方向理解，王弘願雖是居士，但仍可為上師，而既為傳燈上師，則自然理該傳法。

但是關於這一點，或有疑問。太虛大師座下大醒法師，為了弄清事實，在一九三五年親赴日本求證於金山穆昭，基本上否定傳授「傳法灌頂」給在家居士的可能性。[55] 然而，日本真言宗派別林立，其現代宗派就有好幾十個。當然高野山與豐山派，都是真言宗重要法脈。本來真言宗就因法身說法還是化身說法之異見，漸漸分裂，最後分為古義與新義兩派。[56] 古義派屬高野山系統，而新義派多屬長谷寺（豐山）與智積院系統。[57] 高野山與豐山兩脈峰岳對峙，各有殊勝，彼此也各有傳統。金山為高野山一脈，其對豐山派的評論，

---

54 姚麗香：《藏傳佛教在臺灣》（臺北：東大圖書公司，2007 年），頁 45-46。
55 肖平：《近代中國佛教的復興：與日本佛教界的交往錄》，頁 209-210。
　　大醒法師：《日本佛教視察記》（武昌：行願庵，1937 年），現藏於國家圖書館。
56 真言宗法脈分歧，因本地說與加持說之別，自覺鑁上人（1095-1143）起漸漸產生新的分化，大約到興教大師往生後一百四十多年，才有古義與新義兩派之稱，而一般又多以覺鑁為新義派初祖。參村上專精著，楊曾文譯：《日本佛教史綱》，頁 123-127。
57 參同上註，頁 296。

也未必就是定論。而筆者 2009 年底訪問豐山派上師，該上師提到王弘願居士傳法灌頂一事，卻十分肯定，或者這是豐山派的習慣也未可知。正如曾經翻譯過密教史，也寫過西藏密教史，而本身也是禪宗大師的聖嚴法師就曾說：「密教在佛教之中，別出一歧，有許多觀念及行事，均非習慣於顯教者所能理解。」[58]似乎應該尊重權田雷斧與王弘願宗門的習慣。

（二）自他之爭

筆者認為不宜停留在宗派習慣之上，而應有更深層的討論，這或涉及中日顯、密兩宗的教義之爭。太虛大師所重視的，是顯教的立場，比較重視自力，反映著中國佛教的基本精神。相反，王弘願所持守的是重視他力的立場，強調所依止的上師以及傳承上師的力量，這是密教甚至是日本佛教的重要精神之一。日本的淨土真宗所強調的是阿彌陀佛的他力救渡，而並非自性救贖的力量。[59]如果重點放在他力的救渡之上，對於不善修持者來說，往往容易放鬆修戒律的要求。畢竟最後救贖與否，還是依賴他者的救渡力量，個人努力就容易輕忽。況且，人的罪孽相對於佛的力量，其實微不足道。從這個角度看來，出家眾可以肉食妻帶，正是要顯示聖凡之間的距離。凡俗人的修行即使有所不足，也不會妨礙得到救渡的可能，因為救渡的成敗取決於佛的願力，而非人的努力。所以，從這個立場看，真言宗強調的重點在於上師的力量，

---

58 聖嚴法師：〈譯者後序〉，收入栂尾祥雲著，聖嚴法師譯：《密教史》，編入《法鼓全集》，第 2 輯，第 4 冊，頁 5。

59 末木文美士，涂玉盞譯：《日本佛教史》，第三章，〈末法與淨土〉頁 124-125。

這是重他力教的傳統。筆者認為這種觀點當然容易引起流弊，最可能的就是讓人無法充分重視行者自身的努力。雖然密乘究竟來說也多發明自他合一之旨，但基本上，密乘都高度重視根本傳承上師的力量，這也是無可置疑的。姚麗香教授在《藏傳佛教在臺灣》一書中說：「密乘的修行前提是必須對上師具堅固的信心和絕對的服從。」[60] 姚教授行文似僅及藏密，但是對上師的絕對尊重，為密教所共同的特色。而這一點正衝擊著太虛大師所代表的中國佛學的自力精神。

（三）理性與現代化論述商榷

正如上文所及，近年的研究注意到理性路線的問題，如羅同兵的論文，他從理性的抉擇來定性太虛大師與王弘願的爭論。[61] 但在筆者看來，這一個定性值得商榷。

首先，羅教授的研究採取韋伯（Max Weber, 1864-1920）有關理性化（rationalization）的定義：所謂理性，是指入世禁慾主義以及重新定義人神之間的關係，同時，排斥一切咒術性迷信的成分。[62] 韋伯的理解固然非常重要，但是否可以用西方理論的框架來詮釋中日佛教的問題呢？即便暫時懸置中西比較的可行性，從韋伯的理論本身出發，羅教授的觀點依然有值得商榷之處。

近代以來，常人易於將「理性」、「理性化」看作一個含

---

60 姚麗香：《藏傳佛教在臺灣》，頁 46。

61 羅同兵：〈太虛對「東密」的理性抉擇：從密教對武昌佛學院的衝擊說起〉，《宗教學研究》，2002 年第 1 期，頁 131-136。

62 Max Weber, *The Protestant Ethic and the Spirit of Capitalism*, trans. Talcott Parsons (London: Allen & Unwin, 1930), pp. 19-20.

有價值判斷的術語，而將傳統視為「非理性」，並試圖與之決裂。韋伯區分價值理性與工具理性，現代性的發生和展開，就是工具理性壓倒價值理性的過程，無論是資本主義經濟或現代科技文明，其實都強調理性工具性（instrumental）的一面。韋伯特別用除魅（disenchantment）來形容現代生活的理性化。

　　但韋伯在他對近代資本主義興起因素的經驗分析過程中是將「理性化」視為一個「中立的分析概念」（neutral analytical concept），不含有評判性（evaluative）的含義。[63]美國加州大學洛杉磯分校社會系講座教授羅傑斯・布魯貝克 Rogers Brubaker 即用形式理性化（formal rationality）與實質理性化（substantive rationality）的二分來解讀韋伯關於近代資本主義興起的分析：人類社會各領域如市場經濟、法律、政府機構的理性化促使了資本主義的發展，這種理性化的內容被概括為三種要素，即知識（knowledge）、非人化（impersonality）及控制（control）。但是這三個要素本身是價值中立的，只有從三者促進資本經濟發展這一角度出發方能視為理性的。因此這三個要素只是形式理性化，而判斷的標準則取決於作為實質理性化的資本主義經濟發展的事實。二者之間可視為手段與目的的關係。而更值得注意的是，即便是作為實質理性化的資本主義經濟本身亦並非是價值的終端，而可以用其它的觀點來替代。當觀點切換後，原有的手段若無法完成目標，

---

63 Rogers Brubaker, *The Limits of Rationality: An Essay on the Moral and Social Thought of Max Weber* (London: George Allen & Unwin), pp. 10-11.

也可能就變成非理性的。[64]

　　通過以上的分析，則韋伯在《新教倫理與資本主義精神》（*The Protestant Ethic and the Spirit of Capitalism*）一書中前言部分的一段話變得易於理解：「『理性主義』此一名詞可以有許多極為不同的解讀〔……〕例如有神秘冥思的『理性化』，亦即一種從其他生活領域的觀點看來特別『非理性』的行為方式。也有其『理性』，正如經濟、技術、科學工作、教育、戰爭、法律與行政的『理性化』一樣。再者，所有這些領域皆可從許多不同的終極觀點與目的上予以『理性化』，並且，從這一觀點看去是『理性的』，從另一觀點看來卻可能是『非理性的』。因此，極為不同的理性化曾存在於所有文化圈的各個不同的生活領域中。」[65] 理性化本身不是一個獨立的價值術語，而是存在於手段與目的兩者關係之中。不同的手段在對應不同的目的時都可以視為理性的。羅同兵論文的問題在於，他在使用韋伯概念的同時卻將理性視為一個獨立的價值，並且認為太虛的佛法觀符合於這一標準，[66] 同時也就合理化了太虛的佛教改革運動。反之，以王弘願為代表的東密則被視為非理性的一面，其教內傳統亦受到否定。

　　但若嚴格從韋伯的理論出發的話，那麼無論是中國大乘

---

64 以上有關形式理性化與實質理性化的討論見同上註，頁 35-43。

65 引文見馬克思・韋伯著，康樂、簡惠美譯：《新教倫理與資本主義精神》（桂林：廣西師範大學出版社，2007 年），頁 12【查無此版本，請作者自行核對原文】。英文版參 Max Weber, *The Protestant Ethic and the Spirit of Capitalism*, trans. Talcott Parsons, "Author's Introduction", xxxviii-xxxix.

66 見羅同兵：《太虛對中國佛教現代化道路的抉擇》，第 3 章，第 4 節，〈佛教是理性的宗教〉，頁 87-104。

佛教的傳統還是日本東密傳統本身，都可以說含有理性化的
內容，而條件是考察其表現是否促進相應目的的實現。因此，
日本佛教本身即可視為理性化的過程，而若要明白相應內容，
應回歸日本佛教本身的歷史脈絡，因為類似運動，放在東西
不同脈絡，其意義很可能是南轅北轍的。[67] 而扣緊太虛大師
與王弘願的論爭之中，大師抨擊的是日本真言宗「肉食妻帶」
的習慣。「肉食妻帶」一詞中，肉食的意思，就是進食並無葷
忌；而所謂妻帶就是指佛教的僧職人員可以結婚生子，並攜
帶妻兒同住於寺廟之中。太虛大師就非常反對這種惡習，所
以從一開始就對王弘願表示，應該以學者身分請權田雷釜來
華，而不應以僧正身分邀請之。[68] 這是因為權田有妻室，且
七十尚納小妾之故。後來他在〈中國現時密宗復興之趨勢〉
一文，也直指密宗有人娶妻及食肉的惡習：就食肉問題言，
他專指喇嘛，但就娶妻問題言，則特指真言宗權田，亦即王
弘願的恩師。[69] 其實在日本，這種習慣的普及與日本真言宗

---

67 譬如有人認為同樣追求政教分離，日本佛教跟西方基督教的發展各有
不同的側重點。西方政教分離的主要目的在排除教會對政府的非理性
干預，以確立政府的獨立自主性；相對而言，日本佛教追求近代化及
理性化的重點卻在擺脫政府對佛教的非理性干預，以讓佛教取得較高
的獨立性及自主性。這是因為日本傳統的佛教團體是容許政府干預佛
教內部的事務，所以，日本僧人提倡政教分離及理性化發展的目的，
與西方的側重點其實是南轅北轍的。西方要求的是政府的獨立自主性，
日本追求的是教會的獨立自主性。參考王俊中：〈日本佛教的近代轉
變〉，收入氏著：《東亞漢藏佛教史研究》（臺北：東大圖書公司，2003
年），頁 219。

68 釋印順：《妙雲集中編之六──太虛大師年譜》（臺北：正聞出版社，
1992 年），頁 178。

69 太虛：〈中國現時密宗復興之趨勢〉，載於《海潮音》，第 6 卷第 8 號。
網址：http://www.nanputuo.com/nptlib/html/200903/1916002273499.html，檢

親鸞有關。從教理上解釋，僧人可以依靠阿彌陀四十八大願消除罪孽；而從政治上解釋，是因為僧人可以透過與權宦家族婚配，而取得政治上的庇護與支持。而從取得官方權力庇護的目的看，入世婚子，而不是入世禁慾反而是很理性的抉擇。

　　除了這個傳統淵源之外，更重要的在於，「肉食妻帶」是日本明治維新現代化進程中的一環。日本自王政復古，重新建立天皇政治體制，便致力於追求社會文化的現代化，以謀脫亞入歐，進入歐洲現代化的文明。日本人觀察基督教從舊教到新教的改革歷程，發現了神職人員也可以結婚生子的新轉向，認定從神職人員守貞到牧師婚子的發展也是理性化的表現，因而連帶也肯定佛教「肉食妻帶」的行為代表了近代文明的理性化趨向。明治五年（1872 年），太政官布告第三號說：「自今以後，僧侶得隨意肉食、娶妻、蓄髮」。自此，日本佛教「肉食妻帶」的行為漸次成為各派中普遍存在的事實。[70]就此文明開化的視角而言，王弘願所倡導的真言宗法門，或亦可在這種氛圍中被視為近代化及理性化的表現。太虛大師一方面攻擊真言宗容許教徒娶妻，另一方面又攻擊王弘願以居士身分灌頂，破壞佛制。如果放在日本佛教傳統來看，王弘願並未違背他自東瀛權田處所學之宗門教旨。而假

索日期：2009. 4. 1.

70 以上參考村上專精著，楊曾文譯：《日本佛教史綱》（北京：商務印書館，1981 年），頁 301-302。村上重良著，張大佑譯：《宗教與日本現代化》（高雄：佛光出版社，1993 年），頁 35-36。Richard M. Jaffe, *Neither Monk Nor Layman: Clerical Marriage in Modern Japanese Buddhism* (Princeton, N.J.: Princeton University Press, 2001).

設「肉食妻帶」是當日文明進化之進程中的一環，則真言僧人結婚而不守貞，肉食而不素食，就算是被理解為有違所謂「入世禁慾」的做法，也可以視為一種理性化抉擇。因為從明治維新開始，佛教與神道分家，教勢大受影響，加上開放基督宗教在日本傳教，以及神道國教化等，日本佛教面對極大壓力，[71] 如何能在維新運動中調整發展，以免於邊緣化，就成為日本佛教大事。佛教的做法基本是配合日本維新的現代化改革，配合政府關於宗教的規定；而配合國策，避免跟政府衝突，不失為在神道教大振之餘，日本佛教取得生存空間的理性化抉擇。若從這個角度來看，羅同兵判定太虛大師是進行一個理性化的抉擇，而王弘願真言宗成為其論述結構的對立面，這一理論立場就未能充分考慮到上述文明開化的特殊性。從日本佛教言，真言宗遵從肉食妻帶的傳統與明治政府的政策，又何嘗不是非常理性化的決定呢？

　　何況嚴格從韋伯論資本主義的脈絡看來，所謂入世禁慾的提法，其實是要解釋新教徒，特別是加爾文教派中，將信仰的禁慾精神，轉化為在世俗職業中，以理性安排與嚴格管理生活的方式，也就是以職業觀念為基礎的理性的生活經營，而這呼應並促進了資本主義的發展。[72] 若就此意義言，無論太虛與王弘願都沒有將佛教導向世俗職業的嚴格經營取向之中，當然更不能用韋伯的入世禁慾來說明任何一方了。

　　至於居士是否高於出家眾則是教義內部的問題了。本文

71　See Kenji, Matsuo, *A History of Japanese Buddhism*, Kent, U.K.: Global Oriental, 2007, esp. pp. 225-228.

72　張旺山：〈中文版導讀〉，收入韋伯著，于曉等譯：《新教倫理與資本主義精神》（台北：左岸文化出版社，2008），特別是頁 8-12。

所關注的是在整個理性化的論述中，王弘願不能夠簡單地被標籤為理性化抉擇的對立面。如果我們從不同的角度看所謂的理性化抉擇，則王弘願的法門或者也可以視為一種近代理性化的結果。就此而言，羅教授的討論並不周延。

進一步說，太虛大師是否代表現代化的取向呢？我們不難發現太虛大師攻擊對手的立場是站在相當傳統的一邊，也就是用漢傳佛教所習知的僧制與戒律傳統去衡量王弘願，乃至權田的真言宗立場。如果從這一角度去考量的話，則不能不認定太虛的立場是貼近中國佛教傳統的；同樣，王弘願又何嘗不是回歸師說與傳統來替自己辯護？為了得到師門的認定，開始論辯之初，其反駁的文章在刊登在《海潮音》之前，還先經權田認可，就此而言，王弘願也非常強調傳統。所以筆者認為將雙方爭論解釋為現代化路線與傳統路線之爭，並不合理。筆者並非認為太虛大師就是傳統主義，而只是試圖指出所謂理性抉擇的路線之爭，或現代化與傳統派之爭的分析架構，仍有討論空間。

五、日本相關的討論

唐密自宋代開始，在中國幾乎已經失傳，民國初年才在中土地區重現密宗。何以在中土幾乎失傳的密教會再次重現呢？這當然是日本及西藏的影響，所以從研究視野來說，要理解中土密教之再興，就不能夠僅從中國佛學來理解，而需從整個東亞世界的視角來加以把握，因為它不只關於中國，而更涉及中國以外整個東亞地區。筆者從帝國主義與日本佛

教作為現代化參考坐標兩方面來進一步反省跟日本相關的問題。

（一）帝國主義的問題

何以近代會有密宗傳入中國呢？當不少人提及密宗就會聯想起西藏的密教，藏密雖不斷傳入，但卻未能引起高度注意。真正讓中國顯教注意的，其實是東密，也就是日本的密教。日本密教的傳入，背後涉及政治及文化背景。政治上的背景是因為日本強迫中國簽定二十一條條款，而條款中第五號第七款給予了日本人在華傳教的權利。[73] 而正在這一政治背景之下，日本東密才能打開中國的大門。可以類比的情況即是在船堅炮利之下，基督教打開了在華傳教的大門。所以東密及基督教同樣是在帝國主義的軍政力量的背景下傳入中土的。正因為這一個政治背景，所以將東密來華僅理解為教義與教派發展的新一頁，並不充分，因為抽離當時的政治背景，很難明白真言歸華的大義。

但國人嘗試從政治背景考慮之時，又很容易過度強調政治層面。[74] 太虛說：「誠以日本佛法，實取諸中土，云何復來傳布？是不異子哺母乳，理何可通？而日人則藉口謂日本佛法，雖傳承支那，而今日日之密教，極為發達，中土則成絕學。職是之故，我華緇俗，雖明知其為政治利用文化侵略之

---

73 相關介紹見肖平：《近代中國佛教的復興：與日本佛教界的交往錄》，頁 204。

74 如釋東初即以此立場解讀權田雷斧來華之動機，參氏著：《中國佛教近代史》，第 17 章，〈東西密教之弘傳〉，頁 426-428。近來有學者從軍國主義的角度來理解日本佛教，參何勁松：《近代東亞佛教：以日本軍國主義侵略戰爭為線索》（北京：社會科學文獻出版社，2002 年）。

計策，然以中土密宗誠絕，固亦未如之何也。以故爾時緇素，受此重大刺激，對於密教問題，漸漸注意，有陳某著《中國之阿彌陀佛》，歷言日本密宗之宗義，予於是年著整理僧伽制度論，亦主派人留日留藏習密，以重興我國之密宗。至民國七年，潮州王弘願將日文之《密宗綱要》，譯華傳布，余時在滬纂覺社叢書，得之廣為流播，極力提倡，冀中國密教早日恢復。未久，而『密教』『密教』之聲，竟遍中國矣！」[75] 又說：「故對於其時日人欲借傳密宗為對華政治侵略工具，及華人著書力言密宗亦中國所固有以相拒之事，猶非彼所及留意，故反誣他人牽強附會耳。」[76] 太虛將日本傳密教片面的理解為日本政治侵華的工具，其實，並未提出任何確實證據，而未免只是個人的猜測。

　　日本的侵華背景固然為東密來華傳教提供了方便，但不能將日本佛教的傳入直視為帝國主義的文化侵略，就如將基督教視為白人的侵略一樣。這種過度的簡化是不合理的。真言密教是因為帝國主義的不平等條約，而得到許多來華傳教的便利，但不等於真言宗本身就是帝國主義，因此，將整個宗教的弘法發展簡化為帝國主義的文化侵略，或日本對華的政治侵略，並不公平。總之，我們無須否定來華弘法的帝國主義背景，但是如果要同意太虛的看法，將東密來華解釋為日本帝國主義的政治侵略行為，則要提出更多的證據。

---

75 密宗革興會：〈王師愈諍潮中的閒話〉，張曼濤編：《密宗思想論集（密宗專集之三）》，頁 123-124。
76 同上註，頁 124。

（二）作為參考座標的日本佛教

　　第二點是從整個爭論看來，實兼有教勢之爭及教義之爭。教勢之爭是指教派勢力的興衰，而教義之爭是關乎教理的正確與否。過往的研究只重在教理，筆者認為這是不足夠的。從教理來看，東密來華與中國人間佛教之間的差異以至爭議並不能標籤為一方迷信，一方理性；一方保守傳統，一方是現代化。其實，人間佛教當時就參考日本佛教的現代化，而希望從中吸收養分，改進中國佛教。太虛大師的人間佛教其實就是佛教的改良性革命，由關心西天極樂世界，回歸到人間淨土等等。這些方向的重要參考座標之一就是日本佛教。筆者並非反對太虛大師選擇的是現代化、理性化的路線，但筆者擔憂的是這種說法或會產生誤會，讓人感覺太虛日後所深排的東密，就是站在理性與現代化的對立面。

　　其實，當時日本佛教在現代轉型方面比中國佛教進步很多。日本自明治維新後，國勢蒸蒸日上，在文明開化方面愈來愈成功，日本佛教也成為現代化的成功例子。東密進入中國後引發中國教界對密教的濃厚興趣，除了因國人對密教有一新鮮感外，也是因為其現代化轉型的成功，提供中國佛教發展的重要參考。而從五四運動後，國人銳意於求新求變。就在這揚舊迎新的西化思潮下，很多人把佛教現代化的追求轉成參考日本佛教的轉型發展上，因此即使太虛大師本身也派學生到日本學佛，學習現代化的日本佛教。一九二五年，太虛也「主派人留日、留藏習密。」[77] 事實上，武昌佛學院

---

77 太虛：〈中國現時密宗復興之趨勢〉，見《太虛大師全書》，

的設計，很多地方就是取法日本佛學院的。[78] 所以日本佛教，特別是真言密教，是太虛的人間佛教學習與參考的對象，這並非說太虛看輕中國佛教，而是本八宗共弘的想法，希望借鑑日本現代化的經驗，也期待「重興我國之密宗。」[79] 所以日本佛教，尤其是密教，就是太虛人間佛教的重要參考座標。

可惜，太虛大師最欣賞的幾位學生如大勇大師等等，他們學成歸國後，回到武昌佛學院中卻形成了一種研究密宗的風潮。而當時的人是不滿足於只懂東密，後來更親赴西藏學法，以致有密教興起導致武昌佛學院人材盡空之憂慮。從這一角度來看，太虛法師反對密教其實或者是一個顯、密教派的爭衡過程，亦即是說太虛本想以東密現代化來強化中國顯教，但是卻發現東密的現代化成功吸引了太多的追隨者，以致他們離開顯教追隨密教，甚至他最得意的幾個弟子及支持學院的金主都成為密宗的信徒。所以這顯、密之爭，其實有相當現實的教勢之爭，這或可能與教義之爭一樣重要。

六、結　語

密教被公認是大乘佛教的重要支派，不理解密教，就無法全面理解中國大乘佛教。民國時期重新傳入中國的密宗，

---

https://www.yinshun.org.tw/ebooks/#c=taixu&a=7p2877.0100&m=1&q=%E4%B8%AD%E5%9C%8B%E7%8F%BE%E6%99%82

78 參考太虛：〈佛教教育系統各級課程表〉，《海潮音》，第 13 卷，第 10 期（1932 年），頁 499-514。

79 太虛：〈中國現時密宗復興之趨勢〉，見《太虛大師全書》，https://www.yinshun.org.tw/ebooks/#c=taixu&a=7p2877.0100&m=1&q=%E4%B8%AD%E5%9C%8B%E7%8F%BE%E6%99%82

實為現代中國佛教史中的重大事件。從中國佛教整體發展看，這次密教歸華，引發人們對密教的興趣，中土對東密與藏密都加深了解，中土再現密教，最終讓漢傳佛教得以重新確立八宗規模，也是日本佛教反哺中國的顯著案例，所以密法歸華，不能不說是東亞佛教史上的重大事件。

但東密歸華，重燃顯、密之爭，雙方之教義與習慣，譬如居士傳法與肉食妻帶，都存在基本差異；不過，筆者認為這些差異，並不能從理性與信仰、或現代與傳統的解釋框架得到充分的解釋。站在雙方都為虔誠的佛教徒立場來說，他們最關心的實質上是如法問題，亦即是否合乎佛陀的教法，因而重視回歸傳統。所以筆者認為與其用現代主義及傳統主義的對立來理解雙方的爭論，不如說雙方都有一個共通的標準，那就是回歸傳統。除了回歸佛陀教旨外，太虛等多次談到傳統佛制，而王弘願則時時不忘回歸開山祖師空海、以及真言宗的傳統。所以雙方論爭儘管不同，但都呈現回歸傳統的特色。他們的立場其實很簡單，就是尊重他們本有的傳統。

筆者認為雙方都重視現代化，也呈現理性化的成分，但沒有人準備因現代化之需，而違離佛教的傳統信仰，所以若將太虛與王弘願視為理性與信仰之爭，或現代與傳統之論，就不能把握雙方都著力於返本開新，他們其實是立足於各自相信的佛教原旨，努力回應現代社會的需要，而返本開新正反映著東亞佛教在面對西方文化挑戰之下的基調。更重要的是東密歸華，激化了中日佛教交流，而日本佛教提供了太虛改革中國佛教的重要參考資源，就此而言，密教歸華也是中國佛教現代化的重要助緣，而東密也在日本明治維新以來，

政教現代化的新形勢下，也進行種種調整；所以雖然顯、密彼此各有不同，但在面對西方強勢文化傳入的形勢，顯、密兩教共有呈現返本開新的發展方向，筆者認為這返本開新的取向，其實不但存在於本文所探索的佛教兩例之中，也存在於新儒家及新道家之內，或許返本開新就是當時東亞的共同趨勢。

第五章 淨土祖庭文化及人間淨土觀的實踐

一、導 言

　　「祖庭」本為儒家經典用語,《禮記‧檀弓》記載:「子游曰:飯於牖下,小斂於戶內,大斂於阼,殯於客位,祖於庭,葬於墓,所以即遠也。故喪事有進而無退。」[1]可知在《禮記》中,祖庭是祭祀祖廟的中庭。但佛教將供奉與祭祀祖師的所在稱為祖堂,而一般認為佛教所謂祖庭則跟宗師連結,譬如《漢語大詞典》解釋佛教的祖庭為「佛教宗祖佈教傳法之處。」[2]漢語大詞典的解釋並不充分,依照實例觀察,所謂「祖庭」常常是佛教宗派祖師常住、弘法或歸葬的寺院,所以祖庭未必只是佈教傳法的地方而已。然而,祖庭固然是空間性的認定,但祖庭文化,則為思維上的認定。既然祖庭依照所肯定的宗師而認定,則祖庭文化就是指這些宗師的流風

---

1 〈禮記〉,http://ctext.org/liji/tan-gong-i/zh。(檢索日期:2015 年 10 月 14 日)
2 羅竹風主編:《漢語大詞典》,第七冊(上海:漢語大詞典出版社,1991),頁 849。

餘韻。

所謂「家家觀世音，戶戶彌陀佛」[3]，確實反映了以彌陀信仰為主的淨土祖庭文化，在中華大地深受民眾歡迎。但是我們談到祖庭文化，往往想到祖庭就是規範，而後起的發展，自然應依照祖庭所展示的方向發展，不應違背；否則就沒有價值了。本文嘗試指出當代人間淨土信仰的出現，標誌淨土的新開展，而迥異於傳統祖庭文化；而人間淨土觀念，構成對祖庭文化的批判性發展，也就是既揚棄，又吸收，從而開展淨土的新風貌，而別具一番價值。

本文先說明何謂淨土的祖庭文化，然後再以鳥瞰方式，說明當代人間佛教有關淨土的新思維與新實踐，以呈現淨土祖庭文化在當代的新轉化。

二、淨土祖庭文化

談到祖庭，就必涉及淨土宗發展史；然而，中國淨土史在學界的爭議尚多；譬如慧遠初祖地位、慧遠有否創立淨土宗，甚至淨土是否一嚴格意義的宗派，仍然引起不少討論。這些問題不先確定，便要認定淨土祖庭，就必事倍功半，難有共識。

不過，在一般流行的習見中，淨土的祖庭主要包括東林寺、光明寺與玄中寺等。這是依據特定的淨土歷史敘事而來

---

3 宋・大中德隆禪師（青原下十一世）：「平旦寅曉何人？處處彌陀佛，家家觀世音。月裏麒麟看北斗，向陽椑子一邊青。」參閱《卍續藏・1565・80冊；五燈會元・卷十六》。

的，這一史觀大致包含五點：

（一）東晉慧遠在廬山立彌陀三聖像，邀集十八高僧結「白蓮社」，同修淨業，共期往生西方；於是後代奉其為初祖。當時刺史桓伊為慧遠所建「東林寺」。所以東林寺就成為祖庭了。[4]

（二）山西汾州「玄中寺」建於北魏延興二年（公元472年）。隋唐間，道綽在「玄中寺」倡持念「阿彌陀佛」聖號[5]；曇鸞、道綽、善導三位淨土宗祖師先後住錫於此，於是「玄中寺」也就自然成為祖庭了。

（三）善導（公元613-681年）是唐代的名僧，山東臨淄人；從道綽學淨土教義，後來在長安建立「光明寺」弘法，[6]創立淨土宗，成為二祖；於是「光明寺」亦然是淨土祖庭。

（四）從貞觀九年（635年）至總章元年（668年），善導除中間四年，在玄中寺求學外；其餘生大部分時間都在西安藍田的「悟真寺」，[7]所以悟真寺也被視為祖庭。

（五）善導法師既圓寂，弟子懷惲在長安修建佛寺，祭

---

4 所謂十八賢士立蓮社的說法，自宋以來很流行，大約出於《樂邦文類》卷二：「晉宋間有廬山慧遠法師。化行潯陽。高士逸　人。輻湊於東林，皆願結香火…共結白蓮華社。」但近人湯用彤、任繼愈、方立天的考訂成果，大致不承認此一說法。當然，奉慧遠為初祖的說法，也就難免動搖。參考陳揚炯：《中國淨土宗通史》（南京：江蘇古籍出版社，2000），頁109-111。

5 參考陳揚炯：《中國淨土宗通史》，頁259-261。

6 《續高僧傳》：「時在光明寺說法，有人告導言：「今念佛名，定生淨土不？」導曰：「念佛定生。」其人禮拜訖，口誦南無阿彌陀佛，聲聲相次，出光明寺，上柳樹表，合掌西望，倒投身下，至地遂死，事聞臺省。」卷27，遺身篇。

7 有關善導生平的簡明介紹，可參陳揚炯：《中國淨土宗通史》（南京：江蘇古籍出版社，2000），頁303-306。

祀善導，名「香積寺」。後來成為淨土弘法中心，因此香積寺也被尊為淨土宗發源地。[8]

　　顯然，淨土宗祖庭的認定主要涉及後人所推尊的祖師；由於彼此推尊的祖師不同，就自然產生不同祖庭的認定；譬如是否推尊東晉慧遠，就影響是否承認「東林寺」為祖庭的看法。至於推尊唐代道綽，則「玄中寺」自然就是所謂祖庭了。如果推尊善導的貢獻，也就自然將「香積寺」、「光明寺」與「悟真寺」都視為祖庭了；而且，淨土祖系也有不同認定，自然就有影響祖庭的認定；譬如宋‧四明宗曉（1151-1214）主張晉‧廬山慧遠為念佛蓮社之創始始祖；長安光明寺的善導、五臺山湖東寺的法照、睦州烏龍山的少康、杭州西湖昭慶寺的省常、真州長蘆寺的宗賾五人繼之。[9]後來四明志磐著《佛祖統紀》，改立慧遠、善導、承遠、法照、少康、延壽、省常為蓮社七祖。[10]明清之際，淨宗學人又推崇雲棲寺的袾宏為八祖。於清道光間，悟開《蓮宗九祖傳略》列的慧遠、善導、承遠、法照、少康、延壽、省常、蓮池、省庵九位祖

8　有關懷惲的簡明介紹，參考陳揚炯：《中國淨土宗通史》，頁 307。

9　〈蓮社繼祖五大法師傳〉：「蓮社之立。既以遠公為始祖。自師歸寂。抵今大宋慶元五年己未。凡八百九年矣。中間繼此道者乃有五師。一曰善導師。二曰法照師。三曰少康師。四曰省常師。五曰宗賾師。是五師者。」參考宗曉編次：《樂邦文類》，卷三，CBETA：<u>T47n1969A_003 樂邦文類 第 3 卷｜CBETA 漢文大藏經</u>

10　〈淨土立教志‧蓮社七組〉：「始祖廬山辯覺正覺圓悟法師（慧遠。師道安法師）、二祖長安光明法師（善導云是彌陀化身）、三祖南岳般舟法師（承遠）、四祖長安五會法師（法照善導後身。師承遠師）、五祖新定臺岩法師（少康）、六祖永明智覺法師（永壽）、七祖昭慶圓淨法師（省常）。」參考志磐《佛祖統紀》，卷二十六，CBETA：<u>T49n2035_026 佛祖統紀 第 26 卷｜CBETA 漢文大藏經</u>

師。後悟開法師在《蓮宗正傳》改列靈峰藕益大師為九祖，梵天思齊賢大師為十祖，資福徹悟大師為十一祖。印光大師又改推行策為十祖，實賢、際醒遞降為十一祖、十二祖。印光的門下也加推他為十三祖。[11]不同時代的僧人將歷史上先後出現的淨土宗師，連結成一條前後相關的法脈；於是，也就將不同時代各個祖師住持的寺院為祖庭，也編排進去淨土祖庭的一個大類中。

　　不過，我們也可以隨俗，既然大家早已習慣將以上的寺廟，都奉為祖庭，似乎也可以接受「多元取代一元」的看法，也就是尊重已成的習慣，將不同佛寺都視為淨土祖庭。但是這其中有一標準，亦即該寺廟必須跟某位淨土宗師有關。

　　其實，雖然彼此肯定的祖庭，並非只有一所；而彼此推尊的宗師，也並非同一個人；但中國佛教史上，以上幾位宗師，基本上多尊阿彌陀佛，並以求往生西方極樂淨土為宗旨。譬如善導大師，依照王公偉的研究，其思想重點在他力本願說、往生論及念佛三點，他說：

> ……善導的理論，主要是想解決往生的問題，並採取了一種十分獨特的方式。即先否定眾生的自力的可能性，然後引進阿彌陀佛的願力，使眾生依靠外力而往生。善導之所以採取這種方式，與他對末法時期眾生的看法是緊密相連的……善導在強調眾生都可往生的

---

11 考陳劍鍠：〈蓮宗十三位祖師的確立過程及其釋疑〉及〈未了公案，且待來哲──有關曇鸞追尊蓮宗祖師位的問題〉，兩文分別見於陳劍鍠著：《無上方便與現行法樂：彌陀淨土與人間淨土的周邊關係》，（台北：香海文化出版公司，2015 年 3 月）。頁 21-33 及 35-65。

同時，也指出了往生的不同。如前所述，上品上生是
西方三聖（阿彌陀佛、大勢至菩薩、觀音菩薩）以及
無數化佛和大眾來迎接，蓮花也立刻開了。下品下生
卻無人迎接，蓮花也要經過十二劫的漫長時間才開。
在這之後，大勢至、觀音菩薩才為他們說法。善導既
滿足眾生往生的希望，又對不同眾生的往生加以一定
的區別，以吸引不同眾生信仰彌陀淨土。善導宣揚，
眾生由於阿彌陀佛的願力作用，可以往生到阿彌陀佛
國中去。這裏講的阿彌陀佛國是指阿彌陀佛的報土世
界。[12]

這一重視生西的取向，漸漸演變為輕視，甚至漠視人生；
而關懷來世往生，又轉而少涉今生，而念佛幾乎成為最流行
的修行法門。所以傳統淨土祖庭的本心所在雖未必如此，但
民間流傳的淨土文化，似乎特別重視念佛，以及往生極樂。

有關社會對淨土的一般印象，可從幾本辭典的介紹探知
一二；譬如初版於民國時期的商務印書館編的《辭源》是這
樣理解淨土宗：「佛教之一派，以普賢為初祖，主於念佛往
生。」[13]後來《中國大百科全書》也這樣解釋淨土宗：「中國
佛教宗派，因專修往生阿彌陀佛淨土法門而得名。」[14]這些辭
書的意見，大抵反映了人們的日常印象，也就是淨土宗就是

12　王公偉：〈善導大師的淨土思想〉，http://www.xn--udsw7h4vt.org/%E6%
　　B7%A8%E5%9C%9F%E6%96%87%E9%9B%86/%E5%96%84%E5%B0
　　%8E%E5%A4%A7%E5%B8%AB%E7%9A%84%E6%B7%A8%E5%9C
　　%9F%E6%80%9D%E6%83%B3.aspx。（檢索日期：2015 年 10 月 14 日）
13　《辭源‧改編本》（香港：商務印書館香港分館，1951），頁 418。
14　《中國大百科全書》，二版（北京：中國大百科全書出版社，2000），
　　頁 12-170。

重視念佛往生。

三、人間淨土的精神祖庭：太虛大師

然而，淨土的信仰，流傳既廣，影響又大；淨土的文化，並不只限於淨土宗而已，而為廣大佛門所共同分享；而漢傳佛教發展出所謂「人間淨土」的觀念，基本上，扭轉了傳統淨土的取向，而成為新型淨土信仰的精神上的祖庭。

當代人間佛教思想源自太虛大師(1889-1947)[15]之創建。太虛大師如此以人間為取向，所以充滿對現實的關懷。這種取向有其歷史背景。於清末民初，中國積弱不振，列強侵凌，社會幾乎全面解體，甚至有亡國滅種的危機，而且佛教本身也面對生存的危機，所以教界有識之士，積極思考生存發展與濟世度眾的新辦法。相對於傳統漢傳佛教末流過度偏主出世的取向，人間佛教則強調關心社會，積極入世的特色。這就是當代中國佛教「人間性格」的重要面向。[16]

---

15 有關太虛大師的研究頗多，專書有郭朋：《太虛思想研究》（北京：中國社會科學出版社，1997）；李明友著：《太虛及其人間佛教》（杭州：浙江人民出版社，2000）；羅同兵著：《太虛對中國佛教現代化道路的抉擇》（成都：巴蜀書社，2003）。See Chan Wing-tsit, *Religion Trends in Modern China* (N.Y.: Octagon Books, 1969), pp. 118-126. Holmes Welch, *The Buddhist Revival of Chin* (Massachusetts: Harvard University Press, 1968), pp. 51-71. A very brief English introduction can be found in Donald Lopez ed., *Modern Buddhism: Readings for the Unenlightened* (London: Penguin Books, 2002), pp, 85-90.

16 有關清末民初佛教衰頹，以及太虛大師的振興，可以參考陳兵、鄧子美合著：《二十世紀中國佛教》（臺北縣：現代禪出版社，2003）。Chan Wing-tsit, *Religion Trends in Modern China* (N.Y.: Octagon Books, 1969), p. 62.

　　而從上世紀 30 年代以來，太虛大師提倡人生佛教，將傳統佛教標籤為重視死亡與鬼靈的宗教，以對比其所主張的「人生佛教」；這一手法已經標示佛教衰頹的問題，也指出了責任在於傳統佛教偏主渡亡生西的問題；同時太虛大師倡議教理、教制與教產三方面的改革，也就等如指陳解決問題的行動方案。[17]他在人生佛教的大旗幟下，強化了認同「進步佛教」、「革命性佛教」人士的歸屬感，又以《海潮音》雜誌為基地，建立理念平台，於是人生佛教儼然形成一現代佛教的改革運動。

　　太虛大師在其「佛法與人世之關係」中說：

> ……佛法行世之益如何？答曰：佛法乃盡法界眾生界唯一真正之宗教。凡世間教化兼道理德行而言，能為道理德行宗極之本源，能為道理德行宗歸而究竟，謂之宗教，此非佛法無足當者。」[18]

　　太虛這一佛教運動與臺灣的人間佛教運動，側重之處頗有不同，但也是血脈相連。雖然部分學人認為從太虛大師的人生佛教到臺灣的人間佛教之間出現巨大變化，但是筆者認為，臺灣的人間佛教理論，其實就是建基於太虛大師人生佛教的進一步發展，所以無論佛光山[19]、還是法鼓山都說要建設人間淨土，[20]其實這就清楚地顯示出他們之間的密切關係。其

---

17 有關太虛這些主張，簡明的介紹可以參考釋東初法師著：《中國佛教近代史》，上冊（台北：中華佛教文化館，1974），頁 107-112。

18 《太虛大師全書》第 1 冊，頁.103-.104）

19 參星雲大師：〈淨土思想與現代生活（一）〉，見星雲大師，《禪學與淨土》（台北：香海文化，2005），頁 352-373。

20 聖嚴法師說：「我也是繼承太虛大師的理念，提倡人間淨土，要讓佛

中重點之一，就是不以往生天國和淨土為足，而轉而強調人類社會的追求與創造理想的世界。這一改革方面，正是人間佛教共同的特徵。古典社會學家馬克斯・韋伯（Max Weber, 1864-1920）強調佛教是以追求他世為宗教特色。[21]而人間佛教的取向，正好跟韋伯的說法截然不同。筆者認為這一種由他世轉到此世，由天國轉向人間的精神取向，就是人間佛教運動的共同特色，故而提出「人間佛教」是臺灣新型佛教社會運動的主導框架（master frame）。就此而言，筆者認為在精神取向上來說，臺灣人間教團所使用的仍然是源於中國的主導框架，而其特色就在於一種積極入世，涉入社會的面向。

太虛大師許多理想，囿於時代的限制，未有良好的實現機會。[22]但這一現世關懷的精神，已經展現濃烈的社會涉入（socially engaged）精神趨向；[23]新中國成立後，部分華僧隨軍民撤退到台灣，當中就有不少人追隨太虛大師的新理念，所以人間佛教在臺灣得到發展的新機緣，而漸漸奠定為當代華人佛教世界中的重要里程碑。

臺灣人間佛教教團中，最著名的有佛光山、法鼓山、中

法在人間，使人間變成淨土。」，參聖嚴法師：〈提倡及建設人間淨土〉，《法鼓山的方向 II》，二版（台北：法鼓文化，2005），頁 107。

21 Max Weber, *The Religion of China: Confucianism and Taoism* (New York: Free Press of Glencoe, 1951), p. 144.

22 在中國大陸，也有繼承太虛大師人間佛教思潮的，其中最著名的有趙樸初、淨慧禪師、茗山長老、真禪法師等，參考鄧子美、陳衛華、毛勤勇：《當代人間佛教思潮》（蘭州：甘肅人民出版社，2008），頁 89-130。但因時代困境，特別是文革，人間佛教在大陸地區的發展受限不少。

23 「入世佛教」（engaged Buddhism）一詞由越南一行法師提出，其本義與 renounced Buddhism 實為相對。現在有「涉入佛教」、「參與佛教」與「社會涉入佛教」等不同譯法，筆者提出相應中文語言習慣，將兩者分別翻譯為「入世佛教」與「遺世佛教」。

台禪院與慈濟功德會等。[24]這幾個佛教組織，可說是臺灣佛教僧團中最為龐大，影響深遠的重要佛教教團。自從太虛大師提倡人生佛教以來，[25]經過印順導師（1906-2005）、星雲大師（1927-）與聖嚴法師（1930-2009）等分頭努力，將人間佛教的精神發展得淋漓盡致。特別在臺灣地區，人間佛教教勢大振，影響深遠，人間佛教的入世取向更成為當地僧團佛教的主流理想；[26]而現代華人地區的佛教，也多重視建設人間淨土，譬如法鼓山聖嚴法師的口號就是「提升人的品質，建設人間淨土」，星雲大師則提倡人間佛教，[27]至於慈濟功德

---

24 有關這些教團的簡介，可參考江燦騰：《臺灣當代佛教》（臺北：南天出版社，1997），特別是頁 8-47。江教授喜歡提出新觀點，但其筆如刀，許多陳述也引起不少爭議。英文方面有關佛光與慈濟教團的簡要介紹，可參考，Andre Laliberte, *The Politics of Buddhist Organization in Taiwan 1989-2003* (London: Routledge Curzon, 2004), pp. 66-85 and pp. 86-105. 此書雖然以臺灣佛教團體的政治態度與行為為研究主題，但在背景的部分，對各重要教團仍有非常簡明有要的介紹。See also Charles Brewer Jones, *Buddhism in Taiwan: Religion and the State, 1660-1990* (Honolulu: University of Hawaii Press, 1999), pp. 178-218.

25 太虛大師終生提倡人生佛教，早在一九二八年四月二十一日，即依據人生佛教的理念而倡導改革運動，到了一九三八年二月八日就提出「即人成佛」的理念。參印順導師：《太虛大師大師年譜》，修訂一版（台北：正聞出版社，1992），頁 254 及頁 426。

26 See Stuart Chandler, *Establishing a Pure Land on Earth* (Honolulu: University of Hawaii Press, 2004). Chandler 教授這本書是研究佛光山專著，是作者的博士學位論文。可惜的是雖然作者在佛光山蹲點研究兩年，但因未能保持適足的同情理解，以致許多批評意見，都不夠中肯。然而該書對從太虛大師到印順導師的人間佛教發展，提供簡明有要的初步理解，仍有參考價值。但值得注意的是民間流行的佛教，未必同意人間佛教積極入世的做法；民眾多數拜佛求福，而參與社會的方式，也僅在慈善救濟而已。

27 宗派內部對佛光山及星雲大師的看法，可參滿義法師：《星雲模式的人間佛教》（台北：天下遠見，2005），特別是頁 3-20。另有符芝瑛：《傳燈：星雲大師傳》（台北：天下文化出版，1995），頁 163-177。符芝瑛：《雲水日月：星雲大師傳》（台北：天下文化，2006）。筆者特別列出符氏新著，是因為這並非舊書新版，而是一材料豐富的新作。

會的證嚴上人（1938-　），[28]發揮無緣大慈，同體大悲的觀念，重點就更直接強調行入，雖然上人強調四大志業，八大腳印，但無疑以醫療與急難救濟兩方面，最為突出；實質上就是努力將人間化為淨土。所以皮提滿（Don Pittman）教授認為印順導師、星雲大師、聖嚴法師、證嚴上人都是太虛的傳承。[29]是以筆者認為台灣人間佛教，雖有不同發展，但實際上，其入世的人間淨土觀，卻有受到太虛大師的人間佛教所直接或間接的影響；星雲大師從少年起，深受太虛影響，自不待言；聖嚴法師師承東初老人，而東初為太虛的弟子；至於印順導師，雖然在佛教觀點方面，有其特見，但論其肯定人間，而非但求來世的立場而言，其核心精神還在接續太虛的流風餘韻；所以證嚴上人奉印順人間佛教，也就接續太虛的人間佛

---

28 有關證嚴上人的介紹，最為普及的是陳慧劍：《證嚴法師的慈濟世界——花蓮慈濟功德會的緣起與成長其次》（臺北：佛教慈濟文化志業中心，1997）；近年旅美華裔作家雲菁也有一生平傳記，此書有黃芳田等中譯：《千手佛心：證嚴法師》（台南：大千文化出版事業公司，1995）。英文原著為 Yu-ing Ching, *Master of Love and Mercy: Cheng Yen* (CA: Blue Dolphin Publishing Company, 1995). 更新的是潘煊：《證嚴法師：琉璃同心圓》（臺北市：天下遠見，2004），趙賢明：《臺灣最美的人——證嚴法師與慈濟人》（台北縣：印刻出版有限公司，2006），這三本書都以淺近語言，以及文學性筆調，勾勒上人的生平與事業，基本上屬於宣傳性的普及讀物，學術嚴謹度或有不足。至於資料比較詳細的有證嚴上人：《真實之路》（台北：天下文化，2008），此書經釋德傳法師整理上人的材料，是一本關於慈濟思想、工作的詳細介紹。For a brief introduction to Cheng Yen in English, see David W. Chappell ed., *Buddhist Peacework: Creating Cultures of Peace* (Boston: Wisdom Publications, 1999), pp. 47-52.運用人類學及社會學視野探討慈濟的學術性專著，有 J. Huang, *Charisma and Compassion* (Harvard University Press, 2009).

29 See Don A. Pittman, *Toward a Modern Chinese Buddhism: Taixu's Reforms* (Honolulu: University of Hawaii Press, 2001), esp. pp. 255-298.

教精神。其間之影響，或可簡單圖示如下：

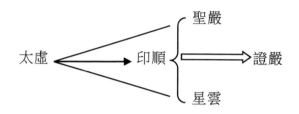

　　台灣人間佛教幾個重要據點，雖然在實際的具體實踐各有特色，但是無可爭議的是他們都採取人間佛教路向，這一路向的基調，基本上是延續中國大陸三〇年代開始的人間化路線，但是卻慢慢演變出新的實踐方式與具體方案。撇開實踐方式與具體方案的差異，他們都呈現一種涉入社會、進入人間的修行方式，而這正是太虛大師人間佛教的核心精神。總結而言，筆者認為台灣人間佛教，其實遙奉太虛大師為精神導師，換言之，太虛大師就是人間淨土的精神祖庭。

　　相對於漢傳佛教末流之「教在大乘，行在小乘」的避世，甚至出世性格，臺灣人間佛教教團幾乎無一不是採取社會涉入的入世弘法方式，他們並非僅注意長期修行的生活，反而致力走出山門，關心社會；其中，法鼓山以及佛光山，甚至公開宣傳要在人間建立淨土。總之，入世修行與淨化世間的入世路向可以說是臺灣人間佛教教團最重要的特色；而他們都以建設人間淨土為中心思想。所以構成異於傳統淨土觀念的新看法與新作法，值得注意。

四、法鼓山的人間淨土

1993 年法鼓山的聖嚴法師將「法鼓山的共識」總結為下列四項：

　　法鼓山的理念──「提升人的品質，建設人間淨土」，
　　法鼓山的精神──「奉獻我們自己，成就社會大眾」，
　　法鼓山的方針──「回歸佛陀本懷，推動世界淨化」，
　　法鼓山的方法──「提倡全面教育，落實整體關懷」。[30]

　　法鼓山的理念是怎樣的呢？法鼓山以提升人心、建設人間為其主要特色。他的核心理念是「提升人的品質，建設人間淨土」。這一理念有自我顯題化的效應，因為無論講人的品質還是人間淨土，都顯示對人間之關注，而不是來世他生的嚮往。[31]傳統中國佛教所強調的往生極樂世界的種種理念，在法鼓山的自我陳述中都沒有特別強調。當然沒有被強調並不表示放棄了這一目標，[32]但法鼓山的理念更突顯人文性、人間性為主的特性。而無論是提升自己還是淨化世界，都展現關懷此世間的人文色彩。

　　法鼓山的共識指出實踐的精神和具體落實方針需從兩方面來看。從實踐精神看，法鼓山主張「奉獻我們自己，成就

---

30 參考聖嚴法師：〈法鼓山的共識〉，收入氏著：《法鼓山的方向 I》（台北：法鼓文化，1999），初版，頁 81-87。
31 參考聖嚴法師：〈傳薪、信心、願心〉，收入《法鼓山的方向 II》，特別是頁 72-89。
32 聖嚴法師也提倡念佛生淨土，他說：「我常念佛，也常教人念佛，勸人念佛。」參考氏著：《念佛生淨土》（台北：法鼓文化，1999），頁 1。

社會大眾」。而這一精神取向的具體實踐方法，就是「提倡全面教育，落實整體關懷」。這兩方面都清楚顯示大乘佛教特色，前者追求覺悟，後者實踐慈悲。其實，佛教在形上學方面講無我，落實到倫理層面就提倡「無緣大慈，同體大悲」。所以法鼓山主張奉獻自己，成就大眾，這自然是佛教慈悲普渡精神的現代表現。就此而言，聖嚴法師的大乘佛教特色便非常明顯。

此外，聖嚴法師非常強調教育，他曾說：「我們不辦教育，佛教就沒有明天。」[33]聖嚴法師一直倡導興辦教育，創設大學。論者推許他為台灣佛教高等教育的推手。[34]他的入手點不是扣緊個人對教主的信仰，而放在個人自心自性的覺悟。佛教從一開始就以追求覺悟為目標，重視覺的教育，發揮自利利他，自覺覺世的理想。這種佛教特色表現在法鼓山框架之上，就呈現為全面教育的關懷。信眾面對自身的宗教的時候，往往需要非常簡單的框架來加強他的自我認同，並且來鞏固與其他信眾之間的聯繫。

在法鼓山的論述中，將重視覺悟的教義與佛陀的本懷等放在一起。從回歸佛陀的本懷來看，法鼓山有意進行自我定位。聖嚴法師從一開始撰寫著作，就強調正信的佛教，而正信佛教就是從依照佛陀教法來講，所以這一陳述蘊含兩個取

---

33 聖嚴法師：〈我們不辦教育，佛教就沒有明天〉，收入氏著，《教育、文化、文學》（台北：法鼓文化，1999），頁 147-151。

34 有關聖嚴法師在佛學教育上的努力，可以參考林煌洲，〈台灣佛教高等教育的推手聖嚴法師——佛教學術教育之一例及我見〉，見林煌洲、林其賢、曹仕邦、陳美華、丁敏、釋果樸合著：《聖嚴法師思想行誼》（台北：法鼓文化，2004），頁 9-55。

向。對內是呈現出一種內聚性的精神動能，對外則顯示出一種區別性的揀別功效。而對內的凝聚和對外的區別其實是一體的兩面，以此來共同架構出信眾的自我認同。從這一點可以看出，在法鼓山的八句共識中，的確是有意識地在陳構出法鼓山的特殊化的宗派取向。

五、佛光山的佛光淨土

　　星雲大師也繼承傳統淨土的理想，但為了適應現代社會，加以改革和優化，所以提出「佛光淨土」。佛光淨土追求當生成就，重視入世多於出世；重視生活多於生死，重視利他多於自利，重視普濟多於獨修。[35]佛光淨土著重入世的、生活的、利他的與普濟的佛法，它要在人間建立美善世界，要以佛法教化世間。所以佛光淨土的觀念，跟傳統的淨土祖庭所強調的西方淨土，還是有很大的差別。

　　不過，兩者是否全無相同之處？筆者認為淨土宗本來就是大乘佛法，而佛光淨土入世利他等成分，都清楚顯示佛光淨土的大乘菩薩道特色，所以兩者都明顯分享大乘佛教的特色。

　　星雲大師說：「佛光淨土的思想是：1.持五乘共法是人間佛教 2.守五戒十善是人間佛教 3.發四無量心是人間佛教 4.修

---

35 星雲大師說：「人間佛教的佛光淨土是當生成就的淨土，人間佛教的佛光淨土認為入世重於出世，生活重於生死，利他重於自利，普濟重於獨修。」參星雲大師：〈佛教的淨土思想〉，《南國佛教》，http://www.n12345.com/wenku/qt/xingyunfashi/4673.html。（檢索日期：2015 年 10 月 14 日）

六度四攝是人間佛教 5.信因緣果報是人間佛教 6.行禪淨中道是人間佛教；如果人人都能依此修學，人間即淨土，淨土就在人間，這就是人間佛教的佛光淨土。」[36]依據星雲大師所述的理想，則所謂佛教淨土，其實已經包含大乘佛教的核心理想。佛光淨土雖講禪淨中道，但是其意不在辨別差異，而在能兼容並通。其實，星雲大師筆下的「人間佛教」，並非僅指現當代的佛教新發展，而是佛教的全體。而星雲大師的理想是八宗共弘，所以佛光淨土的核心，實已分享大乘佛教悲智雙運，普渡眾生的精神。

　　正因為需要普渡，而眾生需求不同，所以一面講五乘共法，另一面，又兼容不同法門；而因為強調菩薩道，所以除持戒外，特別強調六度四攝及四無量心，因為這些都是自度度人的修行理想。

　　但特別的是佛光淨土強調「當生成就」，我們知道雖然有些佛教宗派，譬如密宗也講當生成就；但佛光淨土的當生成就，應該是特別收攝淨土精神的結果。畢竟，佛光淨土明言行禪淨中道，所以其當生成就之說，比較可能取諸淨土。總括而言，筆者認為佛光淨土的主要特色，就在菩薩精神，配上當生成就的大信。

　　星雲大師說：

> 佛光淨土不僅承繼傳統，而且適合時代潮流，更是未來的光明，人間的佛國，因為在佛光淨土裡的大眾懂

---

36 星雲大師：〈佛教的淨土思想〉，《南國佛教》，http://www.n12345.com/wenku/qt/xingyunfashi/4673.html。（檢索日期：2015 年 10 月 14 日）

　得把握因緣，深信自己生存的世間就是佛光淨土！[37]

　而建設人間淨土的核心所在，就是心靈的轉化。只要依照佛法轉化心靈，我們看到的就是美善，所以大師從三好與四給做起，存好心，說好話，做好事。同時，「給人信心、給人歡喜、給人希望、給人方便。」[38]這從個體心靈到行為的改善，到眾人的提升，將會形成在人間建立佛光淨土的基礎。

六、結　語

　經過上文的研究，筆者指出祖庭是依照對宗師的認定而來的，宗師的居住、弘法的所在，往往就被稱為祖庭。是以有五個以上的佛寺，都被視為淨土的祖庭。祖庭的認定，顯然跟後人所認定的宗師有關。宗師在當地居住，駐錫，或弘法利生，都會被視為祖庭，所以宗師是祖庭的必要條件。而我們認為淨土祖庭文化常反映推尊彌陀，一心念佛，求生極樂為基本取態。

　但提出當代人間淨土，實兼容出世與入世的取向；而淨土人間化，就是要淨土化人間，也就是以佛教理想去提升現實世界。這種從西天淨土，轉為人間淨土的變化，反映新的淨土觀念；而這跟傳統淨土祖庭文化，非常不同。

　人間淨土的取向雖然跟傳統淨土的祖庭文化頗有不同，

---

37 星雲大師：〈佛教的淨土思想〉，《南國佛教》，http://www.n12345.com/wenku/qt/xingyunfashi/4673.html。（檢索日期：2015 年 10 月 14 日）
38 星雲大師：〈四給〉，《人間福報》，http://www.merit-times.com.tw/NewsPage.aspx?Unid=352506。（檢索日期：2015 年 10 月 14 日）

卻是繼承並發揮太虛人間（生）佛教的理想。就此而言，太虛大師的人間佛教，就是台灣人間淨土的精神祖庭；而台灣人間佛教又將這一精神祖庭發揚光大。而值得注意的是，無論是星雲大師還是聖嚴法師，都是出自禪門；而其人間淨土論述，不免呈現以禪攝淨的取向。所以傳統淨土往生極樂的願想，雖然在人間淨土的論述中保留下來，但是人間淨土卻更重視此世人間；而民間習見側重彌陀他力的想法，也轉成更強調自他合一的調和性論述。而這是中國淨土的特色，但也反映禪宗，重視自力的精神取向。所以筆者認為人間佛教的人間淨土觀，充滿禪淨合流，甚至是以禪攝淨的色彩。

　　當然，筆者提出台灣的人間淨土觀，接續太虛的精神取向，並不是要否定臺灣佛教運動有其創造性；因為在臺灣人間佛教興起過程，臺灣正好經歷現代化的轉型。臺灣經濟轉型、教育普及、政治民主與社會結構變遷，形成新的形勢與議題，[39]因此人間佛教的理論與實踐也作出種種調整，故而也跟 30 年代中國人生佛教有所不同。譬如在弘法手法上，臺灣人間佛教運用電視弘法，結合網路資源，讓佛法更有效的傳播開來；而同時，人間佛教已經大量開發居士力量，如國際佛光會等，在努力培養僧才外，讓居士大量參與各種弘法活動，形成龐大的人力資源。臺灣人間佛教更重視提昇人力資源的質素，佛教團體除了建佛學院的老路外，更創設大學，

---

39 邱寶林：《臺灣社會面面觀》（河南：河南人民出版社，1989）。徐正光、蕭新煌編：《臺灣的社會與國家》（台北：東大圖書公司，1995）。蕭新煌：《臺灣社會文化典範的轉移》（台北：立緒出版社，2002）。簡明介紹，可以參考王昭文：〈戰後臺灣社會及文化發展〉，見高明士主編：《臺灣史》（台北：五南出版社，2005），頁 305-328。

如南華大學、佛光大學、慈濟大學、華梵大學、玄奘大學等，甚至結合社區大學，讓佛法普及各階層。更重要的是臺灣人間佛教在高等教育的投資，促進佛教有效地結合不同學科專業，大大提升佛教的論述能力。同時，各學門與佛教精神互動既多，就讓佛教論述更現代化，更能照顧、開發社會新議題。這都使得臺灣人間佛教呈現許多新面貌，不但跟傳統佛教不同，更大異於大陸的人間佛教。從弘法手法上，筆者認為臺灣佛教已經呈現典範轉型的新貌，為現代淨土的發展，提供重要的突破。

第六章　臺灣人間佛教的
兩種淨土觀點
——以印順法師與李炳南居士為例

一、導　言

　　儘管東亞佛教多姿多采，宗派林立，但是近世以下，淨土宗還是最普及的重要宗派之一，陳榮捷教授甚至認為華人佛教在最近數百年中已窄化為淨土宗而已，可見淨土教勢之盛。[1]而臺灣佛教雖非孤峰獨秀，但亦山巒有主，故而長期關注臺灣佛教的闞正宗先生也認為：「事實上，淨土宗可以說是目前臺灣佛教社會的主流。」[2]而陳兵與鄧子美教授在介紹現

＊　本章寫作前後歷經兩年，期間承蒙國立清華大學中文系李玉珍教授與李炳南居士紀念文教基金會林淑珍與張宜臻小姐提供大量資料，國立臺北大學陳俊強教授代查資料；臺南妙心寺住持傳道法師、雪心文教基金會鄭勝陽董事長等提供寶貴意見，又林振惠伉儷提供李炳南居士著作，並盛情接待，香港浸會大學宗教及哲學系黃平與吳湛雄同學幫忙影印資料及校對，特此致謝。

1　Chan Wing-tsit, *Religion Trends in Modern China*, (N.Y.: Octagon Books, 1969), p.62.
2　闞正宗：《臺灣佛教一百年》（臺北：東大圖書公司，1999 年），頁 227。

代中國佛教的專書中，特別提到「無論在大陸或港臺，二十
世紀以淨土為歸的信仰都屬主流。」[3]筆者認為這些意見或許
片面誇大了淨土的教勢，因為禪宗，或禪淨合流的宗派基本
上仍然勢力龐大，譬如佛光山、法鼓山、慈濟、中臺禪院等
重要臺灣佛教重鎮皆是；[4]但是民眾對部分淨土信仰的實踐，
仍然非常普及，[5]就此而言，淨土信仰在臺灣的教勢，還是舉
足輕重，不能忽視。

其實，從明鄭到日本殖民時期，在臺灣信仰的地圖上，
是以混雜型態的民間信仰最為普及，其中觀音、媽祖信仰都
十分流行，但淨土與禪宗也都相當普遍；[6]二次大戰後，日本

3　陳兵、鄧子美合著：《二十世紀中國佛教》（臺北：現代禪出版社，2003
　　年），頁376。

4　有關這四大教團的簡單介紹，可以參考江燦騰：《臺灣當代佛教》（臺
　　北：南天出版社，1997 年），特別是頁8-47。英文方面有關佛光與慈
　　濟教團的簡要介紹，可參考，Andre Laliberte, *The Politics of Buddhist
　　Organization in Taiwan 1989-2003*, (London & N. P. Routledge Curzon,
　　2004), pp. 66-85 and pp. 86-105. 此書雖然以臺灣佛教團體的政治態度
　　與行為為研究主題，但在背景的部分，對各重要教團仍有非常簡明有
　　要的介紹。See also Charles Brewer Jones, *Buddhism in Taiwan: Religion
　　and the State, 1660-1990*, (Honolulu: University of Hawaii Press, 1999),
　　pp. 178-218.

5　譬如臺灣高雄縣鳳山佛教蓮社住持釋慧嚴教授就提到：「在臺灣，只
　　要自認為是佛教徒，不論是顯密，宗派為何？平常見面總是以阿彌陀
　　佛作問候語，往生時也以唸阿彌陀佛來助念，像似大家都是阿彌陀佛
　　的信徒。」參考釋慧嚴：《從人間性看淨土思想》，高雄：春暉出版社，
　　2000 年，頁1。誠然，部分淨土的信仰與實踐已經非常普及，但淨土
　　宗的教理，卻未必普及。

6　明鄭到日本殖民時代的臺灣佛教概況，自然不能一言蔽之，請參考江
　　燦騰：《日據時期臺灣佛教文化發展史》（臺北：南天書局，2001 年）；
　　至於簡單的介紹，可以參考闞正宗：《重讀臺灣佛教正編》（臺北：大
　　千出版社，2004 年），頁 21-34。張曼濤著，〈臺灣の佛教〉，收入中
　　村元等監修・編集，余萬居翻譯，《中國佛教發展史》（臺北：天華出

人迅速撤離臺灣，而中國佛教則再度傳入，特別是在一九四九年，大陸易手後，大批中國僧人來臺，讓漢傳佛教在臺灣得以再度發展；雖然當時臺灣仍然以民間佛教最為普遍，但淨土宗很快就得到很大的發展，成為臺灣最重要的佛教宗派之一。這是由於戰後餘生、民生困苦，而西方極樂的信仰，最能滿足民眾離苦得樂、了脫生死的願望，而淨土提倡的念佛法門，容易普及，故而很快就得到民眾的信奉與支持；再加上李炳南居士（1890-1986）等奮力佈教之餘，又致力社會慈善救濟活動，特別是李居士與眾弟子，如于凌波（1927-2005）、朱斐居士等，贈醫施藥，救貧育幼，在貧困的五、六十年代，幫助了許多民眾，也樹立了佛弟子的正面形象。[7]後來，通過周宣德居士等努力，淨土在大專院校更得到長足的發展，所以一時淨土教勢大盛，信眾極多。

　　另一方面，自從太虛大師（1889-1947）提倡人生佛教以來，[8]經過印順法師（1906-2005）轉為人間佛教，在臺灣就

事業有限公司，1984 年），中冊，頁 1023-1092。這書原是《アジア仏教史：中国篇 IV》，而原書名為《東アジア諸地域の仏教：漢字文化圏の国々》，東京：佼成出版社，1980 年，有關明鄭到日本時期的介紹，請參看該書頁 129-164。 For a brief introduction in English, see Shih Heng-Ching, "Buddhist spirituality in modern Taiwan", in Takeuchi Yoshinori ed. *Buddhist Spirituality: Later China, Korea, Japan and the Modern World*, (N.Y.:The Crossroad Publishing Company, 1999), pp. 417-434, esp. pp. 417-420.

7　有關李炳南居士早年在臺中與眾弟子朱斐、于凌波等的弘法與慈濟工作，參考于凌波：《曲折迂迴菩提路——于凌波七十自述》（臺北：慧炬出版社，1997 年），特別是頁 400-446。

8　太虛大師終生提倡人生佛教，早在一九二八年四月二十一日，即依據人生佛教的理念而倡導改革運動，到了一九三八年二月八日就提出「即人成佛」的理念。參印順法師：《太虛大師大師年譜》（臺北：正

更影響深遠；而現代華人地區的佛教，多重視人間淨土的建立，特別是臺灣地區，更成為僧團佛教的主流理想；[9]譬如法鼓山聖嚴法師（1931-2009）的口號就是「提升人的品質，建設人間淨土」，星雲大師（1927-　）提倡人間佛教，[10]至於慈濟功德會的證嚴法師（1938-　），[11]與印順法師有其特別的師

聞出版社，1992 年），修訂一版，頁 254 及頁 426。有關太虛大師的研究頗多，近年出版的專書有郭朋：《太虛思想研究》（北京：中國社會科學出版社，1997 年）；李明友：《太虛及其人間佛教》（杭州：浙江人民出版社，2000）；羅同兵：《太虛對中國佛教現代化道路的抉擇》（成都：巴蜀書社，2003 年 10 月）。See Chan Wing-tsit, *Religion Trends in Modern China* (N.Y.: Octagon Books, 1969), pp. 118-126. Holmes Welch, *The Buddhist Revival of China*, Massachusetts: Harvard University Press, 1968, pp. 51-71. A very brief English introduction can be found in Donald Lopez ed., *Modern Buddhism: Readings for the Unenlightened* (London: Penguin Books, 2002), pp, 85-90.

9　See Stuart Chandler, *Establishing a Pure Land on Earth*, (Honolulu: University of Hawaii Press, 2004). Chandler 對星雲大師及佛光山有非詳細之研究，這是迄今為止最有反省性之研究成果。而 Chandler 也有提及太虛到印順的發展，可供參考。然而，Chandler 繞過法鼓山僧眾的信願，而從世俗的思維進行理解，很多時候解釋都不免偏頗，甚至毫不相應。

10　參照陳兵：〈正法重輝的曙光——星雲大師的人間佛教思想〉，見《普門學報》，第一期。滿義法師：《星雲模式的人間佛教》（臺北：天下遠見，2005 年），特別是頁 3-20。符芝瑛：《傳燈：星雲大師傳》（臺北：天下文化，1995 年），頁 163-177。符芝瑛，《雲水日月：星雲大師傳》（臺北：天下文化，2006 年）。特別列出符氏新著，乃是因為這並非舊書新版，而是一新作。

11　有關證嚴法師的介紹，最為普及的是陳慧劍：《證嚴法師的慈濟世界——花蓮慈濟功德會的緣起與成長其次》（臺北：佛教慈濟文化志業中心，1997 年）；近年旅美華裔作家雲菁也有一生平傳記，此書有黃芳田等中譯：《千手佛心：證嚴法師》（臺南：大千文化出版事業公司，1995 年）。英文原著為 Yu-ing Ching, *Master of Love and Mercy: Cheng Yen* (CA: Blue Dolphin Publishing Company, 1995). 更新的是潘煊：《證嚴法師：琉璃同心圓》（臺北：天下遠見，2004 年），這兩本書都以淺近語言，以及文學性筆調，勾勒上人的生平與事業，基本上

徒緣分，所以主要發揮無緣大慈，同體大悲的觀念；與重視思解不同，她強調行入，重點則放在醫療與慈善救濟兩大方面，實質上就是努力將人間化為淨土；至於本來就是印順法師直接傳承的道場，就更不例外了。所以皮特門（Don Pittman）教授認為印順法師、星雲大師、聖嚴法師、證嚴法師都是太虛的傳承。[12]其實本來在人間取向上，從太虛至印順兩位大師，方向是一致的；但印順法師在臺灣弘法多年，在臺灣的影響深遠，因此要明白臺灣佛教，又不能不了解印順法師。李炳南居士雖然也吸收太虛大師的人生佛教理想，但是與印順法師這一支的傳承，頗有不同；特別是倡導人間淨土的各大教團的淨土理念，實際上與淨土宗行者如李炳南等的詮釋與實踐存在著相當差異，所以不宜將臺灣重大教團重視人間淨土的情況，直接視為淨土宗的教勢大張。因為這不但過度簡化事實，更不能彰顯人間淨土的淨土，與淨土宗本身所提倡的淨土之間的同異所在。

　　既然印順法師是臺灣地區佛教思想的權威，而李炳南居士又是中興臺灣淨土的巨人，兩人在臺灣佛教的地位有如泰山北斗，所以要理解臺灣佛教，不能不理解印順法師啟發的人間淨土觀，也不能不理解李炳南一脈的淨土信仰，雖然部

屬於信眾讀物，學術嚴謹度不足。介紹上人與慈濟最新的專書是趙賢明：《臺灣最美的人——證嚴法師與慈濟人》（臺北：印刻出版有限公司，2006 年），本書重點在慈濟工作，資料比較詳細。For a brief introduction to Cheng Yen, see David W. Chappell ed., *Buddhist Peace Work: Creating Cultures of Peace* (Boston: Wisdom Publications, 1999), pp. 47-52.

12 See Don A. Pittman, *Toward a Modern Chinese Buddhism: Taixu's Reforms*, (Honolulu: University of Hawaii Press, 2001), esp. pp. 255-298.

份學人已經注意到印順法師對淨土的詮釋，[13]但是他們多從印順法師這一面處理問題，甚至專門申述印順法師的觀點，[14]而鮮少兼顧從淨土宗這一邊審視爭議，[15]所以似乎仍未有相對周延的論點。本文運用印順法師對淨土的詮釋為論文切入點，展示法師對淨土的批評；同時特別以李炳南居士為例，申述淨土宗的不同立場，並進而反省爭議所涉及的意義。就

---

13 Charles Jones, *Buddhism in Taiwan: Religion and the State, 1660-1990*, esp. pp. 126-131. See also Charles B. Jones, "Transitions in the Practice and Defense of Chinese Pure Land Buddhism", in Steven Heine and Charles S. Prebish ed. *Buddhism in the Modern World: Adaptations of an Ancient Tradition*, (N.Y.: OUP, 2003), pp. 125-142. 鍾斯的論文範圍從太虛大師、印順法師以下到慈濟都有處理，也提及淨土宗的印光大師與李炳南居士的觀點，但是並無評論印順法師與李炳南居士等的差異。

江燦騰於《當代》發表〈臺灣當代淨土思想的新動向──思想史的探討〉，印順法師馬上發表〈冰雪中撒種的癡漢〉回應，而臺中王炯如居士等也聯名發表〈為李炳南居士辯白〉一文，為他們的師尊辯誣，現在三篇論文都收入江燦騰：《人間淨土的追尋──中國近世佛教思想研究》，（臺北：稻鄉出版社，1989 年）。頁碼分別是頁 187-220；221-225，227-228。江文及其他兩文後來又再收入江氏新著：《中國近代佛教思想的諍辯與發展》，（臺北：南天出版社，1998 年），頁 619-657。江教授認為印順法師與印光反映緣起性空與圓覺的差異。另外相關的討論，還可以參考釋昭慧法師，〈印順法師對本生談與西方淨土思想的抉擇〉，收入釋昭慧法師、江燦騰編著：《世紀新聲：當代臺灣佛教的入世與出世之爭》，（臺北：法界出版社，2002 年），頁 247-282。

14 Po-Yao Tien, *A Modern Buddhist Monk-Reformer in China: The Life and Thought of Yin-Shun*, PhD. Dissertation: California Institute of Integral Studies, 1995, pp. 235-254.

15 就筆者所知，唯一嘗試從淨土立場全面反駁印順的專著是釋修禪的碩士論文，參氏著：《臺灣淨土六十年》，（臺中：圓淨出版社，2003 年）。這本書的焦點不在印順，而是以介紹臺灣淨土宗重要代表人物， 來呈現淨宗在臺灣的發展史，所以沒有呈現李炳南與印順在淨土教義方面的差異。但在淨土法門的發展的章節中，也用了十頁簡介並檢討印順的意見，參照該書頁 25-36。

結構言，本文在導言之後，將在第二節略述印順法師及其研究淨土的文獻，並簡述其對淨土一觀念的理解，第三節，說明印順法師對淨土的批評，第四節，分析印順法師立論的基礎，第五節，以李炳南居士為例，呈現淨土宗的相關理論與可能回應，第六節，反省其涉及的社會文化意義作結。

二、印順法師及其淨土研究

（一）印順法師及其有關淨土的文獻

　　印順法師是當代華人佛教界最傑出的學僧之一，自然無須太多介紹。[16]有人稱之為宋代以來最重要的僧人，[17]一九九八年加洲大學黎偉倫教授譽之為「現存世上最重要的中國佛學專家」。[18]中國佛教史專家藍吉富教授說：「近四十年來，印順法師是在佛學思想上對臺、港等地華人佛教徒影響最深的出家人。他的著作是臺、港等地華人佛教徒在信仰方向上最重要的指引。」[19]所以藍教授認為二次大戰後的臺灣佛教

16　有關他的生平，可以參考釋昭慧法師：《人間佛教的播種者》，（臺北：東大圖書公司，1997 年），又參照潘煊：《看見佛陀在人間──印順法師傳》，（臺北：天下文化，2002 年）。兩書基本上都是重述印順法師的立場，前者如實反映印順法師自身的意見，但後者則更加上對其他教團批評，其中意見，實見仁見智，爭議難免。

17　Po-Yao Tien, *A Modern Buddhist Monk-Reformer in China: The Life and Thought of Yin-Shun*, p.4.

18　Whalen Lai, "Introduction," in Yin Shun. Trans. Wing H. Yeung, *The Way to Buddhahood*, (Massachusetts: Wisdom Publications, 1998), p. xv.

19　參藍吉富：〈臺灣版出版緣起〉，該文收入郭朋：《印順法師佛學思想研究》，（臺北：正聞出版社，1992 年），頁 1。

其實是「印順法師時代的佛教思想」，[20]藍吉富的論點，確實點出印順法師在臺灣的龐大影響力，但是若求全責備，則似乎未能充分重視印順法師以外的高僧大德，故而未免有以偏概全之嫌；然而，大約在最近十年，有關印順法師佛學的研究已經不少，而學術研討會，更是經常舉行，[21]論者甚至宣稱創立了「印順學」。[22]印順法師本人雖非淨土宗，但是因為他在當代華人佛學界的崇高地位，一言一行，都容易引起注意，特別是他對淨土的批判性觀點，更引起不少爭議，值得進一步研究。

　　印順法師著作等身，全面處理，勢必超過本文範圍，但跟本文直接相關的是一九五一年冬，講於香港青山淨業叢林的《淨土新論》；但印順法師的淨土研究，還有〈念佛淺說〉、

---

20 藍吉富說：「印老在臺灣的寫作與弘法時間大約四十年。這四十年的臺灣佛學界，其發展狀況就像 臺灣的經濟發展一樣，從「未開發」水準進而成為「已開發」水準。而促使臺灣的佛學研究水準提昇到目前這一層次的，固然是很多人的共同成績，但是，無疑的，印老的研究業績當是其中最卓越的。而印老對佛學界人士的啟發、影響與導引，不論在質在量，也都是無人堪與比擬的。換句話說，光復後到 1994 年印老停筆的這一段期間，如果臺灣佛教界沒有出現印老的著作，那麼這一段佛教思想史或佛教學術史是要黯然失色的。因此，我把這一段思想史期間，稱之為印順法師時代。」，見藍著：〈臺灣佛教思想史上的後印順法師學時代〉，收入藍吉富：《聽雨僧廬佛學雜集》（台北：現代禪出版社，2003 年），頁 265-285。

21 研究專書有：郭朋《印順法師佛學思想研究》、邱敏捷《印順法師的佛教思想》（臺北：法界出版社，2000 年）、釋傳道《印順法師與人間佛教》（臺南：中華佛教百科文獻基金會，2001 年）等。至於研究論文則不可勝數，不能盡錄。會議方面，與印順法師思想相關的會議，大約有十場之多。有關印順的研究發展情況，簡明的可參釋昭慧法師：〈印順法師學已在成形〉，《弘誓》第八十期，2006 年 4 月。

22 釋昭慧法師：〈印順法師學已在成形〉，《弘誓》第八十期，2006 年 4 月，頁 7。

〈求生天國與往生淨土〉、〈東方淨土發微〉、〈東山法門的念佛禪〉等，這些單篇著作後來跟〈宋譯楞伽與達摩禪〉放在一起，合成妙雲集下編的《淨土與禪》一書；另外比較相關的文獻還有 1963 年的〈往生淨土講記〉與 1980 年《初期大乘佛教之起源與開展》等相關資料。只此就足見印順法師關心淨土的問題，前後起碼達三十年之久。

　　印順法師處理淨土的原因，自然是因為淨土本來就影響甚大，所以特別重視此一法門；不過，他在香港提出新論，並未引起反彈，倒是當他到了臺灣，引起極大爭議；印順法師在教義上雖然勝義紛披，這自然是學界所重視；但是其分析精闢深入，本來就不是普羅大眾所容易瞭解，未必會引起一般信眾的注意；但是《念佛淺說》與《淨土新論》的部分觀點是建立在對傳統的檢討之上，而臺灣正是傳統淨土非常普及的地區，印順法師這種批判性強烈的觀點，自然引起當地淨宗的非議，甚至曾經導致火焚《念佛淺說》的抗議事件。[23]其實，以燒書的方式表示強烈的不滿，在臺灣佛史上

---

23 參考楊白衣：〈妙雲集的內容與精神〉，見印順法師編：《法海微波》，頁 154。近年學界有關印順法師的專書，很多提及印順著作被焚毀的事情；不過，邱敏捷誤將被燒的〈念佛淺說〉誤為《淨土新論》，參邱著：《印順法師的佛教思想》，頁 4。筆者曾經於二〇〇六年五月二十日親自向印順法師門人某住持請教過這件事，開始時法師說親眼看到焚書事件，甚至十分肯定是李炳南居士燒的，但經我再追問下，卻發現其實法師只能肯定看到有人燒書，至於所謂李炳南居士在幕後指使燒書的事，則顯然是推測之詞。但他轉述印順法師的話，十分重要：「我聽說有人燒書，但沒有看到有人燒書。」顯然這問題涉及三方面，其一，到底有無燒書事件；其二，李炳南居士有沒有親自或指使他人燒書；其三，若有燒書，所燒的是否印順的著作。為了確定此事，除了印順法師傳人外，理應查看李炳南居士這方面的意見；筆者在江燦

也有前例，所以印順法師的書被燒，其實並不是絕無僅有的個案，[24]巧的是這兩次燒書事件據傳都與淨土行者有關。

　　不過，有關爭議的原因，印順法師本人不從教理上解釋，

騰教授論文的註腳中，看到李居士門人紀潔芳教授的意見；她提到有軍人出身的信眾，曾經燒書。紀教授此話，是要為李炳南本人洗冤，但卻未能為李炳南門人撇清關係。筆者於二〇〇六年七月到臺灣收集研究資料，七月八日得晤隨侍李炳南居士近三十年侍者鄭勝陽先生，鄭先生表示若有燒書，當然是身為隨侍的他經手燒的，但他確定沒有燒過任何印順法師的著作，只有燒過扶乩、一貫道等書。筆者又曾於二〇〇六年五月參加臺灣某學術會議，並向發表人請教有沒有第一手資料，可以證明燒書事件；當時某教授正擔任這一場次的主持人，就義務代替發表人回答，大意是說兩位當事人都已經往生，應該為賢者諱，不必打破沙鍋問到底。筆者推許為賢者諱的初衷，但卻擔憂以這種態度的結果。因為既然事實真相未明，就無所謂隱諱問題；因為隱諱先假定李炳南居士與燒書有關，假若該當事人根本是無辜的，就不需要後人隱諱。因此，若大眾不能善體為賢者諱的用心，反而造成流言不斷，在真相未明的情況下，就很容易讓李居士遭受含沙射影之冤屈。總的來說，就已知的文獻看，印順法師與李居士雙方的及門弟子都提到燒書事件，所以燒書事件非常可能確有其事，而且也有人看到所燒的書就是印順的作品，但是目前沒有發現任何直接證據證明李居士本人需要為焚書事件負責，是以筆者認為理應抱持存疑的態度，以免陷李炳南居士於不義。而筆者在二〇〇七年七月另一次參訪調查中，遇到熟知臺灣教界情況的朱斐居士，朱斐表示當時他親歷其事，也親自看到印順法師、續明法師與演培法師到臺中贈款給李炳南居士的事情；他跟筆者提到，焚燒印順法師著作確有其事，但另有其人。此人為高階軍人退伍的淨土宗僧人，駐錫於臺中北屯；當時人以訛傳訛，張冠李戴，讓李居士及門人蒙不白之冤。朱居士在告知上情後，表明不願意將自己與燒書者的姓名公佈出來，要等他往生後才可公開。從前筆者僅依照學術慣例，將訪查所得資料，紀錄於此，以便來者參考。此時，朱居士已經往生多年了，所以也就公開其身分。有關朱斐居士的資料，可以參考卓遵宏、侯坤宏訪問，周維朋紀錄的口述歷史：〈朱斐居士訪談錄〉，《國史館館訊》，第二期，頁 128-167。

24 例如証峯法師一九二二年出版《真心直說自話註解》，就被新竹淨土宗某寺廟採購焚毀。參照李筱峯：《臺灣革命僧林秋梧》，（臺北：自主晚報出版社，1991 年），頁 106。

卻突顯私人恩怨，譬如擔任善導寺主持與出席日本佛學會議等與人結怨，[25] 但是本文認為不能忽視教義的分歧，因為印順法師的淨土新論具體而微的展現了其與傳統淨土宗的教義詮釋之爭，理應受到重視。

（二）印順對淨土一詞的理解

淨土一詞的意義，表面看來，對佛學稍有認識的都能說出一些意義，但是若要認真講，則淨土一詞並非像表面看來的清楚，譬如，淨土不一定指極樂世界；甚至難以確認漢文淨土兩字，是哪一個梵文字詞的翻譯，[26]所以也有人主張淨土是華人自創的新詞。

印順法師自己的說法是：「土，梵語 Ksetra，或略譯為剎。剎土，即世界或地方。淨土，即清淨的地方。淨，是無染汙、無垢穢的，有消極與積極二義。佛法說淨，每是對治雜染的，如無垢、無漏、空，都重於否定。然沒有染汙，即應有清淨的：如沒有煩惱而有智慧；沒有瞋恚而有慈悲；沒有雜染過失而有清淨功德。這樣，淨的內容，是含有積極性的。所以淨是一塵不染的無染汙，也就是功德莊嚴。」[27]可見印順法師將「淨土」理解為形容詞與名詞的結合，亦即理

---

25 許多研究都提到印順自己的意見，簡明的摘述可參照丁敏：〈臺灣當代僧侶自傳研究〉，收入江燦騰與龔鵬程主編：《臺灣佛教的歷史與文化》（臺北：靈鷲山般若文教基金會國際佛學研究中心，1994 年），特別是頁 188-191。

26 這方面簡明的討論，可以參照慧嚴法師：〈從彌陀淨土信仰的漢化到淨土宗的成立〉，《慧嚴佛學論文集》，（高雄：春暉出版社，1996 年），頁 87-122。

27 印順法師：《淨土與禪》，頁 2。

解為清淨的世界，而所謂清淨則是從對比雜染來說的，並取得一價值上的肯定，所以就有去染求淨的積極意義。

　　土雖然是地方或世界的意思，但印順法師再細分為眾生與世界兩方面講，也就是要淨化眾生與世界。他說：

　　「淨土，即清淨的地方，或莊嚴淨妙的世界。佛法實可總結他的精義為淨，淨是佛法的核心。淨有二方面：一、眾生的清淨；二、世界的清淨。阿含中說：「心清淨故，眾生清淨」；大乘更說：「心淨則土淨」。所以我曾說：「心淨眾生淨，心淨國土淨，佛門無量義，一以淨為本」。……「如學佛而專重自身的清淨，即與聲聞乘同。從自身清淨，而更求剎土的清淨，（這就含攝了利益眾生的成熟眾生），才顯出大乘佛法的特色。所以、學大乘法，要從兩方面學，即修福德與智慧。約偏勝說，福德能感成世界清淨，智慧能做到身心清淨。離福而修慧，離慧而修福，是不像大乘根器的。有不修福的阿羅漢，不會有不修福德的佛菩薩。大乘學者，從這二方面去修學，如得了無生法忍，菩薩所要做的利他工作，也就是：一、成就眾生；二、莊嚴淨土。使有五乘善根的眾生，都能成就善法，或得清淨解脫；並使所依的世間，也轉化為清淨：這是菩薩為他的二大任務。修福修慧，也是依此淨化眾生與世界為目的的。這樣、到了成佛，就得二圓滿：一、法身圓滿。二、淨土圓滿。眾生有依報，佛也有依報，一切達到理想的圓滿，才是真正成佛。瞭解此，就知淨土思想與大乘佛教，實有不可分離的關係。淨土的

信仰，不可誹撥；離淨土就無大乘，淨土是契合乎大
乘思想的。」[28]可知，印順法師固然講究個人心靈的
清靜，但更本大乘佛教精神，要求將世界化為淨土。
如是則淨土的「淨」，所強調的就不僅是作為「清淨」
意義的形容詞，而是作為「淨化」意義的動詞，無論
此一活動的對象是人心或世界，印順法師無疑是從淨
化的活動著眼，要努力淨化人心，淨化世界。

　　依此可知，印順法師固然講究個人心靈的清靜，但更本
大乘佛教精神，要求將世界化為淨土。如是則淨土的「淨」，
所強調的就不僅是作為「清淨」意義的形容詞，而是作為「淨
化」意義的動詞，無論此一活動的對象是人心或世界，印順
法師無疑是從淨化的活動著眼，要努力淨化人心，淨化世界。

　　依照上文的分析，我們可以確知，淨土的淨，兼有目標
與活動兩義，從目標講，就是要建立清淨國土為目標，從活
動講，就是通過淨化的過程，使心靈與世界轉染成淨，化迷
為覺。現代研究淨宗的專家一般認為，「淨土」有兩義，首先
是「清淨的國土」，亦即將淨土作名詞解釋；但是，若將此「淨
土」一詞理解為動詞，就有「淨化國土」的意思，而與「淨
佛國土」（清淨佛國土）同義。[29]可見印順法師上述的解釋基
本上並未違反學界的主流看法，但印順法師對淨土的討論依
然引起臺灣教界的重大爭議，這又是甚麼原因呢？這必須了
解印順法師對淨土的批評。

---

28 印順法師：《淨土與禪》，頁 3-5。
29 參藤田宏達：極樂淨土的思想的意義〉，收入氏著：《原始淨土思想の
　　研究》，（東京：岩波書店，1979 年），四版，頁 506-516。

三、印順法師對淨土行者的批評

　　首先必須講清楚的是印順法師並沒有完全否定淨土信仰的價值：[30]

> 淨土的信仰，在佛法中，為一極重要的法門。他在佛法中的意義與價值，學佛人是應該知道的……我時常說：「戒律與淨土，不應獨立成宗」。這如太虛大師說：「律為三乘共基，淨為三乘共庇」。戒律是三乘共同的基礎，不論在家出家的學者，都離不開戒律。淨土為大小乘人所共仰共趨的理想界，如天臺、賢首、唯識、三論以及禪宗，都可以修淨土行，宏揚淨土。這是佛教的共同傾向，決非一派人的事情。站在全體佛教的立場說，與專宏一端的看法，當然會多少不同。

　　從這段引文，我們看到他主張淨土是大小乘的共同理想，甚至認為天臺、華嚴等宗，都可以修習淨土。這種看法不會引起太多爭議，真正引起爭議的批評意見，本文認為，大約有下列六個要點：

（一）功能位階：權攝愚下

　　印順法師曾說：「淨之與密，則無一可取，權攝愚下而已。」[31]也就是說淨土並非實法，也非究竟法門，同時，這權宜方便的法門，也只是接引愚鈍下根的人，這無疑否定淨土宗「三根普被、利鈍全收」的主張。這樣的批判對淨宗信

---

30 印順法師：《淨土與禪》，頁 1-2。
31 印順：《無諍之辯》，（臺北：正聞出版社，1988 年），頁 123。

眾來說，自然容易引起反感；因為權攝愚下已經容易引起不快，而「無一可取」四字更下得極重，事關宗門聲譽，自然引起淨土信眾的反彈。

印順法師的入室弟子昭慧尼師曾經試圖緩頰，她認為印順法師只是在批評偏鋒，而並非全然反對淨土，她說：[32]

現代一些閱讀印公導師所著作的《妙雲集》之士，都非常排斥「淨土法門」，而完全抹煞它的應機性，筆者以為：這未必是印公的本意！因為，如果導師完全否認淨土法門的正當性，應該會與密教法門同等對待，但是不然，在其著作的字裏行間，對「淨土」與「密教」的態度是截然不同的——對往生淨土的法門，他在批判偏鋒、簡擇正義之餘，還是給予「為人生善悉檀」的定位，反而對於後者，他是一向將其視作業已嚴重變質了的「世間悉檀」，而抱持著不以為然並嚴厲批判的態度。

然則如何定位易行道的「往生淨土」的法門呢？印公依於龍樹論義，將它定位為「為志性怯弱者說」的方便法門；而推崇三祇修六度萬行的難行道為究竟法門。但我們也不要忘記：於宗教門中求道者的根器不同，心性軟弱者可能反而居大多數吧！否則他力宗教或他力思想濃厚的佛教法門，不會大行其道。所以，固然不必高推淨土法門為「三根普被、利鈍全收」之最上乘教，但也不宜抹煞淨土法門「先以欲勾牽，後令入佛智」的價值。

筆者同意印順法師反對淨土的偏鋒，但筆者更認為印順

---

32 昭慧法師：〈印順法師對本生談與西方淨土思想的抉擇〉，見《印順法師九晉五壽慶論文集》，http://www.yinshun.org.tw/2000 thesis.html。

對淨土本身也確定提出嚴重的批評，譬如上述有關阿彌陀佛的意見，就並非針對偏鋒，而是直指阿彌陀佛信仰自身了。這且暫時不表，留待下文再詳述，筆者現在要談的是即便印順法師仍然肯定淨土，但這種肯定也只是功能性的，而且在功能位階上不屬究竟；因為「先以欲勾牽，後令入佛智」雖是發揮維摩詰經的說法，但這等於貶損淨土法門並非究竟，因為照這樣的思路，則吾人得問令入佛智的法果，是否淨土所能帶給信眾的呢？爭議所在是淨土能不能完成後令入佛智的功能，若能，則淨土法門仍是究竟法門，若不能，則印順法師的談法，非但否認淨土最上乘教的位階，更將淨土貶為不能究竟，只存在以欲望來吸引信眾的工具價值，而信眾若要解脫則仍然需要別的法門，淨土本身則無能為力。

　　更重要的是這說法將淨土法門所接引的對象限定為心性軟弱者，這就跟淨土「三根普被、利鈍全收」的理想有所不同，這又衝擊到傳統淨宗的基本共識，所以印順法師的意見，固然可說是針對偏鋒，但並非僅僅針對偏鋒，部分意見正針對淨宗的根本！

　　印順法師雖有經典根據，但所謂志性怯弱者的說法，對在意高低，嚴判上下的人來說，很容易引起不快，無疑也是意料中事。持平的說，眾生根器不同，本就需要不同的法門，不然何以需要發願法門無量誓願學，所以任一法門，只要能夠發揮接引的功能，就已經可以肯定其實用價值。這就是昭慧尼師所說的應機性。然而，印順法師雖肯定淨土接引眾生的功能，但其內容與傳統淨土宗的想法存在極大差異，無疑也是事實。

（二）修行的方向：西天與人間

　　淨土信仰中，以普及與影響而言，大致上以彌勒與彌陀為最重要，彌勒佛重視現在的兜率天淨土與未來人間淨土，[33]彌陀佛則重西方極樂世界，至於以阿閦佛的東方妙喜淨土在中國並沒有受到重視，所以這裡就不多討論了。

　　雖然彌勒佛也曾受歡迎，特別是在中國歷史上的民眾革命中扮演相當重要的角色，但近世以下華人最重視的還是彌陀淨土，所以望月信亨教授在研究中國淨土教理史時也指出：「故說淨土教，雖然通指諸佛淨土之教旨，但今依如上之事由，專述有關彌陀信仰弘通的史實。」[34]可見彌陀信仰確實是中國淨土的主流，而阿彌陀佛自然也廣受群眾所推崇。不過，印順法師對阿彌陀佛卻有不同評價。

　　印順法師反對將阿彌陀佛視為根本佛，同時，也反對強調阿彌陀佛的四十八願，與娑婆世界特別有緣。他認為淨土這些說法只是方便說，因為，佛的誓願無量無邊，不止四十八願，不必像一般淨土信眾般強調；[35]這些說法其實都是針對普及的淨土觀點而發的，自然引起很大的爭議。

　　更根本的是，印順法師認為阿彌陀佛其實不過是太陽崇拜的淨化：「所以阿彌陀佛，不但是西方，而特別重視西方的落日。說得明白些，這實在就是太陽崇拜的淨化，攝取太陽

---

33 有關彌勒信仰以及它在中國的發展史，請參考方立天：〈彌勒信仰在中國〉，收入方立天：《中國佛教散論》，（北京：宗教文化出版社，2003年），頁 147-172。

34 月信亨著：《支那淨土教理史》，這裡引用的是印海法師中文翻譯本，《中國淨土教理史》，頁 2。

35 印順法師：《淨土與禪》，頁 81。

崇拜的思想於一切——無量佛中，引出無量光的佛名。」[36]他
又指出：「阿彌陀佛有淨土，彌勒菩薩也有淨土，現在從這二
種淨土的關係來說。前面曾談到，彌勒菩薩與月亮有關；阿
彌陀佛與太陽有關。月亮和太陽的光明是不同的：阿彌陀佛
如太陽的光明，是永恆的究竟的光明藏 。彌勒菩薩如月亮
的光明，月亮是在黑暗中救濟眾生的。西方淨土，代表著佛
果的究竟的清淨莊嚴，彌勒淨土代表著在五濁惡世來實現理
想的淨土。也可以說：西方淨土是他方淨土，容易被誤會作
逃避現實；而彌勒淨土是即此世界而為淨土。」[37]印順法師
這種看法，固然有一定的文獻支持，但其解釋卻造成去神話
化的效果，打擊阿彌陀佛的神聖性，對淨土信眾來說，就容
易引起不滿情緒。同時，印順法師將彌陀視為清淨莊嚴，又
將彌勒關聯到淨佛國土，並暗示現代淨土行者注重往生西方
淨土，容易淪為但求自了的小乘法門。這種觀點自然引起不
快，而事實上，流風所及，也造成不願意承認阿彌陀佛為本
師的想法，演培法師是印順法師的高足，就曾說：「我讀的經
論不多，但我在經論中所見到的，只有本師釋迦牟尼佛，沒
有本師阿彌陀佛。當然，生到西方去時，說彌陀就是我們的
本師，也未嘗不可。」[38]這就等於否定了淨土行者的基本認
知了。

---

36 印順法師：《淨土與禪》，頁 23。
37 印順法師：《淨土與禪》，頁 30。
38 參照演培：〈慧遠大師之生平及其念佛思想〉，收入張曼濤主編：《淨
　　土宗史論》，（臺北：大乘文化出版社，1979 年），頁 187。

（三）修行者本身：自他之爭與染淨之論

淨土宗十三祖印光法師（1886-1946）[39]指出淨土的特色為「一切法門，專仗自力；淨土法門，專仗佛力。一切法門，惑業淨盡，方了生死；淨土法門，帶業往生，即預聖流」，[40]可見淨土重視佛力，也就是將救贖的可能性放在佛的大願之上；既然眾生得救與否，最重要的關鍵是佛力，而不是自己的條件，是則修行者本身是否帶業就不是最重要的因素了，所以從這條思路想，就容易提出「帶業往生」的主張。這種想法古已有之，一直傳承至今，譬如當代圓瑛法師（1878-1953）也認為：「一切法門欲了生死，須斷惑業。惟念佛法門，不斷惑業，亦可了脫生死，是為帶業往生，此乃念佛法門之特色，以全仗佛力之故蒙佛接引，帶業往生。」[41]總之，淨土法門主張不斷惑業，也可以了脫生死。

其實引起爭議的焦點在修行主體得以往生淨土的條件，這不但關聯到救贖的力量到底是自力還是他力，也涉及修行主體本身的污染與清淨會不會影響到往生。普及的淨宗觀點強調彌陀願力，也宣揚帶業往生的觀點。印順法師並沒有特別批評帶業往生的觀點，但是相關議論，其實隱含了重要的

---

39 中文研究可以參考釋見正：《印光大師的生平與思想》（臺北：法鼓文化出版社，2004年），修訂版；陳劍鍠著，《圓通證道：印光的淨土啟化》（臺北：東大圖書公司，2002年）。有關印光大師之簡明介紹，請參考，Chan Wing-tsit, *Religious Trends in Modern China* (N.Y.: Octagon Books, 1969), pp.65-68。

40 印光法師：〈淨土決疑論〉，見《印光法師文鈔》上冊（臺中：青蓮出版社，2005年），頁477。

41 圓瑛法師：〈念佛法門〉，收入黃夏年主編，《圓瑛集》（北京：中國社會科學出版社，1995年），頁51。

反省。

　　首先，印順法師承認「眾生仰承佛力而往生淨土，即不是不合理的。」[42] 他主要是從佛的淨土提供良好的修行環境來說，故而產生增上的結果。[43]自然，眾生發願往生的淨土就是這些應化淨土，而不是佛的受用土了。「總之，說到淨土，即是諸佛、菩薩與眾生展轉互相增上助成的。在佛土與眾生土間，不能忽略菩薩與佛共同創造淨土，相助攝化眾生的意義。」[44]這樣的說法，不強調將淨土視為修行所應得的福報，而是強調運用淨土的優質環境去接引眾生；在這一意義下，印順法師所說的是應化的淨土，而不是受用的淨土；至於法師講共同創造淨土，則充分顯示印順法師的創造淨土，利導眾生的懷抱。

　　其次，印順法師認為不能過分強調帶業往生，一般人如平常聽聞佛法，明白善惡，卻依然為惡，若「自以為只要臨命終時，能十念乃至一念即可往生，這可大錯特錯了。」[45]推測印順法師之意，在於強調信願必須要配合具體的實踐行為，其中遵守戒律就是修行者必須具備的基本實踐，否則以為只要信仰，不分持戒犯戒，作善作惡，依阿彌陀佛的悲願，都可以往生極樂，這就難以了解了。印順法師反對過份強調救急用的臨終念佛，其重點也就是勸人重視平素的具體修行，這一點深心是應該善加體會的。

---

42 印順法師：《淨土與禪》，頁 33。
43 印順法師：《淨土與禪》，頁 34。
44 印順法師：《淨土與禪》，頁 37-38。
45 印順法師：《淨土與禪》，頁 55。

　　總之，淨土宗之所以流行，其中最主要的關鍵是往生淨土的美麗願景，與念佛往生的簡易法門，前者光明可欲，後者簡易可行，這樣簡單又美麗的願景，自然容易打動大眾，可是從上面的分析，兩者都面對印順法師嚴重的挑戰。

（四）修行的方法：念佛

　　淨土修行固然有很多法門，但是以念佛法門最為普及。念佛可以包含心念、想念、憶念、稱念等，而最常見的念佛方法還是稱念佛的名號。所以淨土信徒常強調一心稱念「南無阿彌陀佛」。 明朝藕益大師《靈峰宗論・第四》持名念佛歷九品淨四土也說：

　　欲速脫輪迴之苦者，莫如持名念佛，求生極樂世界。欲決定生極樂世界者，莫如以信為前導，以願為後鞭。若能信決、願切，雖散心念佛，亦必往生。若信不真，願不猛，雖一心不亂亦不得生。

　　淨土念佛的傳統可說是歷久不衰，民初大陸佛教以禪宗與淨土為大，太虛大師、印光、虛雲與弘一並稱民初四大師，其中，印光法師及弘一大師都修持淨土念佛法門。而居士方面，楊文會等也大力提倡念佛，流風所及，結社念佛之風甚為流行。[46]

　　臺灣方面，本來在日殖時期，就流行念佛法門。而一九四九年後，臺灣佛教大量接受大陸佛教的影響，其發展大勢

---

46 望月信亨：《中國淨土教理史》，頁 372。 陳炳揚：《中國淨土宗通史》，（南京：江蘇古籍出版社，2000 年），頁 548-551。于凌波編著，《民國佛教居士傳》（臺中：慈光圖書館，2004 年），頁 314-382。

偏重人間佛教，但專弘淨土法門的也極有影響力。有的兼採儒學，強調敦倫盡分；也有人立足於《彌陀經》為主，注重持名念佛，做到一心不亂，儘管他們所強調面向不同，但在實踐上，卻都頗為一致，亦即以念為行門，以求生淨土。但是印順法師對流行的念佛法門，卻提出不少意見，所以引起很大的反彈。

　　首先，印順法師認為中國淨宗多將稱名與念佛合一，而佛經中兩者各別，一般講，念佛是禪觀，為大小乘的共法，至於一般的持名念佛，本來就不是佛教修行方法，而是佛弟子日常生活的儀式，表示對皈依佛的誠敬心情的行為。

　　但佛經也有稱念菩薩的修行方便，印順法師解釋道：「稱念佛名，從上說來，是有兩個意思的：一、有危急苦痛而無法可想時，教他們稱念佛名。二、為無力修學高深法門，特開此方便、開口就會，容易修學。」[47]也就是說，依照印順法師的意見，要說稱名念佛是修行法門，其實也只是應付急需與照顧下愚的方便法門，[48]所以雖然「經論一致的說：念佛能懺除業障，積集福德，為除障修福的妙方便；但不以此為究竟。」[49]可見印順法師雖然肯定念佛是方便法門，但是既不究竟，自然也不能滿意，所以印順法師說：「然從完滿的深廣的佛法說，就應該不斷的向上進步！」[50]而他評論從唐

---

47 印順法師：《淨土與禪》，頁 58-62。
48 印順法師說：「稱名，本來算不得佛法的修行法門；傳到安息等地，由於鄙地無識，不能瞭解大乘慈悲、般若的實相深法，只好曲被下根，廣弘稱名的法門了。」參考印順法師：《淨土與禪》，頁 63。
49 印順法師：《淨土與禪》，頁 70。
50 印順法師：《淨土與禪》，頁 63。

代善導提倡稱名念佛，蔚然成風，竟說：「稱名念佛，從此成為中國唯一的念佛法門了，簡直與安息國差不多。」這明顯是貶抑此法門，因為印順法師說安息是「安息等地，由於鄙地無識，不能瞭解大乘慈悲、般若的實相深法，只好曲被下根，廣弘稱名的法門了。」[51]這變相指責中國念佛法門，委屈了佛法，以救度下根的眾生，所以印順法師指責稱念佛名的惡果，「但大乘法的深義大行，也就因此而大大的被忽略了！」[52]這句話非常重要，顯示出深義與大行兩大重點；其實，印順法師所憂心的是若偏主念佛，不重智證，就把握不住佛法深義；而如果只求易行速證，不關心眾生苦難，又將放棄普渡的大行。佛法求解行並進，亦即了解深義，與實踐大行兩者都不可放棄，所以印順的關懷是可以理解的；而且印順法師的擔心，也並非無的放矢。譬如圓瑛說：「念佛並無別法，祇要死心去念，即便成功。死心者，要將世間一切心都死得乾乾淨淨，惟有一念念佛心，更無餘心，一心執持彌陀佛號，心不離佛，佛不離心。」這種說法，若不能善加體會，就容易讓人既放棄探究佛法深義，甚至放棄世界的關懷，所以印順法師相當尖銳的批評道：「而從來的中國淨土行者，一人傳虛，萬人傳實，以為龍樹說易行道；念佛一門，無事不辦，這未免辜負龍樹菩薩的慈悲了！」[53]他甚至說：「如平時或勸人平時修行念佛的，絕對不宜引此為滿足，自誤誤

51 印順法師：《淨土與禪》，頁 63。
52 印順法師：《淨土與禪》，頁 64。
53 印順法師：《淨土與禪》，頁 70。

人。」[54]印順法師這些話，若理解為對一般只知念佛者的勸勉，是非常警策的，但若視之為對中國淨土行者的責難，則顯然不會讓修淨者首肯。

（五）修行的目標

印順法師批評「中國的佛教，始終是走向偏鋒，不是忽略此，就是忽略彼⋯⋯淨土行者的專事果德讚仰，少求福慧雙修不求自他兼利，只求離此世，往生淨土。」[55]印順法師認為修行不能陷於邊見，在修行目標上，世人多求福報，但也應增加智慧，若真正明白佛法，是應兼顧自我與他人，不能只求離開世界，往生淨土。

其實，佛成就淨土的目標也應區分，首先佛成就淨土，本是自身清靜莊嚴的結果，也就是佛菩薩的功德所生；其次，從受用淨土看，目的則在教化眾生，而不是自求受用。從這角度看，佛不求生於淨土，淨土是佛的表現，也是佛的教化手段。「中國人不知道莊嚴淨土，不知淨土何來，但知求生淨土，是把淨土看成神教的天國了。」[56]

總之，印順法師以為修行的目標不在果德福報，而在智慧開悟，更重要的是不應只求個人安生淨土，而應該創造淨土，以普渡眾生，可見印順法師是本大乘佛教的菩薩精神，以批評淨土行者的自私。

---

54 印順法師：《淨土與禪》，頁 55。
55 印順法師：《淨土與禪》，頁 30。
56 印順法師：《淨土與禪》，頁 41。

（六）易行道與難行道

印順法師說：「菩薩初學佛道，可以有偏重一門的。一以成就眾生為先，一以莊嚴佛土為先。……或從念佛、禮佛等下手；或從佈施、持戒、忍辱等下手。後是難行道，為大悲利益眾生的苦行；前是易行道，為善巧方便的安樂行。其實這是眾生根機的差別，在修學的過程中，是可以統一的。」[57]可見印順法師肯定難行道與易行道都是正法，是隨順眾生不同根器的不同表現；不過，印順法師強調易行道不只是念佛一門而已，禮佛、念佛、讚佛、隨喜、迴向、勸請、稱名等都是易行道，不能掛一漏萬。

其次，印順法師也不同意修易行道，自然容易成佛的觀念，因為「通常以為由於彌陀的慈悲願力，所以能念佛往生，橫出三界，名易行道，這並非經論本意。修此等易行道，生淨土中，容易修行，沒有障礙，這確是經論所說的。但易行道卻是難於成佛，難行道反而容易成佛。」[58]印順法師認為易行道入手易，但成佛遲，難行道，入手難，但成佛快，也就是說，就成佛的速度言，易行道就是先易後難，而難行道則先難後易，難修而易成的關鍵在於正因，印順法師說：「在修持淨土的法門中，首先要著重淨土正因。要知道，難行道，實在是易成道。」[59]基於這種了解，他特別批評念佛法門說：「易行道（不但是念佛），確與淨土有關。如以為修此即可成

---

57 印順法師：《淨土與禪》，頁 66。
58 印順法師：《淨土與禪》，頁 70。
59 印順法師：《淨土與禪》，頁 74。

佛，那就執文害義，不能通達佛法意趣了！」[60]如此說來，就將淨土所重視的念佛法門，視為以文害義，不夠通達。

四、印順法師的立論基礎

印順法師的批評是以其一貫持守的佛學信念為基礎，本文認為有以下幾個重點：

（一）教理基礎：回歸印度？

雖然印順法師於一九七三年以《中國禪宗史》一書，成為中國第一位博士學僧，但是他真正用力最多的還是印度佛學；所以學者主張印順法師回歸印度佛學，甚至誤會他主張小乘，加上印順法師對中國流行的佛教，特別是淨土與密教，多有意見，更容易使人誤會他有回歸印度，甚至取代中國佛教的印象。譬如藍吉富教授說：「這些思想家在否定傳統中國佛學的信仰價值之餘，也提出了他們心目中的理想佛學體系以為對治方案。儘管他們的對治方案並不相同，但卻有一個共同的態度，此即回歸印度的傾向。」[61]邱敏捷也認為：「在印順法師研究佛法過程中，回歸印度佛教一直是他治學的取向。」[62]又說：「印順法師佛學以印度為依歸。」[63]可見現在學界或教界主張印順法師佛學就是回歸印度的想法，其實也

---

60 印順法師：《淨土與禪》，頁 68。
61 藍吉富：《二十世紀的中日佛教》，臺北（新文豐出版社，1991 年），頁 17。
62 邱敏捷：《印順法師的佛教思想》，頁 46。
63 邱敏捷：《印順法師的佛教思想》，頁 88。

頗流行。[64]但是回歸印度的提法固然簡明，但是恐怕難免誤會，應該加以澄清。

首先，印順法師治理印度佛學之時，確實表露出回歸印度的傾向：「自爾以來，為學之方針日定，深信佛教於長期之發展中，必有以流變而失真者。探其宗本，明其流變，抉擇而洗鍊之，願自治印度佛教始。察思想之所自來，動機之所出，於身心國家實益之所在，不為華飾之辯論所蒙，願本此意以治印度之佛教。」[65]這樣的說法似乎透露出一種本源主義的肯定，但是必須注意的是，印順法師也否定佛教後期發展中的種種失真，所以本文以為將印順法師佛學視為回歸印度，應非事實的全部。

本文主張印順法師並非自囿於天竺，而胸襟更大，氣象更廣。因為印順法師沒有囿於民族情感，固然沒有左袒中國佛教，但也非完全否定中國佛學，全盤回歸印度。他自述「對佛法的基本信念」時曾說：

> 「印度佛教的興起，發展又衰落，正如人的一生，自童真、少壯而衰老。童真，充滿了活力，（純真）是可稱讚的……老年經驗多，知識豐富，表示成熟嗎！也可能表示接近衰亡。所以我不說愈古愈真，更不同

---

64 類似的意見有江燦騰先生，他說：「印順法師一生的治學態度，可以說皆由其返歸印度佛教本義一念而發。……淨土新論也可以說，是對中國近世佛教的總反省；或者說，是印順法師對中國佛教本質與印度佛教差異的不滿。」頁 204。江教授本人應該很能掌握印順法師的觀點，不過，這種表述對不善讀其書者，很容易產生印順法師是提倡印度佛教的印象。

65 印順法師：《印度之佛教》，〈自序〉，臺北（正聞出版社，1978 年），頁 10。

情於愈後、愈圓滿、愈究竟的見解。」[66]

這樣說就並非以中國或印度為本，誤以為印順法師以中國佛學為正法固然失實，但僅因印順法師批評中國佛教，就指認印順法師是回歸印度為本則顯然不符事實。因為印順法師也反對印度佛教的天化現象，他要恢復或闡明的是適應時代的印度佛教的合理成分，而不是盲目恢復古代印度佛教：

「從印度佛教思想的演變過程中,探求契理契機的法門；也就是揚棄印度佛教史上衰老而瀕臨滅亡的佛教，而讚揚印度佛教的少壯時代，這是適應現代，更能適應未來進步時代的佛法！現在，我的身體衰老了，而我的心卻永遠不離（佛教）少壯時代佛法的喜悅！願生生世世在這苦難的人間，為人間的正覺之音而獻身！」[67]

這種想法構成印順法師的雙軌特性，亦即既要求站立在根本佛教的基礎上,也要求吸收佛教發展過程中的確當成素，前者就是所謂契合教理，後者就是契合時機；所以他不是原教旨主義，因為他認為連原始佛教也不能充分表達佛教的真諦，至於密宗天化的發展就更非他所認可的。

因此，我認為印順法師是以正法為標的，既非復古，也非創新，而是一方面堅持正法，但同時在實際處境中振興佛法，尋求適應時代的佛法。印順法師說：[68]

我不是復古的，也決不是創新的，是主張不違反佛法

---

66 印順法師：《遊心法海六十年》，《華雨集》，第五冊（臺北：正聞出版社，1993 年 4 月），頁 53。

67 印順法師：《契理契機之人間佛教》（臺北：正聞出版社，1990 年），二版，頁 69。

68 印順法師：《契理契機的人間佛教》，頁 3。

的本質，從適應現實中，振興純正的佛法。所以三十八年完成的『佛法概論』「自序」就這樣說：深深的覺得，初期佛法的時代適應性，是不能充分表達釋尊真諦的。大乘佛法的應運而興，……有他獨到的長處。……宏通佛法，不應為舊有的方便所拘蔽，應使佛法從新的適應中開展。……著重於舊有的抉發，希望能刺透兩邊（不偏於大小，而能通於大小），讓佛法在這人生正道中，逐漸能取得新的方便適應而發揚起來』！

這段話除了表明印順法師並未倒向中印佛教任何一方之外，也表明他並非盲目的復古主義者。印順法師相信緣起性空為佛學根本要義，但這並不能充分瞭解印順法師的襟懷，他解釋印度佛學的發展，特別提出所謂動力說，亦即信徒緬懷佛陀的心理力量，促使佛學的發展，我認為這似乎也是印順法師自己的信仰動力，他也是要恢復佛陀的本懷，印順法師說：「立本於根本佛教之淳樸，宏闡中期佛教之行解（梵化之機應慎），攝取後期佛教之確當者，庶足以復興佛教而暢佛之本懷也歟！」[69]所以佛教原始教義固然重要，但後來的發展也應擇優參考。足見印順法師並未因為身為華人，而偏愛中國佛教。

印順法師這樣的立場無疑與大部分從大陸來臺的僧人並不相類，譬如東初老人於〈佛教文化之重新〉一文中說：[70]

---

69 印順法師：《印度的佛教自序》，頁 12。
70 參照釋東初著：《東初老人全集（五）》（臺北：東初出版社，1986 年），頁 313-325。

今日佛教雖遭逢歷史上空前的災難，然今後中國社會文化思想的趨向及世界文化思想的重建，都有助於佛教文化之發揚。所以吾人對當前佛教的遭遇，不必悲觀。推其原因，即百年來西方文化直接損害了中國本位文化的生命，間接影響於佛教文化的開拓。西方文化最後一次摧殘中國文化，即來自蘇俄馬列主義征服中國大陸，……打倒孔子，否認宗教，摧毀舊道德，顯然為造成今日禍亂的根本。……創造未來中國社會文化，必以大乘佛教文化思想為先導。佛教文化，不但有助於孔孟文化思想的返本，並且有助於中國倫理道德文化之重建。所以要復興佛教文化，發揚大乘佛教真義，當與中國本位孔孟文化之精神配合，以求佛教文化與孔孟文化精神返本與重新，並重整社會道德；發揚東方文化的精神，以繼隋唐時代佛教文化的光輝。

相較之下，我們看到印順法師說：「我是中國佛教徒。中國佛法源於印度，適應（當時的）中國文化而自成體系。佛法，應求佛法的真實以為遵循，所以尊重中國佛教，而更（著）重印度佛教（並不是說印度來的樣樣好）。我不屬於宗派徒裔，也不為民族情感所拘蔽。」[71]這個宣示非常重要，我們不應運用宗門派別來框限印順法師，也不能用國族種性來理解印順法師佛學。印順法師重視中國佛學是因為中國佛教的在地化，在救度眾生方面，做出了適應性貢獻，亦即傳統所謂權

---

71 印順法師：《遊心法海六十年》，頁53。

法；但他更重印度本義，則展現對佛陀本懷的追尋，亦即所謂正法，以免過度適應，而變得歧出。

總之，我認為印順法師的詮釋立場可歸結為：知權而達變，守正以破邪。也就是說，凡古必真，固不可取，後出轉精，也非事實。可見印順法師並非基本教義派，也非發展演進論者，他不滿包容一切的圓融，但卻願以其所持守的正法為本，揀別並收攝佛教發展中因普渡眾生而產生的種種適應。

（二）宣講法門：人間佛教

中國佛學顯然也自居正法，印順法師以正法為本，本不會引起爭議，但是關鍵 在於印順法師並不認同中國佛學的精神，這就形成對立。印順法師法師說：[72]

> 大乘法的開展，本富於適應性而多采多姿的。大乘而為更高度的發展，主要的理由是：出世的解脫佛法，在印度已有強固的傳統，五百年來，為多數信眾所宗仰。現在大乘興起，理論雖掩蓋小乘，而印度出世的佛教，依僧團的組織力，而維持其延續。大乘新起，沒有僧團，在家眾也沒有組織，不免相形見拙。為了大乘法的開展，有遷就固有，尊重固有，融貫固有的傾向。同時，除了少數卓絕的智者，一般的宗教要求，是需要兌現的。答薩的不求急證，要三大阿僧祇劫；無量無邊阿僧祇劫，在生死中打滾，利益眾生：這叫一般人如何忍受得了？超越自利自了的大乘法面對

72　印順法師：《無諍之辯》，頁 186-187。

這些問題，於是在「入世出世」，「悲智無礙」，「自利利他」，「成佛度生」——大乘姿態下，展開了更適應的，或稱為更高的大乘佛教。這一佛法的最大特色，是「自利急證精神的復活」。不過從前是求證阿羅漢，現在是急求成佛。傳統的中國佛教，是屬於這一型的，是在中國高僧的闡揚下，達到更完善的地步。……在這一思想下，真正的信佛學佛者，一定是全心全力，為此大事而力求。這一思想體系，大師說是大乘教理，其實是：大乘中的最大乘，上乘中的最上乘！勝於權大乘、通大乘多多！

印順法師法師認為中國佛教的精神是「急求成佛」的「自利急證精神的復活」，其動機是自利的，而缺乏利他的精神，所以「落入小乘行徑」。

印順法師是從把握佛陀本懷立論的，懷是指懷抱，指的是願望與理想，偏向感性的一面，而不是專指硬性的教理。所以我們固然看到印順法師以性空之旨，衡量不同佛教宗派，但是我認為印順法師所本的不僅是性空的理性判斷，而是慈悲普渡的大乘佛教理想。就是因為這個要掌握佛陀慈悲救度的本懷，讓印順法師願意吸收適應時代的不同發展，他堅守自利利他的精神。

（三）修行方法：悲智雙運

此外，印順法師關心眾生，所以要創建人間淨土，又不滿教界，不能提升智證的傳統，這就形成悲智雙運的詮釋立場。

　　陳榮捷在《現代中國的宗教趨勢》一書中提及他的觀察：
「中國比丘與比丘尼的主要職業是在喪葬場合誦經作法事，
通常他們是藉此而獲得報酬。我們無法逃避一個令人不愉快
的事實，那就是：僧伽乃是無知與自私等烏合之眾的團體。」
[73]民國以來，中國佛教的衰落，引起教界人士的重視，所以
才有佛教改革運動，但印順法師更進一步認為：「虛大師說人
生佛教，是針對重鬼重死的中國佛教。我以印度佛教的天
（神）化，情勢異常嚴重，也嚴重影響到中國佛教，所以我
不說人生而說人間。希望中國佛教，能脫落神化，回到現實
的人間。」[74]不重鬼與死，又反對天神化，其實正顯示印順
法師的教旨以人間世為特色。印順又說：「另一部淨土新論，
是依虛大師所說：淨為三乘共庇，說明佛法中的不同淨土。
在往生淨土以外，還有人間淨土與創造淨土。這對只要一句
彌陀聖號的行者，似乎也引起了反感！」[75]這樣的說法，就
不但將修行拉回人間世之中，而且要重視解悟，[76]亦即一味
念佛，不求甚解並不能轉迷成覺。

　　簡單的說，我認為印順法師的人間佛教是大乘慈悲普渡
的理想，而重視智證則與現代學術的精神相符應，就此而言，
若用佛教語言，可謂發揮悲智雙運的特色；另一方面，印順

---

73 Chan Wing-tsit, *Religion Trends in Modern China*, p.80. 此處中文翻譯
　　是依據陳榮捷著，廖世德譯，《現代中國的宗教趨勢》（臺北：文殊出
　　版社，1987 年），頁 104。
74 印順法師：《遊心法海六十年》，頁 19。
75 印順法師：《遊心法海六十年》，頁 19。
76 印順法師說：「所以聞思法義，對解脫是有用的，是有必要的。」參
　　印順法師：《空之探究》，頁 100。

法師重視修行，又反映出解行並進的精神，前者對部分淨土
行者只重視西天淨土，以及只重念佛，不求甚解的流弊確有
其針對性，而後者則對臺灣光復後，部份佛教所呈現戒律不
嚴、知識不高的情況，也有特殊的意義。

五、淨土宗對印順法師意見的可能回應

──以李炳南居士為例

現代華人佛教界的淨土高僧大德甚多，譬如印光大師等，
而在臺灣比較有名的也有廣欽老和尚（1892-1986）[77]、道源
法師（1900-1988）[78]與煮雲法師（1919-1986）[79]等，李炳南
居士是印光法師的弟子，思想直承印光大師而來。因國共內
戰，時局動亂，李居士移居臺灣，大力宏揚淨土法門，對臺
灣淨宗的發展，影響極為深遠；[80] 其弟子淨空法師，更是當

---

77 有關廣欽老和尚的簡介，參照顏宗養著：〈廣欽老和尚雲水記〉，收入
　　廣欽：《廣欽老和尚開示錄》（香港：香港佛學書局，1989年），頁
　　81-140。于凌波著：〈水果師廣欽老和尚〉，見氏著：《中國近現代佛
　　教人物誌》（北京：宗教文化出版社，1995年），頁168-176。參照闞
　　正宗：《臺灣高僧》（臺北：菩提長青出版社，1996年），頁21-46。
78 于凌波著：〈淨宗導師釋道源〉，見氏著：《中國近現代佛教人物誌》，
　　頁239-245。參照闞正宗：《臺灣高僧》，頁93-120。道源法師的著作
　　當年流傳頗廣，特別是弘法的小冊很受歡迎，譬如道源法師講，許寬
　　紀錄：《佛堂講話》（臺中：瑞城書局，1959年）。
79 參照闞正宗：《臺灣高僧》，頁191-222。釋慧嚴：〈從善導大師到煮雲
　　老和尚的彌陀淨土信仰〉，見氏著：《從人間性看淨土思想》（高雄：
　　春暉出版社，2000年），頁73-85。
80 參考朱斐：〈炳公老師在臺建社弘化史實〉，《內明》第一七二期，1986
　　年，頁29-33、第一七三期，頁22及頁31-37。另外，參照于凌波等
　　著：《李炳南居士與臺灣佛教》（臺中：李炳南居士紀念文教基金會，
　　1995年）。

前淨宗重要領袖,所以我們若要從當代臺灣淨土的角度,檢視印順法師對淨土的意見,自然宜以李炳南居士為例。

楊惠南教授曾檢討二次大戰後從中國傳入臺灣的佛教,特別是淨土宗的情況,楊教授的論文曾經引起不少批評,他在回應批評時說:「到目前為止,中國佛教會和淨土信眾的這一方面,並沒有出版文獻可供參考;因此,本文如有偏頗,那是不得已的偏頗,而非觀點上的故意歪曲。」[81]楊教授素負盛名,其論斷自然值得注意。就筆者所知,淨宗信眾確實幾乎沒有任何直接回應印順法師的文獻,所以資料不太明顯應為實情;其實,印順法師與李炳南居士都是仁厚長者,縱使意見不同,自然也不會點名批評對方,這就讓很多針鋒相對的意見,變得隱而不彰,但是,兩人對淨土的看法,確實不同,值得注意。

（一）阿彌陀佛的來源問題

世界學壇對阿彌陀佛的信仰來源,曾提出不同說明,尚無定論。[82]早年在日本學界已經引起多年的爭議;[83]印順法師當年顯然是吸收了日本現代研究成果,認為阿彌陀佛是太陽崇拜;其實學術研究,貴能吸收最新研究成績,所以印順法師之論,在當時實已善盡研究責任;然而阿彌陀佛到底是否與太陽崇拜有關,迄今並無善解,仍有辯論空間,不能輕率

---

81 楊惠南:《當代佛教思想展望》,頁 44。

82 譬如有人主張源於波斯,參考 Samuel Beal, *Buddhism in China* (N.Y.: E. & J. B. Yong & Co., 1884), p. 128.

83 有關早年渡邊照宏教授與舟橋一哉教授等爭論的中文介紹,可以參考瀧思〔張曼濤〕:〈阿彌陀佛的起源〉,收入張曼濤主編,《淨土思想論集中》(一)(臺北:大乘文化出版社,1978 年),頁 119-129。

將印順法師的意見視為定論。

　　譬如藤田宏達教授曾翻譯無量壽經與阿彌陀經，是日本學壇中研究淨土宗的重要現代權威。在其《原始淨土思想研究》中，指出日本學者以歐洲學人多所著墨，藤田歸納學界有關阿彌陀佛起源的說法，[84]分為印度本土諸說，與外來諸說，但認為迄今尚無定論，而他主張淨土思想成立於西北印度。[85]繁瑣的起源考證並非本文的範圍，但是至少我們可以肯定的是印順法師的說法，其實已經將佛經視為一般世間的文獻，可以利用文獻學與神話學的角度加以考證，這基本上符合現代學術的研究手法，然而是否偏離信仰的立場，又是否跟印順法師本人倡導的「以佛法研究佛法」理想頗有距離，則還可以進一步探索。無論如何，印順法師有關太陽崇拜的結論，最多也只是一種推測，學界並未全然認可，則是事實。總之，我們應進一步努力研究，而不宜將可能的答案，視為定論。

（二）淨土修行的方向問題

　　淨土行者多修往西方淨土，但是不能由此推斷，淨土行者只求往生淨土，而沒有大乘的普渡精神。李炳南居士說：「以上三經，乃淨宗根本典籍，並未教人不研經典，各掃自雪，本宗更有一重要意義，即求生蓮邦，原為速證菩提，回入娑婆，普度有情。實非自求享受，不過眾生根器互異，有不能

---

84 有關阿彌陀佛與太陽神有關的說法，請參考藤田宏達：《原始淨土思想の研究》，頁 261-286。特別是頁 267-273。

85 藤田宏達：〈淨土思想之展開〉，見玉城康四郎編：《佛教思想》，（臺北：幼獅出版社，1985 年）。

研經度生之輩，也能持名得到自了。」[86]所以往生淨土固然可以說是要求快速解脫，但目的並非在自求享樂，而是要盡快證得菩提，以便回到現實人生，進行普渡的工作，所以西天是暫時的過度，並非最終目標，因此，如果誤會淨土宗的修行，是為求自了生西，甚至淪為小乘，則顯然不會得到李炳南居士的認可。所以李炳南在創立臺中佛教蓮社時就明白宣示其宗旨是：「闡揚大乘佛教，專修淨土法門。」所以李炳南雖然專修淨土，但同時宏揚大乘佛學，斷不會淪為小乘之教。

　　在教理之外，李炳南居士也有令人敬佩的實修功夫，從一九四九年起，李居士才到臺灣不久，就開始贈醫施藥；又將法華寺改為淨土道場，1950 年創設臺中蓮社後，推動監獄弘法團、女子弘法團、往生助念團等；李居士並創設覺生、菩提樹等刊物，宏揚淨法，後來又開辦慈光圖書館與慈光育幼院，一九六七年更創立佛教菩提醫院等；李居士也從事社會救濟服務，譬如救濟颶風災民，協助麻瘋病友等。為了培育青年，他在中興大學等地講課，而終生講經說法更是不遺餘力。[87]可見李居士不但專於上求，更重視下化，斷沒有淪入小乘自了的危險。所以他繼承印光大師儒佛兼修的傳統，主張：「世間法以孔子之道求安穩，出世間法以佛陀之學求解脫。」[88]李炳南既然主張兼修出世間與世間法，就是要將往

86　陳慧劍編纂：《佛學問答類編》，下冊（臺中：李炳南老居士全集編委會，1991 年），頁 1516。

87　朱斐：〈炳公老師在臺建社弘化史實〉，《內明》第一七二期，1986 年，頁 29-33、第一七三期，1986 年，頁 22 以及頁 31-37。

88　李炳南：〈儒佛大道〉，見《明倫》第一九三期，1989 年 。

生西天與化度人間的理想合而為一；綜合來說，無論從教理把握與實踐實踐兩方面看，李居士都沒有但求速證，不管眾生的疑慮。

同時，李炳南居士也不主張從地理或方向，去瞭解所謂西天，自然也反對空宗論者有關淨土西天的批評，在《佛說阿彌陀經義蘊》中李炳南居士說：[89]

> 空際蒼茫，地體圓轉，不分上下，安有東西，必曰「西方」，寧非執著？蓋眾生之成為凡夫者，只因迷於二執，惑於假相，以故頭出頭沒，不能出離；果能照破假相，斷除二執，則入聖域矣。一切經典，垂訓後人，大體亦無不以遣相破執為歸，此《經》何獨不然！惟其開端一語，說有「西方」，指教學人，心存執著，嘗為談空者流，輕加訕笑，豈知此正其善巧處。
>
> 實以凡夫妄念，沸騰起滅，猶如瀑流打毬，剎那不止；茲生指趨「西方」，是將亂心收攏起來，安在一處，乃誘掖入道密要。心果安住「西方」，不緣其餘，散亂歸一，是有所定，執著何害？夫亂心是病，佛法是藥，說有說空，貴在機理雙契；事本圓融，並無定式，若一味執空，殊不知亦是著相也。

從上文可知，空宗認為專講西方，其實就是陷於迷執，甚至惑於假相，不解空義；李炳南居士則認為西方正是淨土的善巧法門，標舉西方，就是要將凡夫散亂的心，收歸一處，反而有助於修行，所以安住西方，應該說是擇善而固執之，

89　李炳南居士編述：《阿彌陀經摘要接蒙義蘊合刊》（臺中：瑞成書局，2006 年），二版，頁 136-137。

而不能說有執著的毛病。李炳南居士並進而反批空宗，他認為僅依空宗立論，反而是執著空宗一門，未知佛門無量，也未能善體應機施設的善巧。李炳南反對的是空宗的看法，我們不清楚李居士的意見有沒有以特定的個人為對象，但是印順法師正是以倡導緣起性空而知名的空宗論者，印順法師自己曾說：「在師友中，我是被看作研究三論或空宗的。」[90]雖然印順法師同情空宗，但其學問宏闊，早非空宗所可以範圍，但是人們多從空宗認識他也是不爭的事實。不過，印順法師對西方的理解，並非從地理方位立論，也是事實。總之，李炳南這一論斷，是否針對印順法師立論，就沒有進一步資料可以確認了；同時，李炳南以安住一處的定學功夫說明專講西方在實踐修行上的價值，其意固不在反駁空宗緣起性空之旨，然而李炳南成功的反駁部份空宗論者有關專學西方就是執著的指責，確實言之成理。

（三）救度的動力：二力相應

　　寬鬆的說，要說淨宗強調他力，其實亦無可厚非，譬如日本佛學權威中村元與鈴木大拙兩先生就曾特別提出淨土以他力為特色的看法。[91]所以印順法師的看法，並非特見。但是我們不妨從淨土經論，以及高僧大德的看法，來檢討印順

90　印順法師：《中觀今論》，〈自序〉（臺北：正聞出版社，1992 年），頁1。

91　鈴木寫道，淨土宗以身為他力宗派標著，因它主張他力是往生淨土最重要條件　See Daisetz Teitaro Suzuki, *Buddha of Infinite Light*, (Boston & London: Shambhala Publications, 1997), p. 55. Hajime Nakamura, *Buddhism in Comparative Light*, (Delhi: Motilal Banarsidass, 1986), 2nd Revised edition, pp. 132-152.

法師的觀點。

善導系早已有他力的信仰，道綽《安樂集》已提到以本願的力量，只要臨終十念相續，稱念佛號，就可往生。(T47, 13c) 雖然一般以為淨土主張他力，但是事實上，淨土傳統未嘗不重視自力，實在十分明顯。[92]至於現代淨土行者其實也多繼承這種觀點，若我們回頭看印光與李炳南二人，其實也可以得到印證。本文自然不能詳細陳述兩人全部相關觀點，不過，這裡只要列出一二反證言論，即可知道印順法師的批評，至少不能適用於這兩位淨土大德身上，所以起碼印順法師的言論是不夠周延的。

我們先看印光大師，他在〈與吳璧華居士書〉中提到：「禪唯自力，淨兼佛力，二法相較，淨最契機。」[93]印光法師〈淨土問答並序〉說：「念佛法門全仗佛力又兼自力。了脫生死，所以盡此一生，便登不退。」[94]在〈無錫佛教淨業社年刊序〉，印光法師又說「求其至圓至頓，最簡最易，契理契機，即修即性，三根普被，利鈍全收，為律教禪密諸宗之歸宿，作人天凡聖證真之捷徑者，無如信願念佛求生西方一法也。良以一切法門，皆仗自力；念佛法門，兼仗佛力。仗自力，非煩惑斷盡，不能超出三界，仗佛力，若信願真切，即可高登九

---

92 譬如曇鸞的〈略論安樂淨土義〉說：「一切萬法、皆有自力他力、自攝他攝。千開萬閉、無量無邊。」(T47, 2b) 道綽《安樂集》說：「在此起心立行，願生淨土，此是自力，臨命終時，阿彌陀如來光臺，迎接遂得往生，即為他力。」(T47, 12c)

93 釋印光著述，張育英校注：《印光法師文鈔》上冊，北京：宗教文化出版社，2000年，頁196。

94 釋印光著述，張育英校注：《印光法師文鈔》中冊，北京：宗教文化出版社，2000年，頁1243-1245。

蓮。當今之人，欲於現生了生死大 事者，捨此一法，則絕無希望矣。」[95]從這兩段話，可見印光大師並非主張他力教，而是提倡自力與佛力並重的念佛法門，陳劍鍠教授以印光大師為題撰寫博士論文，他認為印光法師所謂「他力」，就是上述二力的結合。[96]是以傳承印光大師佛法的李炳南居士說：

> 「淨土宗是二力往生，他法乃自力見性。」[97]他在〈修淨須知〉中清楚的表示：「淨土二力法門，一是佛力，一是自力。……這樣二力相應，修行就容易成就。」[98]

在雪公之意，所謂自他其實就是指個人的力量與佛的力量，修淨之人，必須有信願行的資糧，發揮自力，然後乘佛的願力加被，自他合一，才能成就。所以平常發善根，修福德，就是心中造了阿彌陀佛，如此，「佛就和你感應道交，你心裡不造，就不能感應道交。懂此道理，才能造，不懂此理也不會造！街上有的是人，都有佛性，就是不會造！本性就有萬德萬能，懂得此理，用心去造，就感應道交了，交就是接上了。」從這兩位的言論中，可見他們都兼言自他，絕對不是僅有他力而已，重視佛力，也斷非否定自力。就此而言，印順法師的看法並未真正批評到當代淨土的看法。

---

95 釋印光法師：〈無錫佛教淨業社年刊序〉，參照釋印光著述，張育英校注：《印光法師文鈔》下冊下冊（北京：宗教文化出版社，2000 年），，頁 1341-1342。

96 陳劍鍠著：《圓通證道：印光的淨土啟化》，頁 165-167。

97 陳慧劍編纂：《佛學問答類編》下冊（臺中：李炳南居士老居士全集編委會，1991 年），頁 1564。

98 李炳南：〈甲子年元旦講話之──修淨須知〉，見李炳南，《修學汰要續編》（臺中：青蓮出版社，2005 年），頁 169-170。

（四）念佛方法問題

　　念佛法門的現代爭議，並不始於印順法師，早在 1920年代，《海潮音》就曾刊登論戰文章；[99]而印順法師的批評集中在結果與功效兩方面，就結果言，只知念佛，容易造成對大乘深義大行兩方面的輕忽，在功效方面，他也懷疑臨終念佛的效力。

　　其實，念佛往生的傳統可說是其來久遠，[100]而延續此傳統的李炳南居士也並未認為只應有念佛一法，他說：「淨土法門課程，以專念佛號為方便，尚有他法，非在家忙人能辦。」[101]他認為淨土有不同法門，只是念佛比較方便。就肯定淨土不同法門言，印順法師與雪公是一致的。

　　而且李炳南居士教人念佛，也強調其他輔助性的修行方式，李炳南上承印光法師的法脈，主張兼重儒佛，特別重視明倫盡分，甚至認為只有念佛，而無助行，甚至仍然造業，都不得其力。李居士說：「今之學人，念佛不得其力，皆有虧於助行。苟有一手拂塵，一手撒塵者，人必見而笑之，然則，短時念佛，長時造業，可笑寧非甚於此者。」[102]所以強調念佛之外，不但不能造業，還需要在人間修各種善業，李炳南說：「念佛是正因，作善是助緣，這好比鳥有兩翅，才能高

99　參照慈忍室主人編輯，太虛審定：《淨土宗》，海潮音文庫第二編（上海：佛學書局），1931 年。
100　參照野上俊靜：〈慧遠と後世の中国淨土教〉，收入氏著，《中国淨土教史論》（京都：法藏館，昭和 56 年），頁 5-29。
101　陳慧劍編纂：《佛學問答類編》下冊（臺中：李炳南老居士全集編委會，1991 年），頁 1558。
102　李炳南：《雪廬述學語錄》（臺中：青蓮出版社，1994 年），頁 101。

飛。」[103]我們看到李炳南居士與印順法師並無不同。當然李炳南好些時候，強調要一心念佛，其目標重點在讓心念集中，不至旁騖，並非要人不理會人間苦難！善於體會李炳南居士的法門者，絕對不會昧於正功之外，尚須種種助功。自然也不會不求甚解，也絕對不會漠視人間苦難，不致力於慈濟工作。

其次，若將稱名僅視為儀式，也是未必人人同意。一般修淨者都先學稱名。唱念佛號，這固然不錯，但是稱名不是呼喊佛號而已，而需要口、耳、心層層推進，同時，念念相續，念念是佛，無絲毫雜染，達到心佛一如的境界，這就不是普通的儀式而已，更非愚夫愚婦的口耳之學而已。

（五）淨土的生死與救度問題

印順法師與李炳南居士在救度範圍方面也有不同意見，上文提到印順法師將淨土定位為「權攝愚下」的方便法門，自然反對淨土可以救度上中下三種不同根器的人，我們現在看看李炳南居士的看法。

李炳南居士的弟子智雄跟居士請益道：「釋尊在世諸弟子中，亦有劣根下智者，經典上未有記載，釋尊命其專修淨土，而且未證明那些弟子已往生極樂世界。」李炳南居士回答道：「淨土法門，三根普被，若謂專為劣根下智者說則錯矣。」李炳南居士在許多不同的著作中，都提到很多菩薩都修淨土，他反問難不成這些菩薩都是劣根下智的嗎？若連菩薩都修淨，則不能說淨宗是為劣根下智之教，依此推斷，李炳南斷然不

---

103 李炳南：《當生成就之佛法》（臺中：青蓮出版社，2003年），頁88。

會同意印順法師權攝下愚的意見。至於佛沒有說專修淨土，只是因為眾生有不同的病，不能偏主淨土一法。[104]所以李炳南居士顯然不會同意印順法師「權攝愚下」的看法。

　　其實，兩人對世間的畜生能否念佛往生也有爭議，印順法師本人間佛教的理念自然相信人身難得，「稱念阿彌陀佛，依佛力而往生淨土，即是他力。但從上解說，我們可以知道，確有阿彌陀佛，但如不知不信不行，也仍然無用，不得往生西方。一分學佛者，為了讚揚阿彌陀佛，不免講得離經。一隻鸚鵡，學會念阿彌陀佛，一隻鵝跟著繞佛，都說牠們往生西方。大家想想，鸚鵡與鵝，真能明瞭阿彌陀佛與極樂世界嗎？也有信有願嗎？」[105]但對於畜生能否念佛往生，李炳南居士就有幾乎針鋒相對的不同意見：「大凡畜生能作人言者，性較靈敏，人既教會念佛，定久伺人舉動，有所模仿，若見朝夕供佛，諒能引彼起對佛像依託之心，此心既是願也，能願能行，信在其中，資糧具足，即得往生。」[106]李炳南居士從信願行肯定畜生也可以念佛往生，其立論基礎顯然包含大般若涅盤經眾生皆有佛性的信念，既然畜生也有佛性，也就有成佛的可能性，也就有信願的可能，這就依照其自身業力而定；總之，李炳南居士強調的畜生也可以發願心，正與印順法師的想法直接衝突。

---

104 慧劍編纂：《佛學問答類編》，下冊（臺中：李炳南老居士全集編委會，1991 年），頁 1529-1530。

105 印順法師：《淨土與禪》，頁 89-90。

106 陳慧劍編纂：《佛學問答類編》，下冊（臺中：李炳南居士老居士全集編委會，1991 年），頁 1534。

六、結　語

現在先綜合上文的論述，歸納出初步研究成果，然後從宏觀角度分析其所反映宗教思想發展史上的意義。

（一）印順法師對淨宗的批評仍有爭議空間

學界早已注意印順法師淨土觀所引起的爭議，但是鮮少從臺灣淨土宗的立場反省印順法師的意見；本文以李炳南居士為例，分點檢討法師的意見，發現仍多討議空間。

今天李炳南居士的聯體事業，雖然部分也經歷成住壞空的法則，[107]但筆者在走訪的過程中，觸目所及，仍然看到臺中蓮友旺盛的生命力，譬如臺中蓮社講經不斷，淨空法師全球佈教，雪心基金會具備全國最大的助念團，見微知著，可見李炳南桃李滿門，餘蔭尚在，其第二、三代的發展仍可期待。至於臺灣其他淨宗友脈，也有長足的發展，其中原因，自有多端，但是淨宗教理能卓然自立，恐怕仍有絕大關係。

不過,印順法師也是有感而發的,眼見淨土末流趕經懺,辦喪事來賺錢糊口等等庸俗化流弊,印順法師早生不滿,這很可能促成他對淨土的嚴厲批評；其實,面對這種庸俗化情況,淨宗長老大德又何嘗不痛心,所以即便印順法師的批評未必人人同意,甚至或仍未全然穩當,但只要善體其苦心,

---

107 譬如報載慈光圖書館與慈光育幼院發生土地爭議，對簿公堂，年前育幼院已經暫時結束，據聞目前該院正在臺中東區重建新院；而慈光圖書館則頗有門前零落車馬稀的感覺。有關慈光育幼院的消息，參考 TVBS 新聞網上資料,http://www.tvbs.com.tw/news/news_list.asp?no=suncomedy20040903133258

印順法師的檢討與反省意見，仍應多加注意，若能有則改過，無則嘉勉，是亦不負印順法師的苦心。

（二）印順法師的佛學基礎：悲智雙運

　　造成印順法師與中國佛教諸宗，特別是淨土的爭議，原因肯定甚多，個人風格、宗派利益等都可能有關，但從教理言，實與印順佛學基本特徵有關。跟流行的看法不同，本文主張印順法師並非回歸印度，也沒有全盤否定中國佛學，也就是說，印順法師既主張回歸正法，也接受中國佛教的權法，同時，本文提出印順法師的基礎關心反映出悲智雙運的特色，智關聯到正法的堅持，而悲則為普渡的基礎；因為慈悲，所以法師願意隨順眾生的根器，接受不同的權法；但權宜也應有底線，所以特別從龐大的佛學研究中，揀別出緣起性空的中觀思想為佛學核心，這可說是他賴以檢定所有佛教理論的基本原則，據此而言，本文提出由悲心產生知權達變的權變原則（adaptive principle），從智心則導出破邪顯正的軌約原則 （regulative principle），而悲智雙運正足彰顯印順法師論學的基本特色，這是本文第二點意見。

　　正因為印順法師持守緣起性空的軌約原則，所以批評中國佛教，特別是淨土的信仰；而又因為有權變原則，所以他又願意展開人間佛教的普渡面向。與本文最相關的是其論述，相對於一般重視的彌陀淨土，特別重視彌勒淨土，就特別顯示出其人間淨土的關心。

　　儘管印順法師提倡回歸印度，但這個弘法方向，其實是民族國家的色彩淡，而復興正法的關懷濃，或者用印順法師

常用的語言來講，就是要回歸佛陀本懷，所以原旨的傾向是
明顯的。

　　不過假如說印順法師解構了民族與文化的疆界，恐怕就
言過其實；因為他寫印度佛教，中國禪宗，其實也仍然運用
國家與文化的疆界，來切割出研究範圍；然而印順法師不自
囿於國別疆界，也沒有從文化疆界去考察佛教的發展；因為
他心中有超國界的關懷，就法而言，他肯定緣起性空是佛教
的基本教義，這是跨國界的肯定，其次，他高度評價彌勒佛
的理想，提倡人間佛教，創造人間淨土等觀點，也看到超國
界的慈悲大愛。任何時地，都可有這兩項堅持，所以正法在
時間上不一定是原始，在空間上也不一定在印度，印順法師
所肯定的其實是印度早期的大乘佛教，他強調的是中觀緣起
性空之旨，重視大乘普渡的精神。合乎這兩大判準的佛法，
其實都應是印順法師所印可的。

　　如果運用德勒茲（Gilles Deleuze1925-1995）的分析概
念，我們可以說印順法師顯然沒有使用樹狀（arborescent）
思維去理解佛教的發展，而將之視為散莖（rhizome）。所以
他沒有認為印度與中國佛教兩者之間，存在所謂本末、高下
的關係；反之，其實，印順法師有點非中心化的傾向，因為
佛法是生長在這片眾生的土壤之上的，其普及發展自然要適
應人世間不同的土壤，而作出種種改變，但是適應不能失真。
所以佛教仍然必須堅守基本立場，這就是緣起性空，不然就
容易芝蘭與野艾不辨。

　　所以佛法的千塊高原，其實就是佛法人間性的必然表現，
而要充分發揮人間性，就自然不能畫地自限，將自己封鎖在

基本教義中，佛教的理想是要普渡眾生，也就是以人間佛教的普遍關懷，來照應普渡世人的需要，自然要兼顧眾生的不同需要，讓佛法的不同面貌，成為不同的救世工具。總之，我們一方面看到印順法師肯定在地化的適應性權法，也同時，擔憂在佛法這些發展與適應中的失真。「不忍眾生苦，不忍聖教衰」兩語正適足的表達了印順法師佛教的基本取向，不忍聖教衰，讓他堅持緣起性空的教義，不忍眾生苦，則開展出人間佛教的理想。

（三）人間淨土的興起

印順法師回歸佛陀本懷的想法固然不容否定，但是甚麼才是佛陀本懷則是難有共識的，是以爭議不斷。相對而言，人間佛教的理想卻得到空前的接受，基本上成為臺灣佛教，乃至中國佛教的共識。當然，佛教各派對人間佛教的解釋與發揮自有特色，但基本上都重視人間，關懷世界。這一種排除鬼化與天化的佛學，讓關懷的起點放在世道人間，放在此刻的現實世界，於是構成一種人文化的宗教進路。[108]

更重要的是，相對於追求宗教教義的純正性，多數華人

---

108 丁仁傑教授主張印順佛學或可稱為「以人為中心的佛教」，具備「人本主義」的取向，這大致不差，但是筆者認為這以重人來區分重鬼、重神的佛教，自然就是印順的原意，但使用「人為中心」與「人本主義」的提法，也會引起誤會，若將人與佛相提並論，難道印順會放棄以佛為中心，以佛為本嗎？所以所謂人文取向也好，以人為中心也好，其實只能說是進路，其目標與基礎還是在成佛，既如此，則印順佛學反而應說是以佛為中心的。參照丁仁傑：〈認同、進步與超越性：當代臺灣人間佛教的社會學考察〉，見《臺灣社會研究季刊》第六十二期，2006 年 6 月，頁 37-99，特別是頁 56。

更重視宗教倫理的功能性，也就是說大眾始終重視宗教勸人
為善的功能。只要肯定導人向善的大前提，任何宗派，甚至
任何宗教，都可在相安並存模態下被包容接納。我認為人間
佛教的理想，正符合華人文化心理的人文宗教取向，同時也
符合華人重視宗教的社會功能的心態，這正是人間佛教能在
華人世界茁壯發展的原因。

　　印順法師本來就未試圖全盤否定淨土的重要性，而從其
論述看來，也未必能夠指陳淨土的真缺失，然而，法師所宏
揚的人間淨土的思考方向卻在歷經吸收轉化後，成為當代臺
灣佛教的主流。證嚴法師的慈濟宗、聖嚴法師的法鼓宗與佛
光山星雲大師所領導的臺灣重大教團，實為廣義的人間佛教
理想的實踐者。當然，它們各有特色，所以本文主張這些宗
派雖有基本相近的方向，但並非統一的佛教運動，而是豐富
的多元發展；同時，本文特別考察他們的淨土觀念，認為其
與印順法師的人間佛教相關但不相同，故而非但不能視為淨
土宗的發展，也不能單純看作印順法師人間佛教理念的直接
落實，[109]反之，他們各有千秋，互競雄長，但又能相互補強，

---

109 邱敏捷教授在《印順法師的佛教思想》也注意到兩者的不同，這是
很有意思的，但邱教授也批評其他臺灣各大教團的不是，本文認為
這些評論實有商榷餘地，特別是她以四悉檀分判別各道場，指責星
雲、聖嚴與證嚴「尚未提出佛教究竟解脫的思想力量以及如何成佛
的修行道次第」（頁145），就令人費解，因為邱教授的批評並不清
晰。筆者翻閱幾位大師的著作，講明佛教核心教義，教人解脫開悟
的論述，不知凡幾。不知道邱教授認為講禪心算不算講明究竟解脫
的思想力量，又未知教坐禪與重慈濟工作是否與修行道次第相關？
當然如果有人必定堅持緣起性空才有的思想力量，則禪宗所強調的
佛性，就很可能不能視為解脫的思想力量，甚至或有執有之嫌。依
照這一思路，無論是聖嚴法師的默照禪，或證嚴法師重視的大愛心，

共同彰顯臺灣人間淨土的多樣性與豐富性。臺灣佛教人間淨土的發展固然不能取代淨土本宗，但人間淨土卻發展成臺灣佛教最重要的趨向，這是本文的第三點意見。

（四）知識化佛學與信願的佛學

但是涉入人間，自有不同進路，有人認為印順法師與李炳南居士分別代表知識主義與敬虔主義的分別，[110]也有人提出印順法師佛學代表佛學的認識論轉向，[111]筆者認為兩種意見都未夠穩當周延，若從更大的論述視野加以了解，或者容易把握全局。以下是從現代化的配景，探詢印順法師與李炳南的差異與近似，並進而將兩人放置在殖民論述中反省。

一般說，宗教現代化的兩大特徵，可說就是理性化與世俗化；理性化的表現方式之一，就是知識化。佛學在面對西方學術強大刺激下，的確展開了現代知識化的發展，所以日本在十九世紀末已經開始運用比較現代的學術方式去研究並呈現佛教，而中國在此思潮下，也有相似的發展。無論是太虛大師，還是歐陽竟無（1871-1943）、熊十力（1885-1968）

都可說不足，甚至應該指責他們都溺於如來藏，偏離緣起性空之旨。

110 Charles B. Jones, "Transitions in the Practice and Defense of Chinese Pure Land Buddhism", pp. 125-142. 鍾斯將李炳南與知識化的印順的置放一起對照，是很有意思的；但是假如有人誤會李炳南只知念佛，而不重視知識，則極有問題，因為這完全忽視李炳南居士在阿彌陀經、論語等方面的研究成果。

111 順法師並無康德式的第一批判，其實，他有沒有認識論都很有問題，所以筆者認為朱文光教授的看法，根本比喻不倫，若說是知識化，則比較合宜。參照朱文光：《佛教歷史詮釋的現代蹤跡——以印順判教思想為對比考察之線索》，（臺中：國立中興大學中國文學系碩士論文，1997年）。

都從以知識化的方式重新研究、呈現佛教，印順法師的佛學，其實就是這一波知識化的發展。而且印順法師的論述方式還充分吸收現代佛學研究的學術資源，特別是日本佛學的研究方法與成果。印順法師對佛學的研究，其實深受日本現代佛學的影響，他雖然終生未到日本留學或研究，但是其研究佛學的方法論反省，就是因為讀到日本學者的著作的關係；其後，他對日本學界的研究成果，吸收很多。而日本現代佛學是明治維新後的產物，具有現代學理化與知識化的傾向，這很大部分是受了世界現代學術規範的影響，而非佛學固有的傳統。印順法師在吸收日本佛學成果之時，自然也將世界學術化的主流傾向，滲透在其研究當中，所以印順法師的佛學著作呈現明顯知識化的表述方式，講究論理，重視證據，不但與傳統重視信願與契悟的進路明顯不同，更與傳統佛學論述的風貌根本相異。傳統著作多以解經方式呈現，而他的研究，結構嚴密，論證充分，特別是掌握與鋪敘材料的功夫，實充分顯示現代學術的論述形式。

　　但是這也並非說印順法師的知識化表述，完全沒有佛教本有的成分，筆者認為印順法師將傳統的智證，亦即重理智解釋的進路，接上西方現代學術論證的方式；是以相對於重視信願與行入的傳統，印順法師的佛學可以視為高度發揮解入的重要性，也正反映了現代華人佛教的學術化新思潮。我們若比較李炳南居士的主要著作，其實馬上看到兩者的風格非常不同；在淨土行者中，李炳南居士已經是非常重視學術研究的了，但是其著作多是講述紀錄，即便是研究專著，其最重要的著作是還是經註為主。所以李炳南居士雖然重視學

術，力圖理性講明，但還是堅守講經、注經的傳統，其重要研究，無論是對阿彌陀經或論語的研究，都以註疏為主。註疏經典自然十分重要，但是畢竟不是現代學術研究的主流，也與印順法師的論著，完全不類。其實，這種論述形式的差異，也部分反映了兩人修證方式的不同，因為李炳南重視經典，反對隨意懷疑經典的權威，他批評現代學人坐井觀天，因為凡夫螢火之智是不能跟佛智相比的；[112]但是相對而言，印順法師雖重視經典，但也常常顯示以合理性為判準的傾向。所以對比起來，李炳南常常自覺地要求緊依經典義理，顯示信仰取向的優位性；而印順法師重視經典，但更時時呈現對合理性的講求。李炳南重講解而從不強解，因為自知凡夫不能盡解聖智，所以其論述平實而見光輝；印順法師並不輕視行入，但是卻以重視理解而成就大量優質論著。

　　總而言之，李炳南居士堅持信願傳統的宗風，而印順法師則發揮現代學術的特色。所以如果比論兩人之差別，前者可說重信願的佛學，後者則凸顯知識化的佛學，兩者峰岳並峙，各有殊勝。但是歸根結底，這未始與李炳南居士的宗門無關，淨宗畢竟比較重視實際的修行，所以身為淨宗門人的李炳南，雖然也重視知識，但是畢竟不會偏重知識。相對而言，印順法師以現代學術研究的手法，進行知識論述，不但符應教育水平日益發展的臺灣社會，也能夠應用現代學術的研究與論述規範，所以印順法師不但攀上華人佛學研究的高峰，更大步邁進國際學術研究之學壇。與印順法師同時代的

---

112 李炳南：〈難行能行〉，收入徐醒民編撰：《明倫社刊論文彙集》（臺中：青蓮出版社，2005 年），第三集，頁 29-30。

其他法師居士，雖然也有不少在現代學術潮流中努力研究，但是在當代在臺灣的華人佛教界中，實以印順法師最有成就，也可以說印順法師在二十世紀將臺灣佛學推進到曠古未有的現代知識化高峰，所以印順法師不但是教界巨人，更是學界巨人，他能成為中國第一位在大學中講課的高僧，並為華人佛教界取得第一個大學博士學位，實非偶然，就此而言，印順法師可說是臺灣佛教在佛學研究知識化進程中的重要里程碑。

第七章　從框架論法鼓山共識

一、導　言

　　當代人間佛教自太虛大師（1889-1947）[1]創建以來，因其以人間為取向，故而充滿對現實的關懷。這種取向有其歷史背景，清末民初中國積弱不振，列強侵凌，社會幾乎全面解體，甚至有亡國滅種的危機。同時，佛教本身也面對生存的危機，所以教界有識之士，積極思考生存發展與渡眾濟世的新辦法。相對於傳統漢傳佛教末流過度強調出世的取向，人間佛教則強調關心社會，積極入世的特色，這就是當代中國佛教人間性格的重要面向。[2]太虛大師許多理想，囿於時代

1　有關太虛大師的研究頗多，專書有郭朋，（：）《太虛思想研究》（北京：中國社會科學出版社，1997）；李明友著，（：）《太虛及其人間佛教》（杭州：浙江人民出版社，2000）；羅同兵著，（：）《太虛對中國佛教現代化道路的抉擇》（成都：巴蜀書社，2003 年 10 月）。See Chan Wing-tsit, *Religion Trends in Modern China*, (N.Y.: Octagon Books, 1969), pp. 118-126. Holmes Welch, *The Buddhist Revival of China*, (Massachusetts: Harvard University Press, 1968), pp. 51-71. A very brief English introduction can be found in Donald Lopez ed., *Modern Buddhism: Readings for the Unenlightened* (London: Penguin Books, 2002), pp, 85-90.

2　有關清末民初佛教衰頹，以及太虛大師的振興，可以參考陳兵、鄧子美合著，（：）《二十世紀中國佛教》（臺北縣：現代禪出版社，2003）。Chan Wing-tsit, *Religion Trends in Modern China*, (N.Y.: Octagon Books, 1969), p.62.

的限制，未有良好的實現機會。[3]但這一現世關懷的精神，已經展現濃厚社會涉入（socially engaged）的精神趨向；[4]一九四九新中國成立後，很多僧人隨軍民撤退去到台灣，當中不少人堅信太虛大師的新理念，所以人間佛教在臺灣得到發展的新機緣，而漸漸奠立當代華人佛教世界中的重要里程碑。

臺灣人間佛教教團中，最著名的有佛光山、法鼓山與慈濟功德會等。[5]這幾個大僧團可說是臺灣佛教僧團之中最為龐大，影響深遠的佛教教團。自從太虛大師提倡人生佛教以來，[6]經過印順導師（1906-2005）、星雲大師（1927-）與聖嚴法師（1930-2009）等分頭努力，將人間佛教的精神發揮得淋

---

3 在中國大陸，也有繼承太虛大師人間佛教思潮的，其中最著名的有趙樸初、淨慧禪師、茗山長老、真禪法師等，參考鄧子美、陳衛華、毛勤勇：《當代人間佛教思潮》(蘭州：甘肅人民出版社，2008)，頁 89-130。但因時代困境，特別是文革，人間佛教在大陸地區的發展受限不少。

4 「入世佛教」(Engaged Buddhism)一詞由越南一行法師提出，其本義與 Renounced Buddhism 實為相對。現在有「涉入佛教」、「參與佛教」與「社會涉入佛教」等不同譯法，筆者提出或應中文語言習慣，將兩者分別翻譯為「入世佛教」與「遺世佛教」。

5 有關這些教團的簡介，可參考江燦騰：《臺灣當代佛教》(臺北：南天出版社，1997)，特別是頁 8-47。江教授喜歡提出新觀點，但其筆如刀，許多陳述也引起不少爭議。英文方面有關佛光與慈濟教團的簡要介紹，可參考 Andre Laliberte, *The Politics of Buddhist Organization in Taiwan 1989-2003*. (London &N.P. Routledge Curzon, 2004), pp. 66-85 and pp. 86-105.此書雖然以臺灣佛教團體的政治態度與行為為研究主題，但在背景的部分，對各重要教團仍有非常簡明有要的介紹。See also Charles Brewer Jones, *Buddhism in Taiwan: Religion and the State, 1660-1990* (Honolulu: University of Hawaii Press, 1999), pp. 178-218.

6 太虛大師終生提倡人生佛教，早在一九二八年四月二十一日，即依據人生佛教的理念而倡導改革運動，到了一九三八年二月八日就提出「即人成佛」的理念。參印順導師，：《太虛大師大師年譜》(臺北：正聞出版社，一九九二)，修訂一版，頁 254 及頁 426。

淋漓盡致，特別在臺灣地區，影響非常深遠；而現代華人地
區的佛教，多重視人間淨土的建立，特別在臺灣地區，人間
取向更成為僧團佛教的主流理想；[7]譬如法鼓山聖嚴法師的口
號就是「提升人的品質，建設人間淨土」，星雲大師提倡人間
佛教[8]至於慈濟功德會的證嚴上人（1938-）[9]，發揮無緣大慈，
同體大悲的觀念，重點就更直接強調行入，雖然上人強調四

---

7 See Stuart Chandler, *Establishing a Pure Land on Earth* (Honolulu:
 University of Hawaii Press, 2004).讜得樂教授這本書是研究佛光山專
 著，是作者的博士學位論文。可惜的是雖然作者在佛光山蹲點研究兩
 年，但或因未能保持適足的同情理解，以致許多批評意見，未必人人
 首肯，更不要說被佛光山認可了。然而該書對從太虛大師到印順導師
 的人間佛教發展，提供簡明有要的初步理解，仍有參考價值。
8 宗派內部對佛光山及星雲大師的看法，可參滿義法師：《星雲模式的人
 間佛教》（台北：天下遠見，2005），頁 3-20。另有符芝瑛：《傳燈：星
 雲大師傳》（台北：天下文化出版 1995），頁 163-177。符芝瑛：《雲水
 日月：星雲大師傳》（台北：天下文化，2006）。氏新著，是因為這並
 非舊書新版，而是一材料豐富的新作。
9 有關證嚴上人的介紹，最為普及的是陳慧劍：《證嚴法師的慈濟世
 界——花蓮慈濟功德會的緣起與成長其次》（臺北：佛教慈濟文化志業
 中心，1997）；近年旅美華裔作家雲菁也有一生平傳記，此書有黃芳田
 等中譯：《千手佛心：證嚴法師》（台南：大千文化出版事業公司，1995）。
 英文原著為 Yu-ing Ching, *Master of Love and Mercy: Cheng Yen* (CA:
 Blue Dolphin Publishing Company, 1995).更新的是潘煊：《證嚴法師：
 琉璃同心圓》（臺北市：天下遠見，2004）；趙賢明：《臺灣最美的人——
 證嚴法師與慈濟人》（台北縣：印刻出版有限公司，2006），這三本書
 都以淺近語言，以及文學性筆調，勾勒上人的生平與事業，基本上屬
 於宣傳性的普及讀物，學術嚴謹度或有不足。至於資料比較詳細的有
 證嚴上人：《真實之路》（台北：天下文化，2008），此書經釋德傳法師
 整理上人的材料，是一本關於慈濟思想、工作的詳細介紹。For a brief
 introduction to Cheng Yen in English, see David W. Chappell ed.,
 Buddhist Peace work: Creating Cultures of Peace (Boston: Wisdom
 Publications, 1999), pp. 47-52.運用人類學及社會學視野探討慈濟的學
 術性專著，有 J. Huang, *Charisma and Compassion*, Harvard University
 Press, 2009.

大志業，八大腳印，但無疑以醫療與救濟兩方面，最為突出；實質上就是努力將人間化為淨土。所以皮提滿（Don Pittman）教授認為印順導師、星雲大師、聖嚴法師、證嚴上人都是太虛的傳承。[10]總之，他們的宗風或其具體實踐各有特色，但是無可爭議的是他們都採取人間佛教路向。這一路向的基調，基本上是延續中國大陸三〇年代開始的人間化路線，卻慢慢演變出新的實踐方式與具體方案。撇開實踐方式與具體方案的差異，他們都呈現涉入社會、進入人間的修行方式。相對於漢傳佛教末流之「教在大乘，行在小乘」的避世，甚至出世性格，臺灣人間佛教教團幾乎無一不是採取社會涉入的入世弘法方式，他們揚棄長期隱修的生活，而致力關心社會苦難總之。入世修行與淨化世間的社會涉入性向可以說是臺灣人間佛教教團最重要的特色。

　　近年，學者已經注意到現代佛教對社會涉入，然多數只限於探討東南亞上座部，鮮有觸及漢傳佛教的情況。最近則頗有新的發展，部份學者已注意到臺灣當代佛教在社會涉入的重要指標性意義；譬如，加拿大麥基爾大學賴樂班堤（A. Laliberte）注意到臺灣佛教在政治層面的涉入。[11]黃倩玉博士直接運用奎恩（C. Queen）教授對入世佛教的理解，而分析慈濟功德會的社會救濟行為；[12]Sallie B. King 在二〇〇九年

---

10 See Don A. Pittman, *Toward a Modern Chinese Buddhism: Taixu's Reforms* (Honolulu: University of Hawaii Press, 2001), esp. pp. 255-298.

11 Andre Laliberte, *The Politics of Buddhist Organization in Taiwan 1989-2003.* (London &N.P. Routledge Curzon, 2004).

12 J. Huang, *Charisma and Compassion*, Harvard University Press, 2009.

的新著，也特別提到慈濟功德會。[13]近年華語地區也漸次注意臺灣人間佛教的入世面向，譬如香港中文大學學愚教授在二〇〇七年出版專書討論佛光山，[14]而二〇〇八年八月三十一日到九月二日，昭慧法師與國際入世佛教協會（INEB）合作舉辦國際研討會；[15]然而，就這方面的研究而言，法鼓山似乎仍然未能得到應有的重視。同時，最近十餘年有關臺灣當代佛教教團的研究成績雖遠較從前豐碩，但是鮮有注意這些臺灣佛教團體參與現世社會的精神動員方式。所以本文試圖研究法鼓山人間佛教教團在社會涉入方面所呈現的框架動員面向，或可稍補現有研究成果之不足；在方法上，本文以框架理論為理論參照，並選取法鼓山為研究個案，以探索法鼓山共識的內容、特色與其在宗教哲學上的意義；但全文論述將以法鼓山為主，而不以之為限。其次，本文也試圖就此研究之所得，管窺人間佛教所展示之宗教型社會運動，並反省其與入世佛教的關係。

二、理論參照：框架理論

近年在文化社會學的研究中，非常重視框架理論。框架是指簡化與濃縮外在世界的詮釋架構，也是人們自我認同與

---

13 Sallie B. King, *Socially Engaged Buddhism*. Hawaii University Press, 2009, p. 6 and pp. 55-56.

14 學愚：《人間佛教的社會和政治參與:太虛和星雲如是說、如是行》（香港：香港中文大學文化及宗教研究系人間佛教研究中心，2005）。

15 參《弘誓》，網上版。Available at: http://www.hongshi.org.tw/mentor/new.htm

引領行動的理念工具；[16]有關框架理論的分析方法初見於哥夫曼（Erving Goffman）的著作，他認為社會框架能就各種社會事件為我們提供最基本的理解；[17]而藉由框架的研究，我們可以具體鎖定、察知、識別和標記各種事件（events and occurrences），[18]進而呈現事件當中的意義（rendering meaning），組織相關經驗（organizing experiences）並以此作為日後行動的指導（guiding actions）。史諾（David Snow）和班福特（Robert D. Benford）亦指出分析不同框架之間的聯繫（frame-alignment）[19]是研究社會動員及社會運動的關鍵元素。[20]筆者認為框架理論對理解社會運動的動員模態非

---

16 See Robert D. Benford & David Snow, *Framing Process and Social Movements: An Overview and Assessment*, *ARS*, Vol. 26 (2000), p. 611-639. Available at: http://www.jstor.org/stable/223459. On lined: 15/04/2009.

17 哥夫曼指出社會框架(Social frameworks)能夠"provide background understanding for events that incorporate the will, aim, and controlling effort of an intelligence, a live agency, the chef one being the human being"。See Erving Goffman, *Frame Analysis: An Essay on The Organization of Experience* (Boston, Northeastern University Press, 1986), p. 22.

18 Goffman writes, "Each primary framework allows its user to locate, perceive, identify, and label a seemingly infinite number of concrete occurrences defined in its terms." See Erving Goffman, *Frame Analysis: An Essay on the Organization of Experience* (Boston, Northeastern University Press, 1986), p. 21.

19 諾與本福特等學者認為，當個別框架成為具一致性與互補性的聚合，框架聯繫（frame-alignment）現象便會發生。See Snow, D. A., Benford, R. D., Rochford, E. B., & Worden, S. K., "Frame Alignment Processes, Micromobilization, and Movement Participation" in *American Sociological Review*, vol. 51 (1986), p. 464.

20 See Snow, D. A., and Benford, R. D., "Ideology, Frame Resonance, and Participant Mobilization". *International Social Movement Research*, vol. 1 (1988), pp. 197-217. Snow, Daivd A., Rens Vligenthart and Pauline Ketelaars., (2019). "The Framing Perspective on Social Movements: Its Conceptual Roots and Architecture," in David Snow, Sarah A. Soule, Hanspeter

常重要，其中三點在這裡特別應該先提出來，以便於帶出下文的具體分析。

（一）框架提供解釋與掌握世界的架構，強化認同與歸屬感

社會運動的基本工作在於提出一個解釋與掌握世界的理念架構。通過這一框架，參與者可以有組織地、系統地重新理解他所面對的種種社會現象。由於接受這一框架的人都分享了類似的認知圖像，所以彼此容易產生認同感，並容易強化對框架的接受度。於是框架共識漸次成為共同信念，為信仰者提供內聚力。

（二）框架也提供指認問題的座標：

因為框架提供理解社會問題的方式與觀察視野，所以框架也有詮釋問題的功能，也就是說提供指認問題與理解問題的具體認知，而社會問題經過這樣的詮釋就得以顯題化。

（三）指認問題的方式也引領出解決問題的方向：

我們知道問題的解決方案，即代表我們了解問題。框架既然指認了問題，即提示了解決問題的方向，並成為產生相應社會行為的誘因。所以設定框架也就是將個體連結到行動的導引。由於框架影響的不只是個人，還能提供集體共識與信念，所以框架不僅影響個體的行動取向，亦提供集體社會

Kriesi, and Holly J. McCammon ed. *The Wiley Blackwell Companion to Social Movements*, 2nd edition. Pp. 392-410.

動取向，而且提供集體社會行動理念依據。

三、從框架理論看法鼓山的共識

聖嚴法師將所謂「法鼓山的共識」總結為下列四項：

法鼓山的理念——「提升人的品質，建設人間淨土」

法鼓山的精神——「奉獻我們自己，成就社會大眾」

法鼓山的方針——「回歸佛陀本懷，推動世界淨化」

法鼓山的方法——「提倡全面教育，落實整體關懷」[21]

這一共識於 1993 年初步提出之後，接著法師於 1996 年有更詳細的說明。撇開聖嚴法師的自我陳述，並運用框架理論分析，我們可以發現其論述取向，可以歸於人間佛教的主導框架中。筆者將於下文分析主導框架，然後逐項分析這八句共識。

筆者認為「人間佛教」有主導框架的功能，從上世紀三〇年代以來，太虛大師提倡人生佛教，將傳統佛教標籤為重視死亡與鬼靈的宗教，以對比其所主張的「人生佛教」；這一手法就已經標示佛教衰頹的問題，也指出了責任就在於傳統佛教偏主渡亡生西的問題；同時太虛大師倡議教理、教制與教產三方面的改革，也就等如指陳解決問題的行動方案。[22]他在人生佛教的大旗幟下，強化了認同「進步佛教」、「革命性

---

21 參考聖嚴法師：〈法鼓山的共識〉，收入氏著：《法鼓山的方向 I》（台北：法鼓文化，1999，初版），頁81-87。

22 有關太虛這些主張，簡明的介紹可以參考釋東初法師，《中國佛教近代史》（臺北：中華佛教文化館，1974），上冊，頁 107-112。

佛教」人士的歸屬感，又以《海潮音》雜誌為基地，建立理念平台，於是人生佛教嚴然形成一現代佛教的改革運動。

　　太虛這一佛教運動與臺灣的人間佛教運動，側重之處頗為不同，但也是血脈相連。雖然部分學人認為從太虛大師的人生佛教到臺灣的人間佛教之間出現巨大變化。但是筆者認為，如果從框架理論來看，臺灣的人間佛教理論，其實就是建基於太虛大師人生佛教的進一步發展。所以無論佛光山[23]、還是法鼓山都說要建設人間淨土，[24]其實這就清楚地顯示出他們之間密切關係。其中重點之一，就是不以往生天國和淨土為足，轉而強調人類社會的追求與理想世界的創造。這一改革方面，正是人間佛教共同的特徵。就此而言，人間佛教的特色有別於德國社會學家馬克斯・韋伯（Max Weber, 1864-1920）的主張，佛教並非以他世為追求的宗教。這一種由他世轉到此世，由天國轉向人間的精神取向，筆者認為就是人間佛教運動的共同特色。故此，筆者提出「人間佛教」是臺灣新型佛教社會運動的主導框架（master frame）。從精神取向上而言，臺灣人間教團所使用的仍然是源於中國的主導框架，而其特色就在於一種積極入世，涉入社會。

　　筆者出跨越臺海兩岸的主導框架，並不是要否定臺灣佛教運動的創造性；因為臺灣人間佛教的興起過程中，臺灣正

---

23 參星雲大師，〈淨土思想與現代生活(一)〉，見星雲大師：《禪學與淨土》（臺北：香海文化，2005），頁 352-373。

24 聖嚴法師說：「我也是繼承太虛大師的理念，提倡人間淨土，要讓佛法在人間，使人間變成淨土。」，參聖嚴法師，〈提倡及建設人間淨土〉，《法鼓山的方向 II》(台北：法鼓文化，2005，二版)，頁 107。

好經歷現代化的轉型。臺灣經濟轉型、教育普及、政治民主與社會結構變遷，形成新的形勢與議題，[25]人間佛教的理論與實踐也作出種種調整，故而也跟三〇年代中國人生佛教有所不同。譬如在弘法手法上，臺灣人間佛教運用電視弘法，結合網路資源，讓佛法更有效的傳播；而同時人間佛教已經大量開發居士力量，如國際佛光會等，在努力培養僧才外，讓居士大量參與各種弘法活動，形成龐大的人力資源。臺灣人間佛教更重視提昇人力資源的質素，佛教團體除了建佛學院的老路外，更創設大學，如南華大學、佛光大學、慈濟大學、華梵大學、玄奘大學等，甚至結合社區大學，讓佛法普及各階層。更重要的臺灣人間佛教在高等教育的投資，促進佛教有效地結合不同學科專業，大大提升佛教的論述能力。同時，各學門與佛教精神互動既多，就讓佛教論述更現代化，更能照顧、開發社會新議題。這都使得臺灣人間佛教呈現許多新面貌，不但跟傳統佛教不同，更大異於大陸的人間佛教。從弘法手法上，筆者認為臺灣佛教已呈現典範轉型的新貌，其中法鼓山最特別的就是其論述能力特強，常常表現為構建框架的活動。

　　從框架看，法鼓山的理念是怎樣的呢？法鼓山以提升人心、建設人間為主要特色，他的核心理念是「提升人的品質，建設人間淨土」。此理念的提出，則有自我顯題化的效應，不

25　邰寶林，《臺灣社會面面觀》（河南：河南人民出版社，1989）。徐正光、蕭新煌編，《臺灣的社會與國家》（臺北：東大圖書公司，1995）。蕭新煌，《臺灣社會文化典範的轉移》（臺北：立緒出版社，2002）。簡明介紹，可以參考王昭文，〈戰後臺灣社會及文化發展〉，見高明士主編，《臺灣史》（臺北：五南出版社，2005 年），頁 305-328。

論從人的品質還是人間淨土，均顯示出對人間的關注，而不是來世他生的嚮往。[26]傳統中國佛教所強調的往生極樂世界的種種理念，在法鼓山的自我陳述中都沒有特別強調。當然沒有被強調並不表示已經放棄了這一目標，[27]只是在這框架中，無論是提升自己還是淨化世界，法鼓山的人文性與人間性，都展現人文主義特色。

在這一理念之後，法鼓山的共識指出實踐的精神和具體落實方針兩方面。從實踐精神看，法鼓山主張「奉獻我們自己，成就社會大眾」。這一精神取向的具體實踐方法，就是「提倡全面教育，落實整體關懷」。這兩方面都清楚顯示大乘佛教特色，前者追求覺悟，後者實踐慈悲。大乘佛教非常重視無我，在本體形上學方面講無我，落實到倫理層面上就是無緣大慈，同體大悲。所以法鼓山主張奉獻自己，成就大眾，這自然是佛教慈悲普渡的精神。就這一點而言，他的大乘佛教特色便非常明顯。聖嚴法師非常強調教育，他曾說：「我們不辦教育，佛教就沒有明天。」[28]聖嚴法師一直倡導興辦教育，創設大學；論者推許他為台灣佛教高等教育的推手，[29]他的入手點不是每個人對教主的信仰，而是每個人自心自性的覺悟。佛教從一開始就以追求覺悟為目標，重視「覺」的教育，發揮自利利他，自覺覺世的理想。這種佛教特色表現在法鼓

26　參考聖嚴法師：〈傳薪、信心、願心〉，收入《法鼓山的方向 II》，特別是頁 72-89。

27　聖嚴法師也提倡念佛生淨土，他說：「我常念佛，也常教人念佛，勸人念佛。」參考氏著，《念佛生淨土》（臺北：法鼓文化，1999），頁 1。

28　聖嚴法師，〈我們不辦教育，佛教就沒有明天〉，收入氏著：《教育、文化、文學》（臺北：法鼓文化，1999），頁 147-151。

29　有關聖嚴法師在佛學教育上的努力，可以參考林煌洲，〈台灣佛教高等教育的推手聖嚴法師——佛教學術教育之一例及我見〉，見林煌洲、林其賢、曹仕邦、陳美華、丁敏、釋果樸合著：《聖嚴法師思想行誼》（臺北：法鼓文化，2004），頁 9-55。

山框架之上，就呈現為全面教育的關懷。信眾面對自身的宗
教的時候，往往需要非常簡單的框架來加強他的自我認同，
並且鞏固與其他信眾之間的聯繫。在法鼓山的論述中，將重
視「覺」的教義與佛陀的本懷等，放在一起，確實有效地強
化了法鼓山所提供的佛教取向的框架。

　　最後，從回歸佛陀的本懷來看，法鼓山有意進行自我定
位。聖嚴法師從一開始撰寫著作，就強調正信的佛教，而正
信佛教就從依照佛陀教法來講，所以這一框架蘊含著兩個取
向：對內呈現出一種內聚性的精神動能，對外則顯示出來一
種區別性的揀別功效。對內的凝聚和對外的區別其實是一體
的兩面，共同架構出信眾的自我認同。從這一點可以看出，
在法鼓山的八句共識中，的確是有意識地在陳構出法鼓山的
特殊化的宗派取向。

四、反思法鼓山框架的特色

　　筆者現在要從框架本身來反省法鼓山共識的特性，本文
認為其中有三點特別值得注意，第一是框架本身的完整性，
第二是框架間的連結性，第三是框架與參與者的相關性。

（一）框架的完整性

　　完整的社會框架必須能夠指陳當前問題、辨認問題成因、
提出改革方向與展示未來願景。法鼓山的框架相當完整，或
可借用一佛教比喻來說明，佛教比喻佛法就是藥，而佛陀本
身就是大醫王，即能夠醫療眾生疾病的偉大醫生。醫治是佛
教非常重視的修辭，如「文殊問疾」，聖嚴法師也提到「佛只

是直截了當地對當時各類不同的對象，說了種種應病予藥的修行方法。」[30]醫療是以恢復理想的健康狀態為目的，因病施藥；佛教以消除眾生苦難為目標，重因機施教。疾病人人不同，而眾生受苦則一；法門無量無數，而普救眾生之旨則無別。

　　既然要恢復健康，就得明白病源，對症下藥。從這一線索把握法鼓山的框架，正可用斷症下藥來比喻。其實，史諾本人在其框架理論也使用非常類似的醫療性詞彙──斷症框架（diagnostic framing）、預示框架（prognostic framing）及動員框架（motivational framing）。所謂斷症是指陳問題，敘述因果，並歸咎責任。斷症方面，在法鼓山的陳述中，我們看到他們指陳現今社會問題，大多側重人心等等，譬如聖嚴法師在說明心靈環保之時就明白的說：「我認為很多問題的產生，主要關鍵應該是個人的觀念、認知與價值觀，從佛法的立場來說，就是心的問題。……因此，我們特別提倡從心來改變，心改變之後，所有的問題就可以正本清源。」[31]聖嚴法師這種敘述方式形成一種詮釋框架，將目標議題標示出來，並提供有關因果與責任的詮釋，而且指陳解決問題方案所以他提的框架比較完整。譬如聖嚴法師有感於過度消費的文化之負面影響，所以提出「需要不多，想要太多」來對治，直指問題出在人心的貪念，而對治辦法就是自行判斷應要才要，能要才要，這都是向內自省，而並非外在社經分析。

---

30 聖嚴法師：《佛教入門》，頁 146。
31 聖嚴法師等，〈四安、四要、四感〉，收入聖嚴法師、李偉文等合著，《不一樣的環保實踐》（臺北：法鼓文化，2007），頁 29。

社會運動參與者注意的往往不僅是社會問題本身，而更是經過建構的論述，特別是簡明的框架，對參與民眾容易產生影響力。一般的民眾缺乏足夠反思力量，少從理論層面反思社會問題。一個成功的構框者懂得簡單扼要地指出當前社會的問題何在，經過詮釋後的社會問題就比較容易被社會民眾所接受，從而成為某種主導性的論述，這就是知識份子介入社會運動的重要工作之一。聖嚴法師本身就是高級知識份子，也是台灣重要意見領袖，法師所建構的詮釋框架，不但嘗試回答許多當代社會的重大議題，也讓不為大眾注意的隱性議題得以顯題化。法鼓山的詮釋框架，比較完整地將議題顯示出來，加以解釋，也提出佛教的回答方案，所以影響深遠。

（二）框架間的連結性

框架融合的現象，又表現為框架接連的模態。所謂框架接連是將兩個或以上原來無關的思想或信念通過框架加以接連。此時框架就扮演著恰如橋樑一般的作用，讓這些本來並不直接相關或毫無關係的論述得以構建為同屬於一個框架的組成分子，這就是所謂框架接連了。

在聖嚴法師的論述中，我們看到他善巧地將兩個或兩個以上的不同論述接連在一起。一般人講環保，其實只是重視自然環保而已，但法鼓山將一般的環保論述，連結到關注禮儀行為、追求簡樸生活、渴求心靈淨化、發揮慈悲大願等不同的論述框架，聖嚴法師在解釋他的心靈環保一書時也說：「本書收錄了有關森林保育、護生放生、日常生活、殘障更

生、企業體質、勵志修養、夫婦生活、離婚問題、親職教育、墮胎、吸毒、交通、嬰靈作祟、禪修觀念、禪修態度、禪修生活、金錢觀念、佛教文學、人間淨土等的焦點文章，都是圍繞著心靈環保的主題進行。」[32]可見法鼓山的環保論述，從內容上說，大異於一般環保論述。實際上就等如將環保概念加以擴大，使其範圍不限於自然生態環境，而能擴及外在社會及內在心靈。這是透過接連不同論述框架而得來的。相類似的，法鼓山最近幾年推動心六倫運動，[33]也運用相同手法，將不同議題加以接連，形成框架的連接。[34]

法鼓山的框架接連，其實就是看到社會上出現不同新議題，而這些不同的新議題，都是法鼓山建設人間淨土的主訴求下的共同關懷。所以法鼓山就用一個新的框架，將這些本來相關但不相同的論述加以接連、統整、串連，形成一個系統龐大的論述框架。

總之，框架擴大的好處在於能夠在人間佛教本身的論述之外，爭取到未被動員的情感庫存，以及輿論傾向。[35]譬如禮儀、環保、職業倫理、家庭倫理與族群倫理等，都得到社

---

32 聖嚴法師口述,高瑄等著,《聖嚴法師心靈環保》（臺北：法鼓文化，1999），序，頁5。

33 參考法鼓山文教基金會網上資訊， http://ethics.ddmthp.org.tw/ethics_list.aspx;
又參考法鼓山全球資訊網, http://www.ddm.org.tw/ddm/master/main.aspx?cateid=954&contentid=14622 Date: 28 Aug, 2009.

34 關於心六倫的介紹，可聖嚴法師，《心六倫運動的目的與期許》（香港：法鼓山香港護法會助印,ND)。其他框架尚有所謂「三大教育」，參頁鄧子美、陳衛華、毛勤勇，《當代人間佛教思潮》，頁 224-228。

35 2002 年天主教單國璽與聖嚴法師共同推動心靈環保。參聖嚴法師，《心靈環保》（臺北：法鼓文化，2007），頁 6。

會不少迴響。[36]有人因認同這些理念，進而接觸法鼓山的佛教理念。所以法鼓山建構框架之時，在佛教訴求之外，還收編了其他論述，這不但豐富佛教內部之論述；同時，也搭建了可以吸收相關社會資源的管道，創造溝通相關理念的重要觀念平台。許多傳統宗教，固然努力修行，也能吸收信眾，但因為迴避社會議題，不免被邊緣化。法鼓山論述的框架接連性，客觀上讓佛教精神資源跟時代議題掛鉤，讓佛教取得台灣社會運動的關鍵性發言位置。

（三）框架與參與者的相關性

法鼓山共識提出了富有佛教理想的呼籲，這些框架理論有效地強化統整心理動能，而匯聚到法鼓山的理念建設管道，這相當類似政治上的情感動員與理念動員。

法鼓山的精神呼籲，不但是法鼓山訴求的合理性說明，更提供一種道德動員力量，呼籲大家提升人的品質來建設人間淨土。最能打動人心的地方是，法鼓山的確把握到臺灣七八十年代的社會經濟現代化過程中所形成的一些新問題。譬如法鼓山在八十年代提出四個環保的觀念，這四個環保的觀念是在臺灣的工業化起步之時，敏銳地結合在宗教的層面提出訴求。與此相比，直到 2007 年溫家寶總理才把環保問題提到議事日程上來談論。就這點來看，在華人佛教信仰圈之中，法鼓山確為孤明先發，幾乎在四分之一世紀之前，法鼓山就已經意識到工業化必然會給台灣帶來的環保問題。同時法鼓

---

36 譬如心六倫中的家庭與校園倫理，都受到許多家長與教師注意，各地有舉辦學習心六倫的活動。

山很巧妙地把外在的污染與內在的心靈污染結合在一起。在1980年代，這確實是一個創新的看法。

在環保的概念方面，法鼓山提出自然環保的概念、禮儀環保的概念（存好心、說好話、辦好事/轉好運），也有心靈環保的概念（心要純化、淨化，不要惡化、俗化）。心靈環保的概念，一方面是為了自然環保提供精神的深度，同時也使整個環保論述成為接連宗教論述的橋樑；[37]後來，法鼓山先後提出心五四與心六倫的框架，將更多不同議題收編其中，但都運用心來加以統攝，這反映了禪宗的取向。法鼓山及人間佛教團體在環境意識方面實有先進性，無怪乎在十幾年前，臺灣政府相應於風起雲湧的環保運動的訴求，基於選票的考量，不得不對宗教團體所推動的環保運動讓步；這種讓步顯示出框架運動在實際操作層面上取得了一定的成功。由於資本家為了節省成本，不會主動去做好環境保護工作，但是經過法鼓山以及其他台灣人間佛教團體，大力配合並促進台灣社會中日漸興起的環保自覺意識，終於動員起台灣民眾的高度關注。其背後愛護環境、愛護鄉土與關注未來的想法，不但在台灣本土意識下顯得政治正確，更構成強大的道德訴求。於是法鼓山等所提倡的環保運動，在道德與選票兩方面，都構成政黨強大的壓力，迫使臺灣政治人物必須要順應民意，進行一定程度的改革。因此在整個華人社會當中，臺灣是比較早實施無膠袋政策、垃圾袋付費、推動環保餐具，在環保

---

37 聖嚴法師說：「物質環境的汙染不離人為，而人為又離不開人的心靈。因此，我們討論環境的汙染，就必須從根源著手，也就是從心靈開始。」聖嚴法師，《心靈環保》，頁20。

措施方面一直領先鄰近的華人地區。就構建框架的效果而言，法鼓山與人間佛教的確取得了一定成功。

（四）框架擴大：社會變遷與法鼓山框架的變化

一個成功的運動往往具備有效的論述框架，但框架提出後，還必須與時並進，回應社會新訴求，提供社會新方向，這樣才能維持有效性。所以，構框者經常努力構造或改良框架；法鼓山的構架運動是主動，而且是自覺地回應社會的變遷的。在《法鼓山的實踐》這篇文章中，聖嚴法師說：「為了因應現代社會的變遷，讓大家都能安居樂業，法鼓山積極提倡四種環保運動。」法師回顧其心靈環保運動之時也說：「一九九三年我曾提出心靈環保這個名詞。當時因為社會脫序，出現了許多的亂象，而環保人士一連串抗爭的結果，非但未能改善環境，反而使得環境更形惡化。因此我就提倡了心靈環保的運動，我深切地感受到，人心如果不能淨化，社會也就不可能得到淨化；人的內在心理環境若不保護，社會的自然環境也沒有辦法獲得適當的保護。」[38]這一陳述清楚顯示聖嚴法師是自覺地提倡一種新的論述框架，以因應社會脫序的新形勢。

在積極回應社會新形勢的過程中，法鼓山也在人生佛教的舊框架中添加新成分，而新框架涵蓋面又愈來愈大，形成框架擴大的事實，這符合框架理論的擴大原理。回顧法鼓山的發展，我們看到法鼓山非常努力地提出新的論述框架。舉

---

38 聖嚴法師，〈心靈環保〉，收入聖嚴法師：《致詞》（臺北：法鼓文化，2005），頁 9。

其要者，包含所謂四種環保、心五四主張，以及心六倫運動。在下文，筆者簡略介紹一二。

所謂四種環保，其實就指心靈環保、生活環保、自然環保與禮儀環保。而所謂心六倫運動則指的是家庭倫理、生活倫理、校園倫理、自然倫理、職場倫理和族群倫理六種。由於正確的倫理觀念，一定是由自己有善心善意的開始做起，所以這個六倫理的運動，與他的價值主體，亦即是心靈有關，所以稱之為心六倫運動。可惜心六倫正在推動得如火如荼之際，聖嚴法師就圓寂了。

所以，法鼓山所推動的社會運動，最顯著而且已經見到成效的就是心五四運動。這是一個有關心靈改革、品質提升的社會運動，總共包含五大項活動，每一項目之中，又再分別各包含四點，因此又稱之為心五四運動。

所謂心五四運動，其實就是一種極為龐大的框架擴大運動，收攝了當時社會上林林總總的新議題。在法鼓山的論述框架之中，心五四運動是將四種環保的主張具體落實之下所呈現出來的新的行動方針，或者是新的論述架構。心五四的要點在於四安，四安是提升人品的主張，他們分別是安心，即在生活中少慾知足；安身，即在生活勤勞簡樸；安家，即在家庭中相愛相助；以及安業，亦即在身、口、意三業之中追求清淨與精進。所謂心五四運動尚包括所謂四要，四要是安定人心的主張，主張是需要的才要。想要的不重要。能要的、該要的才要。不能要、不該要的絕對不要。這是四要的主張。至於四它則是解決困境主張，四它就是面對它、接受它、處理它、放下它。四它分別是要求人們正視困難存在，

不自欺欺人；接受困難事實，不怨天尤人；用智慧處理事情，用慈悲對待他人；盡心盡力就好，不計成敗得失。所謂四感則是與人相處的主張，四感分別是感恩、感謝、感化與感動。要感恩的是使我們成長的一切順逆因緣。要感謝的是給我們奉獻、服務的機會。要感化的是要以佛法感化自己。使自己知慚愧、常懺悔，以慈悲智慧來感化自己。最後就是所謂感動，所謂感動是以行為感動他人。從自己做起，以自己學佛的智慧與慈悲來感動他人。最後就是所謂的四福，四福是指增進福祉的主張，分別是知福、惜福、培福與種福。知福才能夠知足、知足才能夠常樂。至於惜福的人會珍惜擁有、感恩圖報。惜福之外人們尚需要培福，因為享福則非福，培福才能夠繼續有福。最後就是所謂種福，種福就是要求成長自己，廣種福田，使人人有福。[39]

無論講四種環保、心五四或心六倫，其實都分別反映著法鼓山因應現代社會變遷而構建的新框架；而這些新的框架，都收攝了新元素，於是呈現框架擴大以及與時並進的特色。

五、法鼓山框架的宗教哲學意涵

筆者在框架動特色方面提出三點初步觀察：

（一）動員框架的功效

框架是有效的精神動員的工具，一個成功的宗教活動通

---

39 參考聖嚴法師，〈心五四的時代意義〉，Available at: http://www.ddm. org.tw/maze/120/2-1.htm. Online: 28 August, 2009.

常都必然使用一定的動員工具。法鼓山信眾多能講出法鼓山共識，特別是「提升人的品質，建設人間淨土」，並認為這就是法鼓宗旨。

更重要是，它成為指導信眾行動的智慧，許多名人如港台明星林青霞、台灣富商郭台銘等都聲稱運用法鼓山的四它解決自己人生的問題。[40]法鼓山在建立框架時，因為常結合了其他的論述框架，使得法鼓山除了可以運用佛教的精神資源之外，也成功地動員起其他相關社會資源。譬如環境保護與生態意識早已成為許多民眾共同關心的重大議題，當法鼓山使用環保或生態等議題構架，往往就能夠動用佛教以外的社會資源，連帶也讓她們支持法鼓山，乃至佛教的其他運動。法鼓山的框架，不但使佛教論述更加豐富，更加有助其動員社會資源，共建人間淨土。

（二）貫通神聖與凡俗

從韋伯的論旨之中透露著神聖與凡俗的二元對立論述架構。在這一論述架構之中，神聖與凡俗並不相同而並非不相通。因此，神聖與凡俗就是一種相關但不相同的兩個領域。所謂不同是因人神有別，而相關是因為神的救恩使到凡俗的世界得到神聖的救贖。但是，這一種論述在法鼓山的框架中並非如此置定。法鼓山的框架幾乎完全朝向人間，亦即試圖在人世之中建立理想國度。不過，我們絕不能說法鼓山的框

---

40 參鄭功賢，〈聖嚴法師是政商名流的心靈導師〉，《財訊月刊》，2009/3，頁 155-157。王雅媛，〈聖嚴法師與投資心法〉，《財經日報》，2009/2/24，第 33 版。又〈郭台銘：聖嚴法師給我的人生禮物〉，見《天下雜誌》：郭台銘：聖嚴法師給我的人生禮物｜天下雜誌 (cw.com.tw)

架，讓天國淨土的超越面，崩塌到凡俗的內在面。筆者認為
法鼓山是緊扣在凡俗世間的實踐中磨練，人們覺悟行善，對
內而求提升人的品質，對外而求建設人間淨土。在這些努力
中，人們得以超越，甚至解脫。這一種超越是從內在而產生
的超越。從其基礎言，這是自我超越；從其途徑言，這是入
世超越。筆者認為法鼓山的框架的總趨向；不在於虛懸一外
在的天國，而在於內在於人心而求超越，內在於世間而求轉
化。法鼓山這種內在取向不但反映出禪門重視心靈轉化的特
色；筆者認為它更突出了自力宗教與人間佛教的特色；從這
些框架對尋求超越的內在精神基礎的肯定，我們看到自力宗
教的精神。而從其對尋求超越的具體人間取向的認定，也反
映人間佛教的特色。就此而言，法鼓山是以禪心為本的自力
宗教，而其修行方向則在人間佛教。前者為修行基礎，後者
為修行方向，兩者共同構成超越解脫的成佛之道，所以法鼓
山的框架，並非一般的世間倫理，它有宗教及信仰取向，連
貫了神聖與凡俗的範疇。所以雖然法鼓山提倡建設人間淨
土，但聖嚴法師明白表示：「……學佛的最後目的是在超脫
三界，離開這個世界，而不是來努力於這個世界的建設。事
實上，離開這個世界是學佛的目的，建設這個世界才是學佛
的手段。」[41]在法鼓山人間佛教的框架下，神聖與凡俗的追
求不是對立的，亦即不是捨此逐彼的，而是通貫為一；也就
是在凡俗的世界之中，追求宗教的超越；就在具體的實踐之
中，追求靈性的安頓。

---

41 聖嚴法師，〈理想的社會〉，見氏著，《神通與人通》（臺北：法鼓文化，
　　1999），頁 133。

（三）連接出世與入世

上文提到法鼓山聖嚴法師構框的統一性特色，這特色也表現在出世入世的連接上面。我們知道大乘佛法並不只是追求超越的解脫，而更加展現回向世間，普渡眾生的入世救渡行為。所以以出世心修入世行，這樣的一種理想對於不同的人間佛教教團而言，都是共同信守的。

但是，在不同的教團中，卻又展現出不同的特色，譬如，慈濟功德會強調行入為先，重視慈悲救濟，但入手處，並不特別強調解脫性的智慧。[42] 相較而言，法鼓山則另有特色，法鼓山繼承禪宗二入的傳統，既有解入，也講行入。[43] 就此而言，法鼓山既要求大家慈悲濟世，亦要求信眾無忘解脫智慧。法鼓山心六倫運動強調世間倫理的趨向，而它並不特別表示超越的解脫。甚至為了增加接受度，心六倫就沒有明顯的佛教色彩。但另一方面，法鼓山也強調累積功德資糧，[44] 以及通過教育與禪修，幫忙信眾學習解脫的智慧，我們認為法鼓山兼備入世與出世兩種關懷。其實聖嚴法師早已清楚表示：「因為佛教雖然主張出世，但其出世的方法，卻在入世，

---

42 證嚴上人說：「佛陀留在人間的教育，讓我們啟發智慧，培養慈悲。如何啟發智慧？縱使說再多的方法與道理，只是愈聽愈深，還是做中學，學中覺才能體會深刻。」又說：「我們不必想多麼深奧的佛法、大道理，只要以最虔誠的心待人處世，實際付出，腳踏實地做了之後才說，所以我常說『做就對了』。」證嚴上人徑：《真實之路》（臺北：天下文化，2008），分別見於頁9及頁4

43 有關聖嚴法師二入四行的解釋，最簡單可以參考聖嚴法師等著：《慢行聽禪》（臺北：天下文化，2007），頁235-236。

44 有關聖嚴法師二入四行的解釋，最簡單可以參考聖嚴法師等著：《慢行聽禪》（臺北：天下文化，2007），頁235-236。

唯有入世最深，而且是作縱橫面的一往深入，才會穿過世間，冒出世間的界限，而進入出世的境界。」[45]因此，表面看來法鼓山的框架，是以入世為重，但依照聖嚴法師的想法，在自利利他，自渡渡人的前題下，入世與出世本來就是一體的兩面，貫串唯一的連續修行過程。

六、結　語

　　總上所述，筆者打算先對法鼓山框架論述進行反省，然後放在社會運動及入世佛教兩大論述架構中思考其意義。

　　法鼓山的論述框架，提供了社會斷症，不但指認問題與歸咎責任，更提供解決問題方法，可說十分完成而有系統。可惜的是法鼓山的框架，多側重於個體精神與心靈，而未能充分反省社經結構層面的問題。其解決方案無論是「奉獻自己，成就大眾」，還是「落實教育，全面關懷」，也都是旗幟鮮明的精神呼籲；但比較欠缺的是對整個社經結構，甚至政治情況的適足分析。所以整體而言，這些框架偏重個人精神心念的改變，未免將社會文化的複雜議題，過渡簡化為個人心靈問題。譬如面對社會奢華風尚，若只提出需要不多，想要太多的對策，就完全從個人心理著墨；但當代消費文化，涉及整個資本社會的生產結構，僅從個別人心去理解，難得全貌。當然，我們必須明白法鼓山身為禪門宗派，自然偏重

---

45 聖嚴法師：〈走在缺陷處處的人生道上〉，見氏著，《神通與人通》，頁9-10。

從心靈的分析，這也是很可以理解的。然而可擔憂的是，對於不善學者而言，如果他不清楚法鼓山論述的宗教基礎，就很容易產生困惑。譬如迴避了個政社經文化結構，就未必能反省環保問題背後錯綜複雜的政經關係，所以我們在法鼓山的論述中，對於環保問題背後之政商勾結等現實，少有觸及，對資本家與政府，也鮮少批判；這其中的問題很可能就出在法鼓山受限於特有的分析視野與立場。當然，只要掌握法鼓山是站在特定的宗教立場進行論述，這也未必為病，而宗教家本宗教立場發言，這立場本身，也無可厚非；所以我們只要善加體會，也能從法鼓山的論述取得豐富的養分。

　　法鼓山框架雖或有應該注意之處，但仍有重大意義。筆者試圖從人間佛教與入世佛教的關係，以及社會運動的性質兩面提供初步反省。

　　現在讓我們先談社會運動方面的反省，關於社會運動的定義，迄今仍無定見。Tarrow 認為所謂社會運動就是一持續性的集體挑戰，由一群彼此團結的人民所發動，共同目的就在於改變現狀。[46]而布倫馬（Herbert Blumer）也認為社會運動是建立新生活秩序的集體運作，它建基於對現有生活的不滿，而希盼嶄新的生活秩序。[47]但是部分從事社會運動研究

---

46 Tarrow, Sidney, *Power in Movement*, (Cambridge University Press, 1994).
47 Herbert Blumer writes, "social movements can be viewed as collective enterprises to establish a new order of life. They have their inception in a condition of unrest, and derive their motive power on one hand from dissatisfactions with the current form of life, and on the other hand, from wishes and hopes for a new scheme or system of living. The career of a social movement depicts the emergence of a new order of life." See his "Social Movement," in Stanford Lyman ed., *Social Movements: Critiques, Concepts, Case-studies*, (N.Y., New York University Press, 1995), p. 60.

的學者卻多認為將社會運動與宗教運動實有其差異，不能混為一談，部分學者甚至主張：儘管社會運動與宗教運動有其相類似性，但也不能運用社會運動來解釋宗教運動。從上文分析，當代臺灣人間佛教的教團就是要進行一種對改革社會現狀的持續性運動，特別是法鼓山的心五四與心六論都明顯具備這些特色。參與這些運動的人員，大致都擁有一些近似的認同信念，從而形成集體參與的行動，以爭取具體的理想目標。最明顯是心六倫的種子培訓、教材編撰等，目標與行動都非常清晰與具體。有鑑於此，筆者認為社會運動的概念是可以解釋人間佛教的涉入世間事務的宗教運動，本文借用臺灣人間佛教運動的經驗來說明宗教運動其實也分享社會運動的一些重要特色，但是一般社會運動，多採用抗爭的手段，但佛教卻多持和平立場，因此必須進一步反省社會運動與宗教運動之間的區隔與關聯。

　　在這方面的反省中，筆者打算聚焦在人間佛教與入世佛教的關係進行討論。在一般印象中，東南亞入世佛教多數強調社會政治參與，而以抗爭為主要手段。從上文對法鼓山框架的分析，我們或可明白至少法鼓山這一台灣人間佛教派別，對社會政治問題，往往不表現為對抗性的運動，而希望通過社會教育的手段來進行長期的社會啟蒙工作，筆者稱之為啟蒙型態的入世經營。至於慈濟功德會則運用慈善救濟為涉入社會的主要手段，幾乎完全維持政治中立，我們可稱之為慈濟型態的入世經營。至於佛光山則以廣涵為特色，無論慈濟、教育、文化都多所著墨，筆者稱之為兼善型態的入世經營。儘管她們關涉社會方面各有特色，但都沒有特別採取抗爭性

手段。臺灣人間佛教似乎到了昭慧法師帶領的社會抗爭，[48]才明顯出現以抗爭為手段的社會政治運動。昭慧法師長期親近印順導師，也致力宏揚人間佛教。但行事風格與導師非常不同；她曾任中國佛教會護法組，勇於發言，後來在反核、反賭、反挫魚、反八敬法等方面都發動團體力量，甚至上街遊行，風格大不同於上述任何一個人間佛教教團，筆者稱之為抗爭型的入世佛教。從人間佛教主流看來，它固然以人間為取向，重入世化渡，但其入世方式本非以抗爭為手段，假定如此，那麼我們應該反省人間佛教到底應否歸類為入世佛教呢？反過來說，我們也可將入世的概念擴大，將一切涉入現實改革的佛教都視為入世佛教，倘若如此，那自然也可將入世佛教與人間佛教視為一類。這些根本性議題，值得進一步反省。但是有鑒於台灣人間佛教主流還是以和諧為精神，絕大多數都不採用抗爭為手段，昭慧法師只代表極為少數的例外，筆者認為不宜將人間佛教與入世佛教視為同一類型。

　　綜合來說，法鼓山的主導框架反映的是中國當代人生佛教理想的延續。其理念在「提升人的品質，建設人間淨土」，而聖嚴法師眼看社會的困難，眾生的苦難，又不斷回應時代需要，建立新的框架；但是無論建立怎樣的新框架，都不離開佛教基本教誨，特別是法鼓山的框架都特別重視心靈，這更反映禪宗的宗派特色。法鼓山在入世關懷中，清晰地以框架進行精神動員，與理念動員，這就使法鼓山與一般抗爭型社會運動不同，而能反映佛教悲智雙運的特色。

---

48 現在對昭慧法師的研究並不多見，簡明的介紹可參考鄧子美、陳衛華、毛勤勇，《當代人間佛教思潮》，頁 258-265。

第八章　永嘉《證道歌》
在美國的傳播
——兩個個案的分析

一、導　言

　　大約 17 年前，美國時代週刊 David Van Biema 專文講述美國佛教，這篇文章已提到北傳、南傳與藏傳的各支佛教。然而，在介紹東亞大乘佛教之時，作者還是局限於日本佛教，並無隻言片語提到美國的漢傳佛教；對於在美國生根發展的「美傳佛教」這回事，哥倫比亞大學杜爾門教授還是十分保留的；三十年代日本人就曾說中國人要花上三百年才能吸收印度佛教，而佛教在美國發展，就好比將蓮花放在石頭之上，當然還要過很長時間才有可能生根發芽。[1]

　　然而，最近漢傳佛教確實在美國建立起來了。先是在十九世界，隨著淘金熱及修鐵路，很多華工移居美國，[2]所以在

---

1 David Biema, "Buddhism in America", *Times*, June 24, 2001.
2 Rand Richards *Historic San Francisco*, 2nd ed., (Heritage House Publishers, 2007), p. 198.

三藩市、洛杉磯及紐約等舊城，都有唐人街。唐人街匯聚當地的華人，而華人的信仰，如道教及佛教，也因而在漸次在當地發展起來。初期，在美國介紹漢傳佛教，多侷限在唐人街附近的華僑社會。真正開發美國當地的信眾，則有待六、七十年代的努力；其中影響極大的華僧就是宣化上人（1918-1995）[3]，以及其後的聖嚴法師（1931-2009），至於佛光山及慈濟功德會等人間佛教宗派，其在美國的系統性發展，其實都比較晚了。

　　本文的研究對象是宣化上人及聖嚴法師這兩位華僧在美國推介《證道歌》之事宜[4]；相傳《證道歌》的作者是唐代高僧永嘉玄覺（665-712），傳說他是六祖慧能（638-713）弟子，玄覺把自己的開悟心得以七言詩方式記錄於《永嘉證道歌》之中。作品雖以詩歌為體，但內容卻包括了重要佛門義理，故除了多被歷代禪宗祖師傳頌，在民間亦流傳甚廣。《永嘉證道歌》全長一千八百餘字，比五言長篇敘事詩《孔雀東南飛》還要多出一百多字，它以樂府詩體將佛理深入淺出地闡述，有其獨特的思想體系。

　　當代推介《證道歌》的不少，[5]為免重複，本文研究重點

3　Heng Yin, *Records of the Life of the Venerable Master Hsüan Hua* (San Francisco: Committee for the Publication of the Biography of the Venerable Master Hsüan Hua, 1973)

4　Yung Chai, *Song of Enlightenment*. Commentary by Hsuan Hua. Buddhist Text Translation Society. Available at: http://www.cttbusa.org/enlightenment/enlightenment.asp Sheng Yan *The Sword of Wisdom: Lectures on the Song of Enlightenment* (Elmhurst, N.Y.: Dharma Drum Publications, 1990).

5　譬如妙華法師：https://www.youtube.com/watch?v=nURDRNgn2Lg；又慧律法師： https://www.youtube.com/watch?v=xGKfX8B8OhY。檢索日期：25/12/2021.

不放在兩位法師的詮釋自身，反而希望能詳人所略，從美國現代佛教史的脈絡，通過證道歌在美國的推介，反省漢傳佛教在美國初傳的歷史情況，並解釋這一現象在佛教史上的意義。

二、宣化上人與聖嚴法師

（一）宣化上人及其《證道歌》的推介

1. 宣化上人

宣化上人，俗名白玉書，又名玉禧，吉林省雙城縣（現今黑龍江省五常市）人。十二歲時因意外發現鄰居的嬰屍，感悟生死，後皈依佛門，學習四書五經，醫學天文等書。[6]1948年，在廣州南華寺拜虛雲法師（1840-1959）門下，深究佛法，法號宣化。[7]國共內戰，上人移錫香港，從 1949 年到 1961 年，宣化上人到香港、泰國、緬甸等地弘揚佛法。

但宣化上人覺得應該到美國弘法；1959 年上人派弟子去

6　According to the biography of Hsuan Hua, "at fifteen, he took refuge under the Venerable Master Chang Zhi. That same year he began to attend school and mastered the Four Books, the Five Classics, the texts of various Chinese schools of thought, and the fields of medicine, divination, astrology, and physiognomy." See: http://www.advite.com/sf/life/life2.html Online" 17 November 2018.

7　See "The Life of Venerable Master Hsuan Hua," at: http://www.advite.com/sf/life/lifeindex.html, Online: 17 November 2018. See also Hsuan Hua, "A Recollection of My Causes and Conditions with Venerable Hsu Yun." According to Hsuan Hua, Hsu Yun appointed him as the Superintendent of the Vinaya Academy. See: http://www.advite.com/sf/life/life4-2.html and http://www.advite.com/sf/life/life4-3.html　檢索日期：25/12/2021.

美國成立了「中美佛教總會」，後改為「法界佛教總會」。宣化上人於 1962 年定居美國，漸次成立四大道場，包括在洛杉磯的金輪寺，在三藩市的金山禪寺，在西雅圖的菩提達摩中心以及在萬佛城的如來寺。更在美國舊金山創立萬佛聖城。[8]他是將佛教傳入美國的中國先驅僧人之一，對於佛教在美國，特別是西岸的發展，貢獻很大[9]；而他在台灣佛教界也擁有許多信眾。

2. 講解及翻譯

在三藩市安頓不久，宣化上人就開講《證道歌》，在中文

8　According to the biography of Hsuan Hua, "In 1962, Master Hua accepted his disciples' invitation to come to America. In 1966 he set up an in-residence Buddhist study and practice center in San Francisco. In 1970 the center moved to larger quarters and became one of Northern California's foremost Buddhist centers, Gold Mountain Monastery. Later the Association founded a number of other centers: The International Institute for the Translation of Buddhist Texts (1973), The Sagely City of Ten Thousand Buddhas in Talmage (1976), Gold Wheel Sagely Monastery in Los Angeles (1976), Gold Buddha Sagely Monastery in Vancouver (1984), Gold Summit Sagely Monastery in Seattle (1984), Avatamsaka Sagely Monastery in Calgary (1986), and Proper Dharma Buddhist Academy in Taiwan (1989). The Sagely City of Ten Thousand Buddhas also houses Dharma Realm Buddhist University, Developing Virtue Secondary School, and Instilling Goodness Elementary School." Available at: http://www.advite.com/sf/drba/drbaindex.html Online: 17 November 2018.

9　為培養弘法的人才，於 1974 年，其組織更買下舊金山北邊約 110 英里達摩鎮（Talmage）內一處廢棄的療養院，將其改造為萬佛城，城中設立育良小學，培德中學，法界佛教大學，寺院，素齋餐館等，並將北美佛教總會改名為法界佛教總會，其基地落地於此。在弘法方面，上人教導弟子天天參禪打坐，念佛，拜懺，研究經典，嚴持戒律，日中一食，衣不離體，和合共住，互相砥礪，在西方建立行持正法之僧團，以圖匡扶正教，令正法久住。又開放萬佛聖城為國際性宗教中心，並於 1994 年年成立法界宗教研究院，提倡融合南北傳佛教，團結世界宗教，大家互相學習，溝通合作。

版的講記，記載上人自己交代的因緣：

> 「我在三藩市，一九六五年那時候大約把這個《心經》
> 講完了之後，就講的這個《證道歌》。因為這個《證
> 道歌》，既很淺顯又很深奧。怎麼說它淺顯呢？它說
> 出的話，沒有多少令人不懂的地方，都很容易明白，
> 可是它那個道理呢，非常地奧妙，把佛法的大義，甚
> 至於都給表露出來了。在那時候，就是一九六五年的
> 時候，十二月七號那天開始講這個《證道歌》。」[10]

上人宣講特別說：「宣化清淨身語意，皈命頂禮佛法僧，
乃至十方三世佛，過去現在未來中，諸尊菩薩摩訶薩，西方
東土歷代祖，古往今來賢聖燈，惟願三寶垂加護，啟我正覺
轉法輪，見聞精進證不退，倒駕慈航救同倫，一切眾生皆滅
度，還我本來法性身，覲見威音古慈親。」[11]可見上人對《證
道歌》的重視。

當年上人只能用華語講述佛典，上人自己英語能力不高，
但是卻吸引了一些美國弟子；在華人翻譯，以及美國人潤色
之後，上人的漢傳佛學也就在當地逐漸發揮影響力。

譯經方面，他的門人在 1973 年成立國際譯經學院，致力
於將佛經翻譯成世界各國文字。這些佛教教育機構培養出多
位精通數國語言的僧尼，他們在宣化上人帶領下所翻譯的經

---

10 宣化上人講：〈永嘉大師證道歌淺釋〉，See:
　　http://www.drbachinese.org/online_reading/sf_others/Enlightened_song/
　　explanation.htm　檢索日期：25/12/2021.
11 宣化上人講：〈永嘉大師證道歌淺釋〉，See:
　　http://www.drbachinese.org/online_reading/sf_others/Enlightened_song/
　　explanation.htm　檢索日期：25/12/2021.

典已出版眾多，當中有百餘本譯為英文，中英文雙語佛書也陸續在出版中；另有西班牙文，越南文，法文，德文，日文等譯本。並發願將《大藏經》譯成各國文字，使佛法傳遍寰宇。近 40 年歷史的《金剛菩提海雜誌》，先是純英文版，後逐漸演變為中英對照月刊，至今已發行四百六十多期至於中文佛教書籍，更是不下百部。依據〈宣化上人簡傳〉的說法：[12]

> 上人常說：「只要我有一口氣在，就要講經說法。」又說：「將佛經翻譯成各國語言文字，把佛法播送到每一個人心裏，這才是永遠的。」所以上人講經說法，深入淺出，數十年如一日；並極力栽培弘法人才，觀機逗教，化導東西善信。

上人的成功，也得力於他的胸襟恢弘，他敦親睦鄰，對其他宗教都非常友善，不但跟基督教對話，而且也為不同宗教，提供活動場地；上人的美國弟子恆實法師在訪問中提到上人說：「佛法是很真實的，不分任何宗派。」上人把佛法帶到西方，加上早期西方弟子的努力，佛法在西方已經奠定很好的基礎。「佛法在西方的種子已經種下了，即使現在是過渡期間，但是這些種子，以後全部都會發芽，會像雨後春筍一樣冒出來。」[13]即使到今天，他們在柏克萊的寺廟，仍然開放給不同宗教舉辦他們的宗教活動。

---

12 宣化上人簡傳〉，見於《宣化上人法音宣流》網頁，網址：宣化上人簡傳 (fajiebooks.com.tw)；檢索日期：24/12/2021

13 恆實著：〈佛法到西方：恆實法師說因緣〉，參考：https://www.youtube.com/watch?v=56YjS78CyU8

（二）聖嚴法師及其對《證道歌》的推介

1. 聖嚴法師

聖嚴法師（1931-2009），曹洞宗，法名慧空聖嚴；臨濟宗法名，知剛惟柔，俗名張保康，學名張志德。聖嚴法師生於江蘇南通，是當代著名佛學弘法師兼教育家，為禪門曹洞宗的五十一代傳人，臨濟宗的五十七代傳人。東初禪師圓寂後，他承繼為農禪寺住持，並創立法鼓山。

聖嚴法師於少年出家為沙彌，戒名常進；1949 年，他因戰亂還俗，加入國軍，隨軍抵達台灣，以張采薇為名。退伍後，還是俗家弟子的聖嚴於 1960 年年皈依於東初法師門下，剃度出家，法名聖嚴，法號慧空，承繼臨濟宗與曹洞宗法脈。此外，又接受靈源法師禪悟印可，承繼臨濟宗法脈，法名知剛，法號惟柔。後來，他前往日本留學並自立正大學取得博士學位，是中國第一位赴日攻讀博士並順利取得博士學位的比丘。[14]

其後，東初法師命聖嚴法師去北美弘法，而法師有感於美國弟子們的求法熱誠，所以於 1979 年在美國紐約創立「禪中心」，後來擴大遷址更名為「東初禪寺」。此後，聖嚴法師

---

14 小沙彌時期的聖嚴法師，已深深體會到：「佛法是這麼好，可是誤解它的人是那麼多，而真正了解和接受的人是那麼少。」其中的根本原因，在於弘揚佛法的人才太少，因此前往高雄美濃山區閉關六年，之後更遠赴日本東京立正大學深造，於 1975 年獲得了文學博士學位。隨後，聖嚴法師應邀赴美弘化，先後擔任美國佛教會董事、副會長，紐約大覺寺住持及駐臺譯經院院長。東初老人於 1978 年圓寂後，聖嚴法師自美返臺承繼法務，隔年並應聘為中國文化學院佛學研究所所長及哲學研究所教授，此外也在東吳大學及輔仁大學任教，至此展開了推動佛教高等教育的理想。

便固定往返美國與臺灣兩地弘化，經常在亞洲、美洲、歐洲
等地著名學府及佛教社團宣揚佛法，不遺餘力。法師所推動
的理念是，提升人的品質，建設人間淨土，以教育完成關懷
任務，以關懷達到教育目的。他以中，日，英三種語言在亞，
美，歐各洲出版的著作近百種。

2. 證道歌的推介

　　聖嚴法師自 1976 年起在美洲弘法，他先到加拿大多倫多，
後來才去紐約定下來。當時，他在美國以及英國親自帶超過
五十次密集的禪修，也講了上百次的開示。

　　聖嚴法師著作達數百萬言，他的著作之中發行量最多的
是《正信的佛教》，已超過三百萬冊，而譯本最多的是《信心
銘》，已有十種，這些著述均受廣大讀者的歡迎。至於《證道
歌》的推介，則並非聖嚴最重要的工作。

　　依照 Christopher Marano 在一九八九年所記載，聖嚴法
師開始講《永嘉證道歌》，是在紐約舉辦的七日禪修時的開示；
當年的開示，除了是包含文獻疏解外，更包含專門為參加修
禪人士所提供的修禪資料，以及具體的實修意見。[15]

---

15 Christopher Marano, "The lectures are commentaries on Buddhist texts, but more importantly, they contain a wealth of relevant information and practical advice for practitioners on the retreat."　See Master Sheng-yen (1999), *The Sword of Wisdom*, in *The Complete Works of Master Sheng-yen*, Part 9, volume 4, (Taipei: Dharma Drum Corp.), p. 4.

三、《證道歌》西行的意義

（一）漢傳佛教在異鄉的扎根工作

美國人對東亞佛教有所認識，是從日本佛教開始的。因為早期用英文弘法的，譬如西谷教授、鈴木大拙教授等，他們都是日本人。而證道歌的英文翻譯及介紹，正為當年華人英譯漢傳佛教經典工作之一。漢傳佛教的翻譯早已開始，到了上世紀六、七十時代，普及的漢傳經典如《壇經》、《金剛經》、《起信論》及《法華經》等都有英文全譯；此外尚有不同經典的選譯，譬如華嚴的《金獅子章》等，漢學家陳榮捷（Chan Wing-tsit）就曾翻譯，並收錄於其在一九六三年出版的 *A Source Book of Chinese Philosophy*；至於《證道歌》的英文翻譯及推介，正反映六、七十年代華人在美國弘傳漢傳佛法的重要環節。

（二）佛學與佛教：漢傳的平衡路子

美國人開始認識佛教，無疑是從日本佛教開始，當時基督教面臨科學的嚴峻挑戰，不少知識分子，認為在科學昌明的世代，難以調和對神的信仰；有神論的基督教，自然首當其衝，備受攻擊。

面對科學及世俗文明挑戰，佛教在十九世紀末及二十世紀初年在美國弘法之時，大多採取迴避策略，於是一方面淡化其宗教色彩，去除神秘主義的色彩；另一方面，則強調佛

教是無神論，並將佛法包裝為類似心理學或哲學等學術；[16]在當時宗教與科學的對立性分裂之風潮下，佛教是以佛學的姿態出現；於是佛教更願意表現出其理性與現代的一面；特別是將禪修視為「精神治療」、「安撫情緒」的技術，到今天仍然是美國佛教的主流取向之一。

然而，到了六十年代，美國科學實證主義風潮，已經不能主宰社會人心；反之，人們並不盲從科學，而以宗教為迷信；而當時美國青年，對非基督教，特別是東方宗教，興趣方興未艾。所以宣化上人雖不特別強調神通，但卻常流露出一些讓人費解，甚至疑為神通的事情，[17]這也就吸引了當時

---

16 1893 年芝加哥舉辦 The Parliament of Religions. 回顧當年的情況，Richard Seager 指出 "Representatives such as Anagarika Dharmapala, a Theravada Buddhist and protégé of Olcott, and Shaku Soyen, a Rinai Zen monk and priest, were important leaders of modern Asian Buddhism. They presented the dharma as a fully up-to-date, living tradition at a time when most westerners still thought of Buddhism as a mysterious form of mysticism, exotic and hoary with antiquity. These Asian leaders also asserted that Buddhism, with its nontheistic and essentially psychological orientation, could better address the growing schism between science and religion than Christianity, a point that continues to be emphasized by many Buddhists today." Richard Hughes Seager, *Buddhism in America.* (N.Y.: Columbia University Press, 1999), p. 37.

17 恆實法師回憶宣化上人，就提到不少神秘事蹟，譬如他提到自己發心三步一拜，從洛杉磯走到萬佛城，途中有公路警察，要他們換上不同顏色的衣服，並建議他穿上昨天跟恆實一起的那位僧人的衣服，因為那僧人穿的是黃色與紅色的衣服，非常顯眼。這樣別的駕駛比較容易看到他們在路上跪拜，就不會撞上他們了。當時，恆實法師只有兩人上路，而且他們也沒有這樣的衣服；後來，他回到廟，查問當天上人去哪裡，廟眾回說，宣化上人一直在廟中見客，但突然說有事，就回到自己的房間，好幾小時都不出來。恆實說，他知道師傅的肉身在廟宇，但卻能分身到千里外，一直照顧他們。參考：《佛法到西方：恆實法師說因緣》，Available at: https://www.youtube.com/watch?v=56Yj56YjS78CyU8 檢索日期：25/12/2021.

部分美國青年。譬如宣化上人首先吸收了 David Berstein，既後來的恆由法師，先是 1967 年恆實進大學，室友就是 David Berstein；後來恆實也大學畢業了，到柏克萊大學讀研究所，專攻佛學，恆由就引導恆實認識宣化上人，這就是後來恆實的皈依，剃度的因緣。

宣化上人在解釋《證道歌》，直接從文解義，披露文本的禪修內核；當然更不迴避宗教修證的內容，絕未強調佛教不是宗教。宣化上人的詮釋，也時刻透現佛教教理，實為兼容理解與實修並進的進路。

聖嚴法師在美國之時，也努力度眾。他一邊學習英語，一邊謀生，還堅持說法度眾，吸引一批美國青年學生，加入學佛；這些青年當中，後來部分追隨聖嚴出家。聖嚴法師教導禪修，但同時也講明義理；既實踐宗教的禪修，同時，也開示佛教高深的智慧。這就讓漢傳「解行並進」的傳統傳到美國，而漢傳佛教這一解行並進的平衡進路，無須像早期佛教般，刻意避免凸顯佛教的宗教面；反之，聖嚴法師能平實的展現佛教的世界觀，而這也成為美國佛教的重要參考。

此外，聖嚴法師講明證道歌的基本義理，他清楚的點出：

「在《證道歌》中，有一個很明確的主題——實相，它是由兩組語詞所呈現的：實性或法性，以及本性或佛性。實性是空性，它是一切法的本性，也稱為法性。一切法，包括內在的法和外在的法，皆由因緣而生起。就法的本身而言，它並無本質上的真實，是無自性的。本性則是每位眾生內在所具有的，也就是因為

眾生具有本性，才能達到佛果，也叫作佛性。」[18]
舉重若輕，聖嚴法師將空性與佛性兩面同時並舉，避免頑空
與執有兩種極端，對於在初學者而言，實在奠立極為重要的
基礎，也很好的鋪墊漢傳佛學以如來藏為本的說明。

（三）漢傳佛教的修行與體證

在漢傳佛教在二十世紀末復興前，美國人學佛，多從日
本禪師的指導；相對來說，漢傳佛教豐富的修行經驗，卻從
未被系統介紹到美國社會。這方面宣化上人非常重視；[19]而
且《證道歌》反映著華人習禪的修行與體證經驗，得到介紹
給美國社會，供大眾參考。故而，漢傳佛教的傳統禪法，通
過《證道歌》在美國的推介，而打開漢傳佛教在美國發展的
契機。

從一九八二年到一九八五年之間，聖嚴法師系列的講授
《永嘉證道歌》。他說：「這些都是在禪七期間的開示，目的
是幫助學員瞭解佛教的概念，以便能夠好好地修行。」[20]聖嚴
法師將《證道歌》巧妙的安排在七日禪修中，讓禪修的具體
實踐與永嘉大師關於禪修的敘述放在一起，正好深化修禪者
的領悟。

18　聖嚴法師：《智慧之劍‧序》，參考：大智慧系列 (ddmmy.org)，檢索
　　日期：25/12/2021.
19　上人認為「譯經是一項千秋萬世不朽的聖業，以我們凡夫來荷擔聖人
　　的工作，這是義務兼有意義的，既可利人，又立功德。以前翻譯經典
　　都是國王、皇帝，用國家的力量來翻譯，我們現在就是民間的力量。」
　　〈國際譯經院譯經會議記錄〉，參考：萬佛城金剛菩提海 Vajra Bodhi
　　Sea (drbachinese.org) 檢索日期：25/12/2021.
20　聖嚴法師：《智慧之劍‧序》，參考：大智慧系列 (ddmmy.org)，檢索
　　日期：25/12/2021.

　　同時，聖嚴的作法，讓常被疾病為境界說得高，修行無次第的中國禪法，得到比較系統的說明及介紹。

　　而在次第方面，聖嚴法師看重的是永嘉的吸收天台的止觀功夫，聖嚴法師說：「因為他是以天台宗的止觀法門為基礎修行方法的人，又得慧能的印可而為禪宗的真傳。故從其著作的性質看，〈永嘉證道歌〉是禪宗的心法，〈奢摩他頌〉、〈毘婆捨那頌〉、〈優畢叉頌〉等所說的止、觀、止觀均等，乃是天台宗的架構，性格頗見不同…我們推想，〈永嘉證道歌〉是在他見了慧能之後寫的，其他有關止觀的頌文，是他未見慧能之前寫的，先漸而後頓，理由極為明顯。」[21]同時，永嘉大師由早期天臺的漸修，到後來接納慧能的頓悟，正好展示頓修漸悟的法門。聖嚴將《證道歌》融入禪修，就讓禪修的次第更彰顯，也讓更多佛教義理在很自然的方式下，傳達給當地的禪修眾，無怪能吸引不少弟子跟隨。依據弟子所述，聖嚴法師的開示，不只宣說佛法，更打進修禪者的心底，如同特別為個別而設，直接回答修禪者的問題，同修者，都感到十分管用。[22]

21　聖嚴法師：〈永嘉證道歌·止觀頌〉，收入聖嚴法師：《禪門修證指要》，法鼓全集，第 4 輯，第 1 冊，頁 87。取自：法鼓全集 2020 紀念版 https://ddc.shengyen.org/?doc=04-01-011，檢索日期：25/12/2021.

22　Christopher Marano explains that "The text serves as a jumping-off point for Master Sheng-yen, who interprets Buddha dharma and tailor fits it to guide each participant in the proper use of his or her meditation method, and to help each participant overcome obstacles on the path of practice." See Master Sheng-yen (1999), *The Sword of Wisdom*, in *The Complete Works of Master Sheng-yen*, Part 9, volume 4, (Taipei: Dharma Drum Corp.). Quotation in P. 4.

（四）漢傳佛教的破邪顯正

當時美國青年喜歡禪修，但却不得其門而入，有些服食毒品，追求迷離的感覺，脫離現實的幻境。也有些誤把性愛的短暫歡愉，錯誤的視爲解放，於是又興起性瑜伽（sex yoga）。這方面，最近還有專書分享其個人成功經驗；[23]但無論服食毒品與濫用性交，都是漢傳佛教所反對的。

聖嚴法師說：「《證道歌》是無價的，因為它說明了悟前與悟後在日常生活中修行的正確方法，以及修行時應有的正確態度。」[24]《證道歌》正好提供漢傳佛教正法實修的指南，對於正在發展的美國佛教，正好提供了破邪顯正，激濁揚清的參考。

（五）全球化下的漢傳佛教

Buster Smith 教授在美國做過民族誌調研，[25]顯示某些條件下，佛教比較容易發展；譬如在華人聚居地，大學在附近，以及當地宗教歸屬比較薄弱的地方，確實有利於佛教發展。Smith 的觀察不無道理。聖嚴與宣化上人，他們移居美國後，定居在三藩市及紐約，三藩市是大量亞裔，特別是華人聚居

---

23 Ruth Phypers (2017), Dragon King's Daughter: Adventures of a Sex and Love Addict. London: Single View Book. Ms. Phypers tells her readers that her book, "narrates a true story of how a spiritually focused process of recovery transformed suffering into happiness. Framed within the context of a Buddhist philosophy, it goes without saying therefore, that not only does the book articulate a 'spiritual awakening' it references 'sexual experience' too."

24 聖嚴法師：《智慧之劍‧序》，參考：<u>大智慧系列 (ddmmy.org)</u>，檢索日期：25/12/2021.

25 uster Smith, "Buddhism in America: An Analysis of Social Receptivity," in *Contemporary Buddhism*, Volume 7, Issue 2, 2006.

的大城市；至於紐約更有龐大華人人口，兩城都有非常古老，而且龐大的中國城（唐人街），他們在這些城市弘法，得到當地華人的支援。然而更重要的是他們兩都有賴於大學城的背景，哥倫比亞是美國名校，聖嚴吸引到當地大學生；加州大學也是發展迅速，為宣化提供吸收弟子的機會。凡此，都合乎 Smith 的觀察。

由於兩位法師吸引到文化資本雄厚的大學生及研究生，於是讓他們就不再困守中國城；藉著這些美國大學生及研究生們的幫助，讓漢傳佛教得到更多用英語介紹及翻譯的機會。若從漢傳佛教全球化的配景看，兩位法師的證道歌英譯及推介，正好具體的呈現這一全球化趨勢。

另外，Richard H. Seager 的大作，敘述佛教在美國的發展，他的專書可說是這方面研究的有代表性的新作，他主要的論點在區分隨東亞移民來美的佛教型態，亞裔第二代的佛教以及美國本地人民皈依的佛教。然而，他的立論主要在區別「移民佛教」（Immigrant Buddhism）及美國本地人民的改宗佛教（Converted Buddhism），筆者簡稱為「移民佛教」及「改宗佛教」。Seager 教授主張移民佛教保留濃厚的東亞佛教的宇宙世界觀，接受輪迴業力等宗教性概念。而改宗佛教則放棄或轉化這些概念，他們放棄輪迴觀，將菩薩視為比喻或象徵，傳統教義或哲學，都看成為創意的基礎，修行目標就在自己內心心理的安頓，或追求世界的改變。[26]筆者認為兩

---

26 Seager writes, "The Buddhism of most immigrants tends to remain informed by the rich cosmological worldviews of Buddhist Asia. Rebirth and karma are often treated as existential fact, bodhisattvas as dynamic personalized forces or cosmic entities. Liberation and awakening are

位法師都遇上追求生命意義，尋求解放的青年；這些青年幫助他們英譯，其中也有隨而出家的。更重要的是兩位法師的弟子雖然屬於所謂「移民佛教」的傳承，但他們本身卻是改宗佛教的美國人；不過，這些美國法師並非如 Seager 教授所認為的放棄中國佛教的基本世界觀，反之，譬如恆實法師就謹守上人的教導，而在謹守師門之教的嚴謹上，他比諸中國弟子毫不遜色！

　　同時，在人間佛教的影響下，上人與聖嚴法師也呈現佛教現代化的一面；他們都展現中國佛教既能安頓人心，也能致力入世轉化世界。宣化上人講《證道歌》，就先立下普渡眾生的大願；至於聖嚴法師，後來更公開宣示「提升人的品質，建設人間淨土」的理念。這都跟他在美國《證道歌》的開示，若合符節。所以依據對兩位法師的觀察，我們認為 Smith 所講移民佛教的特色，其實，並不能有效照顧到這兩位法師及其弟子。因為他的改宗佛教的美國弟子，也接受漢傳佛教的世界觀，譬如輪迴等；而上人及聖嚴又發揮人間佛教的現代化取向，也能展現其入世法門，並用非常合理的說明方式，宣講漢傳佛法的義理，就此而言，兩法師雖傳的是所謂移民

---

essentially religious aspirations and rituals often retain an unambiguous sense of being efficacious. For many converts, however, the dharma is becoming integrated with a more secular outlook on life. Many have implicitly or explicitly abandoned the idea of rebirth. Cosmic bodhisattvas tend to be regarded as metaphors, rituals as personal and collective means of expression. Traditional doctrine and philosophy often take a back seat to inspiration and creativity. The transcendental goal of practice is itself often psychologized or reoriented to social transformation." See Richard Hughes Seager, *Buddhism in America* (N.Y.: Columbia University Press, 1999), p. 234.

佛教,但卻並未被攻擊為封建迷信;反而,他們的英譯,以及聖嚴將證道歌融入禪修,以便適應當地美國人的口味,這或部分反映漢傳佛教全球化的適應(appropriation)。

四、從文化外推分析《證道歌》的東傳

多倫多大學沈清松講座教授用「外推」觀念,來談跨文化哲學。筆者認為《證道歌》在美國的推介,可以從這外推的三步伐加以分析。

第一步,「語言的外推」,「就是把自己的哲學與文化傳統中的論述或語言翻譯成其他哲學與文化傳統的論述或語言」[27]。這體現在《證道歌》為代表的漢傳佛典的語譯及英譯兩項工作上。[28]這種語言層次的外推,兩位法師及其護法居士都做了。

第二步,「實踐的外推」,這是在語文層次之外,放到實踐之中的一步;沈教授認為這是「把一種文化脈絡中的哲學理念或文化價值或表達方式,從其原先的文化脈絡或實踐組織中抽出,移入到另一文化或組織脈絡中,看看它在新的脈

---

27 沈清松著:《從利瑪竇到海德格》(臺北:臺灣商務印書館,2014),頁 5。

28 關於英譯的工作,上文已經介紹過。但其實還涉及從古文到白話文的翻譯;譬如宣化上人的就是這樣;「上人曾在一九六五年第一次在美講解這歌詞的時候,用文言寫成了註釋本,題為《永嘉大師證道歌詮釋》。為了普及化,使未學習古文的年輕人都明瞭個中道理;所以我們就將一九八五年上人講這歌詞時的錄音帶另行印就這白話單行本。」參考:https://book.bfnn.org/books/0514.htm

絡中是否仍然是可理解或可行」。[29]顯然，放在另一處景，自然需要回應當地的議題，譬如有關同志上街，或同性婚姻合法化等，其實，上人特別提到愛滋病及同志婚姻合法會，自然是因為鼓勵將《證道歌》具體的實踐到美國社會。

聖嚴法師講《證道歌》，自然也涉及某些宗教考察，最明顯就是將《證道歌》，編排在七日禪些的活動中。於是《證道歌》不再停留在抽象的講解，而是將《證道歌》編排入實踐的禪修中。

第三步，「本體的外推」。沈教授認為「借此我們從一個微世界、文化世界或宗教世界出發，經由對於實在本身的直接接觸或經由終極實在的開顯的迂迴，進入到另一個微世界、文化世界、宗教世界」[30]。就這一點而言，雖然兩位法師都曾接受邀請，到電視上進行跨宗教的交流。然而，在《證道歌》沒有看到這一點，只是在兩位法師其他著作及實踐中，仍可以看到針對超越界的對話。[31]

五、結　語

本文認為《證道歌》的東傳美國，具體而微的體現漢傳佛教的全球化；其英文翻譯，不但讓漢傳佛教享有更豐富的翻譯漢傳佛教的英文字庫，更因英譯的便利，讓漢傳佛教更

---

29 沈清松著：《從利瑪竇到海德格》（臺北：台灣商務印書館，2014），頁 6。
30 沈清松著：《從利瑪竇到海德格》（臺北：臺灣商務印書館，2014），頁 6。
31 參聖嚴法師著：《聖嚴法師與宗教對話》（臺北：臺北法鼓文化 2001）。

容易跨出華裔移民的社群，而漸次打入美國主流社會。

　　《證道歌》的推介，讓美國人得到更多接觸漢傳佛教的機會；最重要的是《證道歌》呈現漢傳佛教的修禪經驗，這就讓漢傳佛教修行經驗得以介紹到美國；前此，美國人修佛，還是主要通過日本人的介紹，美國社會比較缺乏領略中國高僧修禪的途徑；《證道歌》的推介及英譯，打破這個接近壟斷的局面。

　　特別是聖嚴法師，將《證道歌》直接放入禪修之中，讓禪修中理解與修持兩途並進，很有特色。六十年代美國不少年輕人，雖然對亞洲認識不多，卻流行學點東方宗教，不過，他們卻多數不明白真正的佛教修行，反而使用毒品，誘發所謂禪悟體驗；同時，更不講究持戒，以致學佛竟混於男女之事，《證道歌》的推廣，正好提供美國學佛者，接觸漢傳佛法，以為對比參考；宣化上人最終在美國奉獻一生，建立萬佛城以及佛學院，迄今還是非常重要的美國佛法基地，其親傳弟子，如恆實、恆由等都是土生土長的美國白人，顯見其法脈在美國扎根了；聖嚴法師到台灣建立法鼓山，但終生未曾放棄向世界弘法的理想，其結合《證道歌》的修禪，講究從散亂到歸一，從歸一到無我的修法，秩序井然，現在也在美國開枝散葉。就此而言，《證道歌》在美國的推介及英譯，對於漢傳佛教的世界化，以及美國本地佛教的創立，都有其不容輕忽的貢獻。

第九章　融和精神與佛教的
中國化與全球化
——從蕅益法師到聖嚴法師

一、導　言

　　蕅益法師（1599-1656）是明末四大名僧，而聖嚴法師
（1930-2007）則為當代人間佛教的四大領袖之一；因緣巧合
的是，聖嚴法師本身就是研究蕅益法師的專家；聖嚴法師是
當代學問名僧，是第一位通過正式修讀課程，完成畢業論文
的華人佛學博士；而聖嚴法師的博士論文，寫的主題正是圍
繞著明末的蕅益法師。蕅益大師影響聖嚴法師頗深，是以本
文特別將兩人對比，以彰顯其中關係。[1]

---

1 文原來是參加靈峰寺方丈釋慈滿法師主辦之〈蕅益大師與靈峰派研究〉
　會議時所發表的論文，會議舉辦日期是 2017 年 11 月 11-12 日，會後，
　黃公元教授將論文收錄於釋慈滿、黃公元主編：《蕅益大師與靈峰派研
　究》（北京；宗教文化出版社，2019）一書，頁 346-359。今日整理此
　文，另見王宣曆先生〈聖嚴思想融合性之歷史根源與特色〉一文，先
　生文章於 2017 年 12 月發表於《台大佛學研究》，第三十四期，頁 87-120；
　而我的文章發表於同年 11 月，喜見兩文論述及所見，頗有相似者。

　　雖然聖嚴法師之所以選蕅益法師為博士論文題目，是因為其指導教授坂本幸男的引介；但是，聖嚴法師確實欣賞蕅益法師；同時也深受蕅益法師的影響；是以雖然聖嚴法師與蕅益法師有歸宗禪淨之別；但是實際上，兩人的取向，都反映融和禪淨的基本立場。早在七、八十年代的漢學界，已經點出明代思想界的融和色彩，譬如：于君方教授在討論晚明佛教的專書中，早已提到晚明佛教的融和精神，同時，她也提及漢化的進程。[2]柏林教授在研究林兆恩（1517-1598）[3]之時，也同時指出晚明在思想界呈現的融和精神；[4]這種融和精神除了表現在傳統儒釋道三教之外，在羅教、三一教等民間信仰中也明顯存在。順此思路，本文提出蕅益法師與聖嚴法師二人的論學以及實踐，均體現胸襟廣闊，海納百川的融和精神的特色，故而成為體大思精的教界宗師。同時，本文也嘗試提出兩位法師所建構的龐大佛學體系，分別因應佛教中

---

2 See Yu Chun-fang, *The Renewal of Buddhism in China: Chu-hung and the Late Ming Synthesis.* (N.Y.: Columbia University Press, 1981), esp. pp.1-8.

3 兆恩(1517-1598)，字懋勳，號龍江，道號子穀子；創立三一較，世稱「三教先生」。福建莆田縣人。三十歲時棄科舉，焚青衿，退庠士之名籍；專心研究宋明理學的「身心性命」之學，並倡儒、道、釋「三教歸一」，立「其教雖三，其道則一」之旨。著有《三教正宗統論》，勸人為善，反對邪惡。其學說影響至深且廣，弟子幾遍天下。又創「九序心法」醫治疾病。他說：「為天下萬世斯道慮，一生富貴非所志矣。」嘉靖三十八年，楚人何心隱到莆田，暫居於林家，跟林兆恩說：「昔儒、道、釋三大教門，孔子、老子、釋迦已做了，今只有三教合一，乃第一等事業，第一大教門也，茲又屬之先生。我即不能為三教弟子，願為三教執鞭焉。」參考林國平：《林兆恩與三一教》，（福州：福建人民出版社，1992），頁 1-8 及 30-36。

4 Judith Berling, *The Syncretic Religion of Lin Chao-en* (N.Y.: Columbia University Press, 1980).

國化與全球在地化的時代需求，各自成為適應時代需要的佛教論述，體現出融和精神的重要性。

二、蕅益法師及其融和精神

蕅益法師（西元 1599-1655），生於明朝萬曆二十七年，清順治十二年示寂，為明代四大高僧之一。諱智旭，號西有，別號八不道人。俗姓鐘，名際明、又名聲，字振之。先祖汴梁人，後遷居江蘇吳縣木瀆鎮。[5]蕅益法師為淨土宗第九祖，初學儒家，推崇儒門聖學，甚至作《辟佛論》數十篇。但到了天啟二年（1622），從憨山之徒雪嶺剃度，法名為「智旭」。後入徑山參禪，性相二宗，一時透徹。又見律學廢弛，這自然是修行者所不忍見，於是智旭以興律為己任。同時，對於台宗諸部，乃至賢首、法相等學，都有深入探討。後歸老于孝豐靈峰，篤志淨土。

有關蕅益法師已經有不少專書討論，[6]而且專題研究的

5　關蕅益法師的生平，有其門人成時所撰的宗論序說的說明；而淨界法師的《靈峰宗論導讀》，有詳細的解釋，可以參考。參見淨界法師：《靈峰宗論導讀》，（台北：財團法人佛陀教育基金會出版），2017 年 8 月，初版，頁 19-23、頁 28-42、頁 50-59。

6　就筆者所知，就有好幾種，譬如聖嚴法師著，關世謙譯：《明末中國佛教之研究》（臺北：臺灣學生書局，1988）。後來關世謙出家，法名會靖。釋會靖晚年曾修訂此中文翻譯本，以同一書名出版（臺北：法鼓文化出版社，2009）。

中國內地起碼有龔曉康著：《融會與貫通：蕅益智旭思想研究》（成都：巴蜀書社，2009 年 1 月）第 1 版。黃公元：《靈峰蕅益研究》（宗教文化出版社，2011）。

論文更多；[7]所以本文略人所詳，並嘗試從鳥瞰的角度，宏觀地論述其基本精神，指出融和是蕅益法師論學的基本特徵。

（一）著作等身，充量融和

智旭弟子成時在《靈峰蕅益法師宗論序說》將蕅益法師著述區分為《釋論》與《宗論》兩大類。釋論部分包含很多著作，計有：

> 《阿彌陀要解》一卷，《占察玄疏》三卷，《楞伽義疏》十卷，《盂蘭新疏》一卷，《大佛頂玄文》十二卷，《準提持法》一卷，《金剛破空論。附觀心釋》二卷，《心經略解》一卷，《法華會義》十六卷，《妙玄節要》二卷，《法華綸貫》一卷，《齋經科注》一卷，《遺教解》一卷，《梵網合注》八卷－附《授戒法、學戒法、梵網懺法問辯》一卷，《優婆塞戒經守戒品箋要》一卷，《羯磨文釋》一卷，《戒本經箋要》一卷，《毗尼集要》十七卷，《大小持戒犍度略釋》一卷，《戒消災經略釋》一卷，《五戒相經略解》一卷，《沙彌戒要》一卷，《唯識心要》十卷，《八要直解》八卷，《起信裂網疏》六卷，《大乘止觀釋要》四卷，《大悲行答辯訛》一卷－附《觀想偈略釋，法性觀，懺壇軌式》三種，《四十二章經解》一卷，《八大人覺經解》一卷，《占察行法》一卷，《禮地藏儀》一卷，《教觀綱宗並釋義》二卷，《閱藏知津》四十四卷，《法海觀瀾》五卷，《旃珊錄》一卷，《選佛譜》六卷，

---

7 就筆者所知，僅臺灣一地，碩博士學位論文專門以智旭為題者，不下十數篇。

《重訂諸經日誦》二卷，《周易禪解》十卷，《辟邪集》二卷。總共四十二種（《序說》則說共四十七種），近二百卷。[8]

至於《宗論》部分，成時所輯的《靈峰宗論》，則凡三十八卷[9]。從上述記載，我們清楚知道，蕅益法師對佛教諸宗，不但多所涉獵，而且也有大量撰述。

深入經藏當然不容易，就算要讀一遍大藏經，也是很大的工程；但蕅益法師卻遍讀三藏，在這深厚基礎上；他花了二十年，寫成《閱藏之津》一書，為後學提供很大方便；[10]智旭自己對編撰這本書的過程，有清楚的交代：

> 旭以年三十時，發心閱藏，……隨閱隨錄，凡曆……八地，歷年二十禩，……名之為《閱藏知津》云。[11]

正因為他的博覽群籍，兼究諸宗，所以才能成就其龐大的佛學經典資源，而這也客觀上讓蕅益法師有足夠資源，可以建構充量和諧的佛學體系。

對於他如何吸收天臺，如何融攝禪淨，已經有不少學者論述了，本文不必重複；但是最值得一提是他對密法的融攝，

8　參考智旭法師：〈靈峰蕅益法師宗論序〉，收入《靈峰宗論》，網址：http://www.minlun.org.tw/2pt/2pt-1-1/index-01.htm　檢索日期：31/10/2017。

9　參考智旭法師：〈靈峰蕅益法師宗論序〉，收入《靈峰宗論》，網址：http://www.minlun.org.tw/2pt/2pt-1-1/index-01.htm　檢索日期：31/10/2017。

10　黃怡婷，《釋智旭及其《閱藏知津》之研究》，臺北縣：花木蘭文化出版社，2007。

11　參考智旭法師：〈靈峰蕅益法師宗論卷第六〉，收入《靈峰宗論》，網址：http://www.minlun.org.tw/2pt/2pt-1-1/index-6-1.htm　檢索日期：31/10/2017。

而只是點出蕅益法師學問博通，努力融和佛教諸宗而已。

（二）融和三教，立足佛理

以「三教」統稱儒釋道，可以追溯到北周時期；隋唐起三教論道，而三教也逐漸由鼎立漸次合流，宋孝宗寫《原道辨》，提倡「以佛修心，以老治身，以儒治世。」[12]可說是非常有代表性的提法，而社會上也漸漸流行「三教雖殊，同歸於善」的觀念。實際上，明代三教融和之風已然很盛，特別是在晚明，在家居士也參與融和儒佛的努力；蕅益本身就是儒家出身，早年還曾深排佛法，甚至著書立說，批評佛法；日後蕅益為此也特別後悔；既然蕅益深通儒學，所以在其建構系統性大論述之時，也就特別能充分吸收儒學的精華，甚至進而要會通儒佛，譬如其《四書蕅益解》說：儒以孝為百行之本，佛以孝為至道之宗。蓋報恩心出於萬不可解之情。[13]

在佛教傳入中土之初，確實因出家的主張與強調齊家的儒家產生過衝突，而佛教人士也被指為不孝。出家後的蕅益法師則直接肯定儒佛兩家，都講究孝道，這顯然是一種和會兩教的說法。

蕅益法師也運用佛教概念，創造的詮釋儒家經典，以收攝儒家基本義理；譬如他運用天臺的「一心三觀」講格物，「一境三諦」解釋致知；明顯的活用佛教道理，去解釋儒家經典。

---

12 宋孝宗，〈原道辨〉，曾棗莊編，《全宋文》（上海市：上海辭書出版社，2006）卷 5279，第 236 冊，頁 297。

13 參考智旭法師：〈靈峰蕅益法師宗論卷第七〉，收入《靈峰宗論》，網址：http://www.minlun.org.tw/2pt/2pt-1-1/index-7-1.htm　檢索日期：31/10/2017。

知者，明德之本體，乃中道第一義諦妙心，非空非假
而實離一切相、即一切法者也。致者，一心三觀，了
達此一諦而三諦也。物者，迷此知體，而幻現之身心、
家國、天下，如水所結之冰也。格者，推究此身心、
家國、天下，皆如幻影，並非實我、實法，如以暖氣
銷堅冰也。欲得水，莫若泮冰；欲致知，莫若格物。
冰泮水現，物格知致矣。物者，所觀之境也；格者，
能觀之智也；知者，所顯之諦也。一心三觀名格物，
一境三諦不令隱晦名致知。……[14]

此處以佛釋儒的做法，並非特例，事實上，這樣的解釋
取向相當普遍，譬如：

五戒即五常：不殺即仁，不盜即義，不邪淫即禮，不
妄言即信，不飲酒即智。所以，在天為五星，在地為
五嶽，在時為五行，在人為五臟。天有五星，地有五
嶽，時有五行，方生育萬物；人有五臟，方成立色體。
然五常，只能為世間聖賢，維世正法；而五戒，則超
生脫死，乃至成就無上菩提。以儒門但總明戒相，未
的確全示戒體故也。何名戒體？謂吾人現前一念良知
之心。……儒亦云明明德，而未知明德即現前一念本
覺之體，明明德即現前一念始覺之智。……[15]

---

14 參考智旭法師：〈靈峰蕅益法師宗論卷第四〉，收入《靈峰宗論》，網
　址：http://www.minlun.org.tw/2pt/2pt-1-1/index-4-1.htm　檢索日期：
　31/10/2017。

15 參考智旭法師：〈靈峰蕅益法師宗論卷第二〉，收入《靈峰宗論》，網
　址：http://www.minlun.org.tw/2pt/2pt-1-1/index-2-1.htm　檢索日期：
　31/10/2017。

　　蕅益法師用佛教的五戒對比詮釋儒家「仁義禮智信」五常，他從效果來判別五常與五戒，認為儒家五常雖能成就聖賢，但卻不如佛家五戒之能超脫生死，成就無上菩提。而且，應該從表相進一步談本體，從本體論講，則所謂明德就是呈現當前一念本覺的本體，而所謂明明德就是呈現一念始覺之智。

　　以上數例都顯示蕅益法師的融和努力，並且呈現出其收攝儒學義理的創造性詮釋，當然，這種融攝儒學的詮釋並非人人同意，但卻反映著佛教吸收中國文化，實為佛教中國化的重要努力。民國時期的印光法師曾高度評價蕅益的儒佛融和的工作：[16]

　　　　明末蕅益法師，系法身大士，乘願示生。初讀儒書，即效先儒辟佛，而實未知佛之所以為佛。後讀佛經，始悔前愆，隨即殫精研究。方知佛法乃一切諸法之本，其有辟駁者，非掩耳盜鈴，即未見顏色之瞽論也。遂發心出家，弘揚法化，一生注述經論四十餘種，卷盈數百；莫不言言見諦，語語超宗，如走盤珠，利益無盡。又念儒宗上焉者取佛法以自益，終難究竟貫通。下焉者習詞章以自足，多造謗法惡業。中心痛傷，欲為救援。因取四書周易以佛法釋之，解論語孟子則略示大義，解中庸大學，則直指心源。**蓋秉法華開權顯實之義，以圓頓教理，釋治世語言，俾靈山泗水之心法，徹底顯露，了無餘蘊。**

　　當然，蕅益法師的融和性詮釋並非要泯滅儒佛之別，他

---

16 印光：〈四書蕅益解重刻序〉，網址：https://www.douban.com/note/57799640/

早年就曾站在正統儒學的立場，批評佛教，心中自然清楚明白儒佛兩家思想的大別：

> **儒之道，在盡心知性。**故篤行一事，必在學問、思辯之終…**佛之道，以見性明心為指歸，以信行、法行為方便。**信行秉教，豈廢觀心？法行觀心，豈容離教？是以西天諸祖，無不貫通三藏，深入諸禪。……[17]

又說：

> **儒以忠恕為一貫之傳，佛以直心為入道之本。**直心者，正念真如也。真如無虛偽相，亦名至誠心；真如生、佛體同，亦名深心；真如徧一切事，亦名回向發願心。此三心者，即一心也。一心泯絕內外謂之忠，一心等一切心謂之恕。故曰心、佛、眾生，三無差別。果達三無差別，欲一念自欺自誑不可得，欲一念自私自利亦不可得，欲一念自分自局尤不可得矣。[18]

在蕅益法師之意，在乎溝通三教，但並不放棄佛教的立場，所以是立足於佛教信仰，並采包容主義的取向，用以融和不同精神傳統。

---

17 參考智旭法師：〈靈峰蕅益法師宗論卷第七〉，收入《靈峰宗論》，網址：http://www.minlun.org.tw/2pt/2pt-1-1/index-7-1.htm 檢索日期：31/10/2017。

18 參考智旭法師：〈靈峰蕅益法師宗論卷第二〉，收入《靈峰宗論》，網址：http://www.minlun.org.tw/2pt/2pt-1-1/index-2-1.htm 檢索日期：31/10/2017。

三、聖嚴法師及其融和特色

上世紀七十年代起，臺灣經濟起飛，當地宗教發展的物質條件也漸次充分，於是臺灣的佛教開始急速發展，[19]其中又以所謂人間佛教四大重鎮——佛光山，慈濟功德會，中台禪院與法鼓山，發展迅速，信眾極多，影響深遠。聖嚴法師是當代人間佛教最重要的宗師之一，他不但創建法鼓山，而且開啟中華禪法鼓宗。[20]聖嚴法師雖創立宗派，但考其宗風，則並未特別跟佛教諸宗標異，反而充分體現融和特色。聖嚴法師於日本立正大學修讀博士，其研究正是以蕅益為研究焦點以反映明末佛教的特色：聖嚴法師在序中說：[21]

> 明末佛教，在中國近代的佛教思想史上，有其重要的地位，上承宋元，下啟清民，由宗派分張，而匯為全面的統一，不僅對教內主張「性相融會」、「禪教合一」以及

---

19 譬如瞿海源：〈臺灣的新興宗教〉，《二十一世紀》，2002 年，11 月號。網址：http://www.cuhk.edu.hk/ics/21c/supplem/essay/0207054.htm。瞿教授認為：「臺灣新興宗教現象之發展主要可以透過三個大因素來加以探討。第一個是社會結構因素，社會結構在解嚴前後，乃至於解嚴之前就開始有很大的變化，到目前為止，這種結構性的變遷仍在繼續進行，其中主要的就是自由化。第二個主要因素是宗教團體本身，宗教本身的教義、傳教方式、領導和組織都可能造成不同宗教團體的不同發展。最後一個重要因素就是個人接受新興宗教的可能性。個人由於心理需求、神秘經驗及相關信仰、權威人格、與家庭關係及生活，都應該與個人是否接受新興宗教有關。」

20 Sheng Yan, trans by Guo Gu and Ng Wee Keat, *The Dharma Drum Lineage of Chan Buddhism: Inheriting the Past and Inspiring the Future* (Sheng Yan Education Foundation, 2010).

21 聖嚴法師：《明末佛教思想》，法鼓全集 2020 紀念版：法鼓全集 2020 紀念版 (shengyen.org)。

禪淨律密的不可分割，也對教外的儒道二教，採取融通的疏導態度。諸家所傳的佛教本出同源，漸漸流佈而開出大小、性相、顯密、禪淨、宗教的局面。到了明末的諸大師，都有敞開胸襟，容受一切佛法，等視各宗各派的偉大心量，姑不論性相能否融會，顯密是否一源，臺賢可否合流，儒釋道三教宜否同解，而時代潮流之要求彼此容忍，相互尊重，乃是事實。是故明末諸大師在這一方面的努力，確有先驅思想的功勞。

蕅益的融和思想正反映明末這一特色。蕅益有《法華會義》、《法華玄義節要》、《法華論貫》、《教觀綱宗》等著作，所以傳統上多以蕅益智旭為天台宗學者；然而聖嚴法師卻明確指出蕅益智旭晚年的立場重視楞嚴經與起信論，形成性相融會、諸宗統一的論學目的。筆者主張這種融會的思想風格，也體現在聖嚴法師本人的治學與實踐之中。[22]實際上，聖嚴法師回顧近世佛教的發展，重點就在消泯門戶之見，擺脫界限枷鎖：「佛教的發展，雖也有南北傳與大小乘之分，中國的大乘佛教又有各家宗派的門戶之別，但到近世以來，中國佛教的門戶觀念，已經不見了；南傳與北傳之間，由於文化的交流，打開門戶，擺脫界限的時日，似也即將來到。」[23]下面將分別佛教內部（intra-religious）的融和，談到宗教之間（inter-religious）的融和；首先在佛教內部而言，由於聖

---

22 嚴法師：〈我的博士論文〉，參考聖嚴法師：《聖嚴法師學思歷程》，法鼓全集 2020 紀念版：法鼓全集 2020 紀念版 (shengyen.org)

23 嚴法師：〈佛陀的生滅歲月〉，參考聖嚴法師：《學佛知津》，法鼓全集 2020 紀念版：法鼓全集 2020 紀念版 (shengyen.org)

嚴法師是禪師，筆者首先從融和禪法講起，進而說明融和中國佛教各宗，乃至融和佛教三系；最後，進而說明其與教外的融和活動。

（一）融和禪法

聖嚴法師分別繼承東初老人（1907-1977）和靈源老和尚（1901-1988）的曹洞禪與臨濟禪法脈，[24]因而聖嚴法師並非傳承單一法脈而已，於是客觀上也就有了協調禪宗內部的需要；所以法師在禪門內部而言，整合臨濟與曹洞兩大法脈；特別是依據其深厚的禪學修為，創造性的恢復默照禪，這就讓中華禪法更為完整了。如果我們對照日本的發展，就更清楚聖嚴法師融和曹洞以及臨濟，確實反映中華禪的特色，因為日本的臨濟宗與曹洞宗跟中土的祖庭不同，兩派各自獨立，壁壘分明[25]，跟中華禪的融和風格，截然不同。而這種融和的風格，正是中華禪法鼓宗的一大特色。

具體的說，在修行方法方面，臨濟宗大慧宗杲以「話頭禪」稱著，而曹洞宗宏智正覺則發展「默照禪」；不過，元代以下，默照禪失傳；聖嚴法師說：「我自己則正好連接上了這兩個系統的法門，當我在跟老師修行著力時，用的是話頭禪，在六年的閉關期間，修的則是屬於默照禪。這兩種禪法對我來講，都有很大的利益及效果，直到目前我還是在

---

24 參法鼓山官方網站，又同參釋聖嚴：《歸程》（法鼓山），頁 206-210。又《悼念‧遊化》，網址：http://dongchu.ddbc.edu.tw/html/05/5_11.html

25 See Roger J. Corless, "Ch'an" in Charles Prebish ed., *Buddhism: A Modern Perspective*. (Penn State, 1995), pp.194-197.

教授著這兩種禪的修行法門。」[26]

　　聖嚴法師復活默照禪法後，就進而融貫話頭禪與默照禪；[27]法師將曹洞宗宏智正覺用「休歇」與「揩磨」之法，但放下的休歇與細密的揩磨如何調和？大慧宗杲不用四料簡等，直接參話頭，從抱緊話頭，但放下思議，以期驀然明心見性。從功夫看，曹洞默照禪最終下的是放下萬念的功夫，大慧宗杲看話禪要的是逼緊話頭的功夫，兩者張弛不一，取勁自異；然而，聖嚴法師則將調心功夫細分為：收心、攝心、安心到無心，這禪觀跟次第禪觀不同，它並非先修五停心，然後四念住；相對的，聖嚴法師的默照禪從有次第到無次第，一方面，放鬆安頓身心，體驗呼吸及身受心法；另一方面，人們採取不理不執的態度，只求清楚知道，無執放下。此外，聖嚴法師將大慧宗杲的參話頭，分為「念話頭、問話頭、參話頭與看話頭」四部份；但經過聖嚴法師的統整以及創造性的發展，兩者不但皆有次第可依，更非對立而不相容，反而都是修禪開悟的有用法門。下文將從禪宗以外，彰顯其融和精神。

（二）融會諸宗會通三系

　　禪法之外，法鼓宗的教義，除了吸收漢傳佛教的重點，更廣采南傳與藏傳的教法。所以筆者主張聖嚴法師的融和精神，也表現在融會漢傳內部諸宗，以及溝通漢傳、南傳與藏

26　嚴法師：〈默照禪的旨趣〉，收入《聖嚴法師教默照禪》，參考法鼓全集 2020 版：法鼓全集 2020 紀念版 (shengyen.org)

27　於聖嚴法師的默照禪與話頭禪的研究，參考涂艷秋：〈聖嚴法師對話頭禪與默照禪的繼承與發展〉，《聖嚴研究》，第三輯，頁 177-235。

傳三系的努力上。

在會通漢傳內部諸宗而言，聖嚴法師最突出的表現在會通天台與華嚴，以及融和禪淨。他認為：「天臺宗，整合了印度大小乘佛法，也契合了以《法華經》為根本教典和中國思想的特色」，[28]而「《法華經》則起而做綜合性的調停，誘導大小三乘，歸入唯一佛乘，處處指出，二乘三乘是權非實，唯一佛乘才是究竟。」[29]而華嚴「**把如來藏的法界觀發揮到極峰的層次。**」[30]所以晚年不但寫下《天臺心鑰》，也在七十多歲的高齡，勉力寫出《華嚴心銓》，這再再彰顯其海納百川的宗風。

其次，在禪淨和會方面；宋明以下，禪淨漸漸合流，法師深於明末佛教史，也援用「自他合一」的取向，融會禪淨，整合所謂「自力」與「他力」的不同取向，聖嚴法師說的非常清楚：

> 佛教的特色，從宗教信仰的層次來講，可以是他力的，也可以是自力的。如龍樹菩薩在《十住毘婆沙論》中提到的易行道和難行道。易行道重於他力，主要是仗著阿彌陀佛的願力救拔，配合自己的信願行而往生淨土；難行道則重自力，以自己的力量修持六度萬行，其間歷經三大阿僧祇劫而達到福慧圓滿的佛果。然而凡是神教信

---

28 聖嚴法師：〈承先啟後的中華禪法鼓宗〉，法鼓全集 2020 紀念版：法鼓全集 2020 紀念版 (shengyen.org)

29 考聖嚴法師：《絕妙說法──法華經講要》，法鼓全集，第 7 輯，第 8 冊，頁 3。見法鼓全集 2020 紀念版：https://ddc.shengyen.org/?doc=07-08-001

30 聖嚴法師：〈承先啟後的中華禪法鼓宗〉，法鼓全集 2020 紀念版：法鼓全集 2020 紀念版 (shengyen.org)

仰，不論多神教也好，一神教也好，都是重視他力的，主張人不能成神，更不能超越神；人只能接受神的愛而被救濟上生天國，被召回神的國度。

佛教在易行道的他力救濟之外，尤其重視個人的自力修行，即是各種道品次第的修持，能有多少工夫就有多少成就。佛教徒之所以稱其他宗教為「外道」，指的便是向自心之外求道。

在修行佛法的過程中，如果對自己的信心不夠，祈求佛菩薩的接引到佛國淨土，這是他力救濟，這也很好，在漢傳佛教之中，修行念佛法門的人特別多。至於求生西方淨土，算不算是外道？當然不是，淨土法門是一種過程，到了佛國淨土之後，還是繼續在修行，直到見佛聞法，悟得無生法忍，證入不生不滅的空性，這在外道是不會有的；而且解脫之後，依舊倒駕慈航，還入娑婆，廣度眾生，那便與自力的難行道殊途同歸了。[31]

法師精準的點出自力與他力皆為佛法之後，更澄清淨土就是自他合一的傳統，這就巧妙地把淨土接軌到「自力的難行道」上去，從而點明淨土並非不能跟禪融和的誤會。

除了融和漢傳佛學外，聖嚴法師也嘗試溝通藏傳與南傳；譬如其尋求理解與吸收藏傳佛教，不但親自撰著西藏佛教專書，[32]更親自跟達賴喇嘛會面，溝通雙方見解；[33]同時，法師

---

31 聖嚴法師：《承先啟後的中華禪法鼓宗》，網址：http://book853.com/show.aspx?id=738&cid=52&page=4，檢索日期：2/11/2017.
32 聖嚴法師：《西藏佛教史》，見《法鼓全集》，第 2 輯，第 2 冊，法鼓全集 2020 紀念版 (shengyen.org)
33 聖嚴法師：〈一場空前友好充滿智慧的對談會〉，收入《兩千年行腳》，

教導禪法，也不自我設限，所以也主動的參考南傳佛教的內觀傳統；在談及法鼓山的傳承之時，聖嚴法師明白的說：「我也吸收了南傳內觀和西藏佛教的基礎修行方法，並且研究、參考了日本、韓國、越南的禪法特色，將我幾十年來對於禪修體悟的心得，統整、融通、匯合，才開展出今日的中華禪法鼓宗」。[34]所以實際上，法師在溝通漢傳、藏傳與南傳三系佛教方面，確實有其努力與貢獻；這是因為法師認為「雖然有南傳、漢傳、藏傳不同系統的佛教，但全部都是釋迦牟尼佛的佛法，彼此之間是可以互通的，也可以獨立存在，因此應互相尊重。法鼓山的學風，就是希望往這樣的方向去走。」[35]所以他聖嚴法師希望他手創的僧伽大學也規劃藏傳及南傳的系所。因其始終秉持開放胸襟，集思廣益，海納百川，氣象廣闊，自然形成體大思精的新宗派。

（三）活用儒道，開展人間佛法

　　法鼓宗的融和取向，並非僅僅止于融會佛教諸宗，反之，聖嚴法師也活用中土儒家與道家的思想，他說：

> 漢傳佛教的特色，在於使大乘的佛法跟中國的儒道思想能夠互動，因此上一代的佛教大善知識們，主張以

見《法鼓全集》，第 6 輯，第 11 冊，頁 68。法鼓全集 2020 紀念版：https://ddc.shengyen.org/?doc=06-11-009

34　聖嚴法師：《承先啟後的中華禪法鼓宗》，見《法鼓全集》，第 9 輯，第 7 冊，頁 102。法鼓全集 2020 紀念版：https://ddc.shengyen.org/?doc=09-07-009

35　聖嚴法師：〈法鼓山的風格〉，《法鼓全集》，第 9 輯，第 11 冊，頁 19。見法鼓全集 2020 紀念版：https://ddc.shengyen.org/?doc=09-11-003

佛學為基礎，以儒、道二學為輔助，也就是要精通儒、
釋、道三教（雖然儒家和道家的基本教義派永遠是排
斥佛教的），就能夠使佛法為中國人所接受。儒家是
入世的，以人為本的；道家是出世的，以煉仙、長壽、
長生 不老為目標；佛教的小乘是以出世（解脫）為
根本，大乘佛教則是以救世為根本，嚴淨國土，成熟
有情，以淨化社會、淨化人心的菩薩道來普度眾生。
[36]

聖嚴法師肯定這種以立足佛教，並採納儒道二學為輔助
的做法；而且他又認為這是漢傳佛教的特色，所以自我定位
為漢傳佛教的中華禪法鼓宗，當然也不會反對「活用儒道的
傳統取向」。

筆者認為漢傳佛教吸收儒道精神，更能強化表現兩大精
神：以人為本與入世精神；換言之，這一會通寄託著「以人
為本」的取向，以及「入世精神」的特色；而這種入世與人
本精神，正好又更人間佛教的精神契合；聖嚴法師說：

在中國，對於宗密提倡三教融合論的《原人論》，雖然
研究弘傳的人不多，但在論主的五教判之中，納入人天
教，並收攝儒、道二教，影響卻極深遠，乃至到了二十
世紀的太虛大師，將佛法判為五乘三等：五乘共法、三
乘共法、大乘不共法，於五乘中，皆以人天乘為基礎；
太虛大師所說「人成即佛成」之思想，亦以此為著眼點，
似乎即是受到《原人論》五教判的影響，這不也就是我

---

36 聖嚴法師：《承先啟後的中華禪法鼓宗》，網址：http://book853.
com/show.aspx?id=738&cid=52&page=4，檢索日期：2/11/2017.

　　們提倡人間佛教及人間淨土的先驅嗎？」[37]
誠然，這種重視以人為本及平衡入世與出世的法鼓山精神，
正體現人間佛教的取向。

　　其實，法鼓宗發揚太虛法師（1889-1947）人生佛教的理
想，並進而提出「提升人的品質，建設人間淨土」的宗旨。[38]
前者重視的是人的品質，後者強調的是入世的菩薩精神，而
這兩者又正呼應上述「以人為本」與「入世精神」的基調。
當然必須澄清的是，以人為本，並非以人為限，而求修成佛
道，普渡眾生；至於救世的慈悲精神，當然並未捨棄出世的
理想；反而用建設人間淨土的精神，兼融出世與入世的理想。

（四）法鼓融和與收攝的基礎：正信與漢傳

　　法鼓山是禪門新宗派，禪宗就是心宗，所以無論法鼓山
的社會運動具體內容如何轉變，不變的都是以心為運動的總
綱，這顯示法師所重視就是對人心的安頓，是以法鼓山的主
軸，自然以心來建構其整套社會運動論述，這種安心的追求，
當然反映達摩相承勿替的安心法門。在聖嚴手上，更表現為
提升人的品質與建設人間淨土的宗旨。

　　聖嚴法師晚年，義精理熟，在消融天臺與華嚴教義方面，
特別撰寫《華嚴心銓》[39]與《天臺心鑰》[40]。這兩書都用上了

---

37 聖嚴法師：《華嚴心詮—原人論考釋》，參考《法鼓全集》，第 7 輯，
　第 14 冊，頁 3。法鼓全集 2020 紀念版：https://ddc.shengyen.org/?doc=
　07-14-001
38 有關法鼓山的介紹，簡明的可以參考何錦山：《臺灣佛教》（北京：九
　州出版社，2010），頁 283-295。
39 聖嚴法師：《華嚴心詮：原人論考釋》（臺北：法鼓文化，2006）。
40 聖嚴法師：《天臺心鑰：教觀綱宗貫注》（臺北：法鼓文化，2002）。

心這個字，這又豈是偶然的呢！因為心外求道，就是外道。

所以聖嚴法師雖然講究融和，但是也並非毫無底線，否則就成了大雜燴。我認為底線就是正信的佛法，聖嚴法師早年就寫下《正信的佛教》這本暢銷書，他提出他對正信的理解：

> 所謂正信，就是正確的信仰、正當的信誓、正軌的信解、正直的信行、真正的信賴。正信的內容，應具備三個主要的條件：第一必須是永久性的，第二必須要普遍性，第三必須是必然性的。換一個方式來說，便是過去一向如此，現在到如此，未來必將如此。凡是對於一種道理或一樁事物的信仰或信賴，如果禁不起這三個條件的考驗，那就不是正信而是迷信。一個宗教的教理，禁不起時代的考驗，通不過環境的疏導，開不出新興的境界，它便是迷信而不是正信。[41]

聖嚴法師所謂正信就在於正確性，而正確的真理，就必然是永恆、普遍以及必然的；正信既然是真理，所以必非迷信，而是能經得起考驗的真理；反過來說，凡一切不如法的，都不符合正信的標準，自然也不能吸納進法鼓宗的信仰體系之中。正信的佛教，就是法鼓宗融和精神的底線。那正信的具體標準又是什麼？聖嚴法師說：

> 我也必須在此聲明，我絕對是以印度佛教為依歸的，我寫《正信的佛教》，是以《阿含經》為準則，我在臺灣

---

41 聖嚴法師：〈正信的佛教是甚麼？〉，收入氏著：《正信的佛教》，網址：http://book853.com/show.aspx?id=9&cid=14&page=3，檢索日期：2/11/2017。

及美國亦開講過數次《中觀論》及《成唯識論》，並且也出版了《八識規矩頌講記》，在佛教的法義方面為我增長了廣度與深度。所以，我從佛法的普及信仰和生活化的實踐面、適應面著眼，要承先啟後大力維護闡揚漢傳的禪佛教，並不表示是反對其他各系佛教的。[42]

　　而從這上述正信的說明，也可見法師對佛教教理的徹底認信。聖嚴法師少年時就感歎：「佛法這麼好，但知道的人這麼少，誤會卻這麼多。」[43]因此他畢生致力推動佛法研究以及佛教教育，期望普及佛法，提升人心品質，建設人間淨土。

　　此外，聖嚴法師雖然主張融和與正信，但是在融和南北傳承方面，聖嚴法師還是堅持應發揚傳統漢傳佛教，聖嚴法師呼籲：「我們可以接收、運用和參考南傳和藏傳的優點，使漢傳佛教更豐富、更有彈性，但如果放棄自己的立場，專用他系的方法，這是有問題的。」這漢傳佛教的提法，其實部分反映聖嚴法師已經從融和差異到昇進發展的「新綜合」（New Synthesis）。

（五）融和與昇進：法鼓宗之繼往開來與承先啟後

　　就中國佛教而言，所謂創新得看法義的新詮，並且往往就在佛法與外教的交流中，就產生新的結果。但聖嚴法師並非刻意求新，所以他既能推陳出新，但又總不失佛法本懷。上文已經指出聖嚴法師佛學思想與實踐都展現了一種融和精

42　聖嚴法師：《承先啟後的中華禪法鼓宗》，網址：http://book853.com/show.aspx?id=738&cid=52&page=4，檢索日期：2/11/2017。

43　聖嚴法師：〈我們的使命〉，收入《法鼓山的方向：理念》；網址：法鼓全集 2020 紀念版（shengyen.org），檢索日期：2/12/2021.

神，而這正是漢傳佛教的主流精神；法師曾經說：

> 漢傳佛教的智慧、漢傳佛教的功能、漢傳佛教的性質，
> 是最具包容性與消融性的，它賦予了佛教積極住世、化
> 世的精神，所以現在提倡「人間佛教」的，主要是包括
> 中國大陸在內的漢傳佛教。這點請諸位認清楚，希望大
> 家對漢傳佛教有信心。[44]

聖嚴法師也明白表示了自己建立「中華禪法鼓宗」的理
由。他在《承先啟後的中華禪法鼓宗》說：

> 提出「法鼓宗」之目的有二：1. 使禪佛教與義理之學互
> 通。2. 使禪佛教與世界佛教會通，並且接納發揮世界各
> 系佛教之所長。例如本文……所說：「我站在現代人所
> 見漢傳禪佛教的立足點上，希望把印度佛教的源頭以及
> 南北傳諸宗的佛法作一些溝通，因為我所見、所知漢傳
> 禪佛教的特色，就是釋迦牟尼佛化世的本懷。」再如本
> 文……：「立足於漢傳禪佛教的基礎上，……不被言教
> 文字所困圍，活用印、漢、藏三大主流的各派佛學，才
> 是無往而不利的，也是可以無遠弗屆的。」所以，提出
> 「法鼓宗」之目的，可說是為了期勉法鼓山的僧俗四眾，
> 以復興「漢傳禪佛教」為己任，擔負起承先啟後的使命
> 和責任，以利益普世的人間大眾。」[45]

從以上的敘述中，我們看到在禪、漢傳佛教諸宗，以及
禪佛教與世界各系佛教的溝通與融和，這三層次在上文也分

---

44 聖嚴法師：《承先啟後的中華禪法鼓宗》，網址：http://book853.com/
　　show.aspx?id=738&cid=52&page=4，檢索日期：2/11/2017.2/11/2017.
45 承上註。

別說明了；此外，上文也指出法鼓的融和精神，除了涉及佛教內部跨宗派的融和，也有其跨宗教的融和特色，譬如吸收儒道之學等。

　　但筆者要進一步指出，正在這包容與消融的過程中，聖嚴法師融和主義，更表現為創造性的改故為新；他的做法，正好不只是學術性研究而已，更絕非故紙堆中的尋章摘句之業。聖嚴法師以宗教家自期，他面對時代挑戰，以及佛教必須轉型提升的契機，於是致力在佛教的經典與傳統中，創造的詮釋新的觀念與做法，以便復興漢傳佛教，開創佛教未來。聖嚴法師說：[46]

> 我一向主張，做學問應該是「古為今用，溫故知新；立足中華，放眼世界。」所以從一開頭，就是著眼在佛法對人的有用，因此要認識它、弘揚它。

聖嚴法師又說：[47]

> 建設法鼓山的理念，是根據如下的三點：一、要站在現代人的立足點上，一方面回顧歷史文化的優良傳統，同時展望未來文化的帶動創新。這也就是中國人一向主張的**繼往開來、承先啟後**，既不可忘掉過去，也不能不想到未來，而且現在就是現在。

　　既然要繼往開來，那當然要關注到現代人的需要，解決時代的問題，啟迪當代的人心；所以法鼓山的融和精神，也

46　聖嚴法師：《福慧自在：金剛經生活》，（臺北：法鼓文化，2004），頁4。

47　聖嚴法師：《承先啟後的中華禪法鼓宗》，網址：http://book853.com/show.aspx?id=738&cid=52&page=4，檢索日期：2/11/2017.

是一種積極的入世精神，它的承先，就是為了啟後，為了提升人的品質，為了救贖世間的苦難！

聖嚴法師依循中華禪的傳統傾向，亦繼續發揮融和努力。於是在禪宗內部、禪與諸佛教宗派，乃至世界三系佛教的層面，聖嚴法師都做了積極的融和工作；但法師並不囿於故常，而勇於推陳出新，以求實效；這也就促成了「中華禪法鼓宗」。

其實，法師早就為了落實這種理想，法鼓宗特別重視心靈轉化，希望通過提升心靈來淨化整個社會，尤其重視教育工作，不論是大學院教育、大普化教育及大關懷教育，都是要讓佛法普及社會之中，讓眾生領略到佛教的好處。[48]

為了方便現代人學佛法，在經典解釋方面，聖嚴法師可說是傾盡心力，法師對普及性經典，譬如《金剛經》、《心經》等，都曾經加以演繹；甚至對天臺、華嚴以及淨土諸宗的經典，都有專書論述。最重要的是法師不但延續傳統的解經努力，也重視對佛學思想的普及性介紹；譬如其講心經，就運用傳統講經的方式，科判之外，就注重佛學思想與禪觀，譬如《心經禪解》的內容是：

> 比較著重於佛學思想及禪觀，同時也對經文逐句的解釋，必要時也徵引了諸大小乘經論，便利於新學者的禪修練習，也可作為演講《心經》的參考。[49]

至於《心經講記》，也在傳統講經方式之外，介紹佛教的基本觀念：

---

48 有關聖嚴法師的理念，參法鼓山網站：http://www.shengyen.org/content/about/about_02_1.aspx。上網日期：2014/5/29。

49 聖嚴法師：《心的經典：心經新釋》（臺北：法鼓文化，1997），頁 7。

> 心經講記──講于農禪寺，除了依照傳統講經方式，以
> 序分、正宗分、流通分而逐句解說，並依經文標示出佛
> 教的宇宙觀、人類觀、人的三世因果觀、菩薩及佛的境
> 界；層次分明，內容也相當扎實，有助於學人作義理的
> 探究。[50]

這些普及著作，其實，也從普及的考慮，並不特別強調
宗派之別，反而大處著墨，開是諸宗多數同意的基本觀點，
他整理的宇宙觀、人類觀，其實，就寄託著融和諸宗的色彩。

除了透過正面宣揚教義之外，聖嚴法師大力追求轉化社
會，他先後提出「四大環保」、「心五四運動」以及「心六倫
運動」大型社會運動[51]。這些都見證法鼓宗旗幟顯明的宏揚
正信佛法，推動漢傳佛教，提升人的品質，建設人間淨土的
悲心大願。

四、融和精神的兩表現：中國化與全球化

（一）蕅益法師融和精神所呈現的中國化特色

上文分別論證蕅益與聖嚴兩法師的佛學體系，都呈現海
納百川的融和精神；既然融和精神如此重要，則我們又必須

---

50 聖嚴法師：《心的經典：心經新釋》（臺北：法鼓文化，1997），頁 7-8。
51 所謂四種環保，其實就指心靈環保、生活環保、自然環保與禮儀環保。
　　而所謂心六倫運動則指的是家庭倫理、生活倫理、校園倫理、自然倫
　　理、職場倫理和族群倫理六種。由於正確的倫理觀念，一定是由自己
　　有善心善意的開始做起，所以這個六倫理的運動，與他的價值主體，
　　亦即是心靈有關，所以稱之為心六倫運動。而心五四運動是一個有關
　　心靈改革、品質提升的社會運動，心五四的要點在於四安，分別為安
　　心、安身、安家及安業。

進一步就此一點進行分析,彰顯其特色。我認為兩人的融和
精神,除了表現在其致力跟教內不同宗派對話,吸收眾長之
外,也表現在其對教外的不同精神傳統的吸收與消化;由於
兩人都是中土華僧,這種融攝的努力,自然涉及其對中國文
明的吸收,具體表現為對儒道二教的融攝。這就彰顯了佛教
的中國化;但由於聖嚴法師處於當代的多元宗教世界,其融
和精神又兼及對不同宗教的交談與合作,以及全球布教的努
力,而這些正又是其全球化的特色。讓我們在下文分別加以
說明。

上文已經展示蕅益法師融和教內不同宗派,同時,也融
攝儒道兩家,就此而言,自然展現出佛教中國化的色彩;但
對於當時外來的天主教,則蕅益並仍未能欣賞:

> 且問:彼大主宰有形質耶?無形質耶?若有形質,複
> 從何生?且未有天地時,住止何處?若無形質,則吾
> 儒所謂太極也;太極本無極,雲何有愛惡?雲何要人
> 奉事,聽候使令?云何能為福罰?[52]

除了依照儒家的太極說而反駁天主教外,蕅益也訴諸合
理性去質疑天主教的說法,譬如對於「神義論」的問題,他
就基於公共理性而提出質疑:

> 若如彼說,則造作之權,全歸天主;天主既能造作神
> 人,何不單造善神、善人,而又兼造惡神、惡人,以
> 貽累于萬世乎?其不通者二也。且天主所造露際弗爾,
> 何故獨賜之以大力量,大才能?若不知其要起驕傲而

---

52 鐘始聲:《辟邪集》,參考網址:http://tripitaka.cbeta.org/mobile/index.
php?index=J23nB120_001

賜之，是不智也。若知其要起驕傲而賜之，是不仁也。
不仁不智，猶稱天主，其不通者三也。又露際弗爾，
既罰下地獄矣，天主又容他在此世界陰誘世人，曾不
如舜之誅四凶，封傲象也，其不通者四也。且天地萬
物既皆天主所造，即應擇其有益者而造之，擇其有損
者而弗造，或雖造而即除之，何故造此肉身，造此風
俗，造此魔鬼以為三仇，而不能除耶！世間良工，造
器必美，或偶不美，必棄之，以至大至尊至靈至聖之
真主曾良工之不如，其不通者五也。[53]

　　當然這種反駁，並未接觸到基督宗教神學的深意；同時，
受限於時代，蕅益對基督教神學的理解，實在嚴重不足。他
以為上帝若全善又全能，則上帝只應或只能造出一切美善，
而不應創造惡；他並依照這一思路去反駁基督宗教神學；其
實，類似的意見，不但歷史上提出過多次，甚至現代哲學家
也有類似的看法。其實，假如肯定神的全能，則提出神「不
能」創造惡，就已違反全能說；同時，從世間有惡而言，也
不能推論出神的非善，也不能簡單的指斥神不應創造惡，因
為這涉及人的自由意志。儘管這類神學的討論很多，神學的
解釋也並非人人接受，但起碼神學的討論，遠比蕅益所論深
遠；可惜蕅益法師當時未有接觸，否則應可以展開進一步的
討論。

53　鐘始聲：《辟邪集》，參考網址：http://tripitaka.cbeta.org/mobile/index.
php?index=J23nB120_001

（二）、聖嚴法師對其他宗教的應對態度

聖嚴法師對不同宗教的取態，跟藕益法師略有不同；首先，聖嚴法師本身就是弘揚漢傳佛教，其採取的就是中國化的進路；至於他所提倡的「四大環保」、「心五四運動」以及「心六倫運動」等大型社會運動，更顯示他致力消融並活用華人精神信仰的努力，特別是「心六倫」運動，就是為了調動並補充儒家五倫的觀念，以融入佛法精神，並適應時代需求，而這種種都反映出中國化的努力。

但聖嚴法師又不只限於中國化，他的學術及工作，也反映全球化的特色。提到全球化，不能不涉及如何理解及對待外來宗教；聖嚴法師以俗家身份從軍之時，為回應基督教牧對佛教的批判，在六十年代，發表多篇護教文字；[54]當時的文字，對基督教可說非常不客氣，譬如在其《世界宗教研究》中，他寫道：

> 當此自然哲學昌明的時代來臨，凡是有神論的宗教，均感有千頭萬緒的問題日益困擾了它們。多神教固落於無可理喻的迷信之譏，一神教同樣也有此路不通的根本危機。基督教會不得已而只好承認，神學應該分為「自然的」及「啟示的」兩部分。實則，自然的神學根本不是基督教的財產，而是哲學家的業績。唯有啟示的神學才是基督教的遺產。前者是理性的學問，後者是（不必用理性來衡量的）情感的信仰。理性的學問和情感的信仰分家，基督教只剩下了情感的信仰

---

54 聖嚴法師：《歸程》，修訂版，（臺北：法鼓文化，1997），頁 198-199。

而與理性的分析離了婚，這正是基督教的「病灶」。[55]

在《基督教研究》一書，聖嚴雖澄清他自己並非反基督的人，但他對於基督教的批評倒是相當嚴厲；可惜，儘管聖嚴法師曾遍讀五十多種近人論基督教的作品，但其所論，其實並未真正做到公平與客觀，他說：

> 當然，我不是一個反基督的人，我能承認並願接受《新約》、《舊約》中的若干觀念和教訓；雖然我不能接受也不能同意基督教的根本原則。如果基督徒們能夠放棄了那個原則——獨斷性的一元論二分法，基督教的信仰，那是不用批評的，那對人類的影響，將會一改羅素先生所見的歷史，將只有帶來光明而不會引起苦難。我想，我這看法，尚稱公平；因為，這也正是今日的時代所要求的精神。[56]

約翰·希克（John Hick）區分所謂宗教的三種態度為排它主義、包容主義及多元主義；[57]今天我們不必然同意這種分類；但希克這一頗為流行的分類說，卻已經足以提醒我們注意基督宗教對其他宗教及宗派，也並非只有聖嚴法師所謂「獨斷性的一元論二分法」，實際上，至少也存在包容論及多元論的基督教神學。所以今日看來，聖嚴法師有關基督教的研究，雖比其他佛學前輩進步，也有一定學術含量，但仍有

---

55 聖嚴法師：《比較宗教學》，網址：http://www.book853.com/show. aspx? id=104&cid=63&page=9

56 聖嚴法師：《基督教之研究》（臺北：法鼓文化，1999），頁 19。

57 Hick suggested that each of world's religions should be viewed as "different human responses to one divine Reality." See his *God has Many Names*, London: Macmillan, 1980, p. 5-6

很大商榷空間。

晚年的聖嚴法師也明白到跨宗教交談的重要性，所以聖嚴法師晚年從事跨宗教對話，當然也就放棄早年的批判的態度；他甚至轉而積極期盼兩教可以合作，譬如他跟天主教單國璽樞機舉辦聯合講座，他呼籲：

> 我的想法跟樞機主教非常類似，希望我們的做法能形成一種風氣，也希望日後能夠有名人或高僧大德一起這麼做，讓我們的社會真正走向一個文明的時代。[58]

當然，雙方的理論涉及很廣，並非一篇文章可以交代清楚；但就本文目的而言，筆者要指出的是聖嚴法師雖有辟基督教的舊作，但這本是師命難違的工作；更重要的是法師晚年，多次跟天主教合作推動社會運動，天主教單樞機也公開支持聖嚴法師的「心靈環保」的工作，直接出席法鼓山的心靈環保運動。就此而言，聖嚴法師早已放下批判的態度，反而實則上步上合作的平臺。這就看出聖嚴法師除了融和中土的儒道兩教之外，更願意跟基督宗教交談合作。

此外，聖嚴法師的美國經驗，讓他大步邁出，勇於向世界推動漢傳佛教；他在紐約等地建立道場，不但長期在美國弘法，帶領禪修；過往雖然有華僧在北美弘法，但主要還是針對華人圈，所以基本上都集中在唐人街等華人集中的地方。但已屆中年的聖嚴法師，卻努力克服英語障礙，終於能在紐約立足，並在一眾北美弟子的協助下，開始用英語帶禪修，講佛法，吸引不少外籍信徒。當年幾位第一代弟子，現已是

---

58 聖嚴法師：〈真正的自由〉，收入《我願無窮》，網址：http://ddc.shengyen.org/pc.htm

美國大學的佛學教授；同時，不少法師的重要著作都有英文版，甚至是先出英文版，再翻譯為中文流通。由於法師的努力，他被邀到聯合國發表專題演講：

> 我們相信，各種族的宗教信仰，各有各的時空背景和演變背景，所以我們應該接受宗教多元化的事實，並且必須相信多元化的各種宗教，都對人類負起了淨化心靈、淨化社會的責任。
>
> 我們處身於二十一世紀的每一個宗教徒，不論是屬於哪一種宗教的哪一個教派，都有權利宣稱各自所信奉的宗教是最好的。我們如果希望把自己所信奉的宗教及觀念，和全人類分享，最好的方法是包容異己者、尊重異己者、協助異己者。例如中國的文化特色，即是永遠吸收及消化外來的異文化，印度的大乘佛教主張，一切眾生，皆有佛性，猶如**百川歸海，同成一味。彼此尊重各種族的文化及宗教，互相觀摩學習，取長補短，發揚優點而改進缺點；讚美共同處，欣賞不同處，求其同而存其異。個人與個人、族群與族群，宗教與宗教之間的互動，便是相得益彰的共存共榮。**[59]

　　這段話已經足以顯示，聖嚴法師重視包容異己，尊重他人的信仰，更指出中國文化吸收外來文化的特色，筆者認為這已經顯示聖嚴法師既有中國化的基礎，所以強調漢傳佛教，但同時，處於當代多元宗教的世界，聖嚴法師也強調全球化，

---

59 聖嚴法師：〈關懷世界與消衝突〉，見《法鼓全集》，第 3 輯，第 7 冊，頁 22，法鼓全集 2020 紀念版：https://ddc.shengyen.org/?doc=03-07-003

他身體力行，全球布教，足跡遍及亞洲、北美及歐洲，更推動宗教之間的對話與合作，這再再顯示其全球化特色，而這種既立足中國本土，又追求全球化的努力，正足以顯示其全球在地化的特色。

五、結　語

綜上所論，本文認為蕅益法師與聖嚴法師兩人的學術及實踐，都充分表現出融和的特色；兩位法師的融和努力，可分別從佛教內部及跨宗教兩面說明；從佛教內部看，二人論學不但表現在禪淨合流，而且也呈現為大量吸收佛教不同宗派的養分；所以本文提出蕅益法師與聖嚴法師的佛學體系都體現融和色彩。

不過，筆者認為比較之下，蕅益還是以漢傳佛教為主，雖已經吸收部分密法，但囿於時代關係，仍未能充分吸收藏傳與南傳養分；但聖嚴法師不但熟悉漢傳佛教，他趁留學之便，吸收日本現代化佛教的新表現；後來，又跟南傳與藏傳佛教交流，所以若論融和的範圍而言，聖嚴法師自身就更有融攝三系的努力，特別是內觀禪法，天臺學及藏傳的修行次第，都是聖嚴法師所重視的。

在跨宗教對話方面，蕅益法師融攝儒道，尤其是在《四書》及《易經》方面，用力很深，成果也大；但受限於時代，他對天主教，還不太理解，所以其融和體系，未能妥善處理這一外來宗教；但因其融攝儒道的努力，就透現「佛教中國

化」的色彩。聖嚴法師也致力會通佛教諸宗，但他提倡漢傳佛教，仍以中國佛學為重，這是建基於他對漢傳佛教的危機感；同時，他在華人社會弘法居多，很自然地想要活用儒道的文化資源，以輔助佛教的宏揚；特別是其所謂「心六倫運動」，針對華人社會的文化特性，實有明顯「中國化」的色彩；不過，聖嚴法師素以正信佛教為依歸的立場，這也是非常明顯的，也就是說，聖嚴法師的中國化，並不犧牲正信佛教的原則。

此外，對於外來宗教來說，蕅益法師著力辟邪，聖嚴法師則開始時也大力批評基督教，這是出於當時佛教教勢太弱的危機；但後來法師開始國際弘法，主動用英文到世界教授禪修；而晚年更跟天主教合作，推動社會運動，為佛教的全球化貢獻一分力量，所以聖嚴法師的佛學體系及實踐，除了體現中國化之外，也有其全球化的一面，所以表現出兼融二者的「全球在地化」。

走筆至此，理應更進一步說明所謂「融和主義」本來是政治方面的概念，[60]後來應用到宗教及文化研究方面；值得注意的論者提出 Syncretism 與 Synthesis 的區分；這兩個英文字並沒有太合適的中文翻譯，也沒有足以顯示兩者分別的約定俗成的中譯；筆者勉強翻譯為「融和主義」與「綜合升進」；有論者區分所謂 Syncretism 只是將不同成分擺放在一

---

60 Carsten Colpe. Trans. Matthew J. O'Connell, "Syncretism", in *Encyclopedia of Religion*, McMillan, 2nd ed. pp. 8926-8934. 融和主義非常複雜，而且代有新解，這裡無法簡單說明。

起，但這些成分之間並未因共處而變化，這或可稱為拼盤般的拼放；而 Synthesis 說的不只是拼放一起，[61]而是彼此成分都產生變化；而哲學上，所謂 Synthesis 更常指一融合、揚棄，並進而在保留一定舊有的成分下，發展出更高層次的綜合。就此而言，前者是「差異的拼合」，後者是「融貫的綜合」（coherent synthesis）。筆者認為無論蕅益大師與聖嚴法師的佛學思想都立足於精深的義理思想研究，以及深厚的修行體會，並進而融和提升，所以兩人都成就出其所處時代的漢傳佛教新綜合（New Synthesis）。

不過，因身處時代不同，讓蕅益法師與聖嚴法師，在中國化與全球在地化兩方面，有不同的取向；但是兩者無疑都是胸襟廣闊，海納百川的佛學高僧；而聖嚴法師以蕅益法師為博士論文的研究物件，而在研究過程中，僅是《靈峰宗論》一書，聖嚴法師就已經讀過二十幾次，同時，更通讀蕅益法師現存五十一種，二百二十八卷的作品，聖嚴法師深知蕅益法師的融和精神，本文認為正是這一融和精神跨越時間，先後貫徹兩位佛門龍象；而融和精神也正是二人體現「佛教中國化」，乃至「佛教全球化」的重要資糧，值得今天關心佛教未來發展者注意。

---

61 Michael Pye suggests that Syncretism should therefore be differentiated both from mere mixture and from synthesis." See his "Syncretism versus Synthesis, in *Method and Theory in the Study of Religion*, 1994, Vol. 6, No. 3, (1994), pp. 217-229.

第十章　當代台灣人間佛教
全球化論述的一個側面

一、導　言

今日世界出現許多全球性的重大危機，譬如世界疾病防治、全球金融危機、地球暖化問題、跨國犯罪問題等等，皆迫在眉睫，但不是任何國家能單獨解決的。從學術層面說，全球化論述，不但是現代人文社會學界的中心議題之一，甚至有取代後現代論述的趨向。所以我們可以說，無論在學界層面，還是社會層面，全球化實在已是不容輕忽的趨勢。佛教以慈悲濟世為懷，眼見當下全球化的國際形勢，自然也應對其加深認識，並積極響應。佛教與全球化的聯繫，不僅呈現在具體實踐方面，更存在著理論層面上的關聯。本文目的在於本佛教的精神資源，以響應當前全球化論述的一些基本觀點。由於佛教傳統中以當代人間佛教，特別是大師們如聖嚴法師、星雲大師等諸山長老的理論資源與實際經驗，最為寶貴。它們不但對全球化議題多所著墨，也有實際之努力經營，所以本文論述範圍以當代台灣人間佛教為主，以期提

供初步整理與反省。

（一）佛教全球化：事實關聯

全球化的其中一個意義是普遍化，主要觸及政、社、經、文等層面發現普及全球各地的現象。若從這一角度看，佛教全球化的意義，就是讓佛法普遍地弘傳到世界不同地方。筆者認為雖然全球化是近世，甚至現代始有之獨特現象。不過，若僅從追求普遍化這一點看，則佛教弘法歷史，或亦可見全球化之表現。實際上孔雀王朝之白阿育王，派遣弘法使團到各地弘法，鐫刻摩崖法敕，興寺建塔等，就是以當時所知之全世界為弘法範圍。就此而言，佛教可說是早有全球化之經驗。近年，多次國際賑災、跨國醫療之中，佛教都有極大貢獻。漢傳人間佛教，更是贏得了許多的肯定與崇敬。我們可以預期，當代佛教在全球化中，勢將承擔更大的國際責任。對全球性議題，也必擁有更大的發言平台。實際上，當代佛教早已加入全球化運動，佛光山有一聯句：「佛光普照三千界，法水長流五大洲」，就非常形象化地點出佛光山的全球化經營與氣魄。他如法鼓山、慈濟功德會等，皆有全球佈局與世界經營的努力；至於日本臨濟禪、藏傳佛教，都致力全球布教。今日佛教，特別是人間佛教，顯然已經積極參與全球化進程的經驗。台灣地區人間佛教的全球化可說是漢傳佛教宏傳二千年來，最重要的大事。

（二）佛教全球化：理論關聯

除了事實之相關外，就佛教的教理層面而言，亦有其與全球化理論有所關聯之處。歷年以來，近人不斷提出有關全

球化的種種論述，其中涉及經濟信息以至社會文化等學科，
範疇各有不同。然而這些猶如雨後春筍般冒起、表面看起來
眾說紛紜的表述，但大都認同全球各地的某類形活動，正有
愈趨頻繁之勢。這些漸漸出現的普遍元素，讓世界不同地區
發展出息息相關的緊密互聯關係；隨著全球的互聯過程持續
地深化與發展，地域間的緊密性亦隨之進一步提升，形成一
個循環反饋的發展系統。本文認為上述這種在全球化下生成
發展的「互聯性」（Inter-connectivity）現象，正是全球化的
最重要特徵之一。依照緣起論的基本觀點，則世界各地本就
密切互相聯結，此亦可在理論方面與全球化之互聯性特徵，
彼此呼應。是以，在這篇論文中，筆者嘗試以當代台灣人間
佛教為例，討論在全球化論述中，佛教可以為我們提供一些
怎樣的精神資源。在本文的討論中，筆者將聚焦於佛教教理
中「互聯性」之上；在結論上，本文嘗試點出，當代人間佛
教的論述在全球化的議題裡，可以作出的幾項重要參考資
源。

二、全球化論述的發展與反省

　　1960 年加拿大傳播學學者麥努漢（Marshal McLuhan）
編撰《傳播中的探索》（*Explorations on Communication*）一
書，開啟了全球化的論述。[1]在這本書，麥氏首先提出「地球

---

1 Edmund Carpenter, and Marshall McLuhan, ed.：*Explorations in Communication: An Anthology*. Boston: Beacon Press, 1960，該書本為麥氏所編的論文集，關於麥氏之論點，詳細可參 Mar-shall McLuhan, and

村」（Global Village）的概念；他把傳播技術特別是電子媒體
與電視等的進步，關聯到地球村的形成。[2]自從這種全球意識
的論述出現之後，很多學者從不同的角度說明跨國的現象、
社會乃至文化的形成，這就形成了內容龐雜的全球化論述，
但意見紛陳，莫衷一是。

　　1985年，學者羅蘭・羅伯森（Roland Robertson）等在〈現
代化、全球化及世界體系理論中的文化問題〉（Modernization,
Globalization and the Problem of Culture in World-Systems
Theory）[3]一文中，特別就全球化（Globalization）一詞嘗試
提出定義[4]，但仍然無法取得共識，全球化論述反而漸漸失焦，
模糊成各說各話的大雜燴。這些論述中，多數是從政治經濟
發展的脈絡發言。譬如華勒斯坦（Wallerstein）的《世界體

Bruce Powers, ed., *The Global Village: Transformations in World Life and
Media in the 21 th Century*. (N. Y.: Oxford University Press, 1989).

2　McLuhan writes "Postliterate man's electronic media contract the world to
　a village or tribe where everything happens to everyone at the same time:
　everyone knows about, and therefore participates in, everything that is
　happening the minute is happens. Television gives this quality of
　simultaneity to events in the global village." See Edmund Carpenter, and
　Marshall McLuhan, ed., : *Explorations in Communication: An Anthology*.
　(Boston: Beacon Press, 1960), p. 6.

3　羅蘭・羅伯森（Roland Robertson）、法蘭・利希訥(Frank J. Lechner）
　著，梁光嚴譯：〈現代化、全球化及世界體系理論中的文化問題〉，收
　入氏著，梁光嚴譯：《全球化：社會 理論和全球文化》（上海：上海人
　民出版社，2000），頁126-140。原文見 Roland Robertson, and Frank J.
　Lechner: "Modernization, Globalization and the Problem of Culture in
　World-Systems Theory." In *Globalization: Social theory and Global
　Culture*, (London: Sage Publications, 1992), pp.103-118.

4　羅蘭・羅伯森在〈現代化、全球化及世界體系理論中的文化問題〉一
　文中將"Globalization"一詞定義為："the compression of the world and
　the intensification of the consciousness of the world as a whole"。

系分析》[5]以及 Robert Gilpin 的《全球資本主義挑戰》[6]等等。

但無論如何分歧，這些學者多數強調全球化的普同趨勢。其中最有代表性或者就是弗朗西斯‧福山（Francis Fukuyama）的《歷史的終結與最後的人》（*The End of History and the Last Man*），他宣揚自由民主之全球價值。至於趨勢大師大前研一更在 1995 年出版的《民族國家的終結》宣稱，在全球的投資、工業、信息技術、消費的個人四方面的跨國活動之中，民族國家的力量越來越衰弱[7]。更預言全球化的跨國力量將使得民族國家終結。儘管論述可以非常不同，但她們多數樂觀的指出全球文化、經濟、社會到政治體係出現某些普及於全球的成分。可惜對這些「普同論」的樂觀論點，並未為全球化提供大家共認的定義。

不過，不少學者對於上述的說法仍持保留態度。筆者認為這些批評意見，主要從兩方面提出。第一，學者質疑全球化之普及程度，是否如一般全球論述所標舉，其特徵已經在全世界各地中出現。第二，在內容上，批評者指不少全球化論述之其實是偏狹不備，它們多數只反映西方思維，未能充分照顧東方觀點，亦未能兼顧宗教向度。在有限的宗教論述中，佛教方面更顯嚴重不足，而發展不及百年的台灣人間佛教，就更被忽視了。然而當代台灣人間佛教在佛教全球化方面，不但有精湛的精神資源，更有寶貴的實作經驗。有鑑於

---

5 Immanuel Maurice Wallerstein. *World-systems Analysis: An Introduction*. Durham: Duke University Press, 2004.

6 Robert Gilpin. *The Challenge of Global Capitalism: The World Economy in The 21st Century*. Princeton, N.J.: Princeton University Press, 2000.

7 Kenichi Ohmae, *The End of National State: The Rise of Regional Economies*, (NY: The Free Press, 1995), p. 11.

此，本文特別側重人間佛教，而對全球化問題提出初步反省，嘗試補充當前論述受限於西方中心思維之不足，與忽視宗教思想之偏頗。

（一）程度問題：全球化真的普及全球嗎？

在正面提出人間佛教論述前，我們先說明上述程度與內容兩方面的不足。提出說明。在程度方面，現在對全球化論述的批判中，最激進的看法可算是，從根本懷疑全球化是假議題，這可稱為「懷疑論」，這類批評乃是針對上文提及之過度樂觀的看法。其中有代表性的著作包括由學者保羅・赫斯特（Paul Hirst）及格拉罕・湯普森（Grahame Thompson）所發表的《爭議中的全球化》[8]及由魏絲（Linda Weiss）所著《失能國家的迷思》[9]等書。無論我們是否贊成這些質疑，毫無疑問的是，現代學者對以往過度誇大的全球化範圍的理論，都有相當多的保留。其實許多國家或地區就連公路與電力等基本設施都談不上，更別說使用計算機，優游於互聯網了。所以只強調全球一致性的發展趨勢，而輕忽各地差異的偏頗論述，絕非理想的全球化論述了。除了對全球化的普及程度提出質疑外，現存全球化論述的內容是否充分的問題，學界也有所反省。

---

8 Paul Hirst, and Grahame Thompson, *Globalization in Question: The International Economy and the Possibility of Governance*. London: Polity Press, 1996.

9 Linda Weiss, *The Myth of The Powerless State: Governing the Economy in a Global Era*. Ithaca, N. Y.: Cornell University Press, 1998

（二）內容問題

1. 全球化並非西方化

　　從反省近年備受各國論者及學術界重視的「全球治理」（Global Governance）概念，便可見當下全球化論述不足的一些跡象。戴維・赫爾德（David Held）與安東尼・麥克格魯（Anthony McGrew）在他們的著作《全球化與反全球化》（Globalization/Anti-Globalization）引述全球治理委員會（Commission on Global Governance）的報告《我們地球上的鄰居》（*Our Global Neighbourhood*）將全球治理視為「一系列多邊協調過程，國家、國際機構、國際 制度、非政府組織、市民運動和市場藉此一起對全球事件進行調控」[10]，而這些行動的最終目的是「為了發展一種新的全球市民倫理」[11]，而這種倫理的根基是：

> 人類應該維護的核心價值：尊重生命、自由、正義、平等、互相尊重、關愛和正直。[12]

　　上述這種全球視野或世界主義的說法雖看似理想，但不少論者認為這種看法不過以西方價值推展為普世標準而已，所以引來不少反對的聲音。論者認為全球化並不等如「全球西化」，理應對西方以外的經驗，多加思考，善加運用。其次，

---

10 戴維・赫爾德(David Held)、安東尼・麥克格魯(Anthony McGrew)著，陳志剛譯：《全球化與反全球化》（*Globalization/Anti-Globalization*），（北京：社會科學文獻出版社，2004 年），頁 91。

11 戴維・赫爾德、安東尼・麥克格魯著，陳志剛譯：《全球化與反全球化》，頁 92。

12 戴維・赫爾德、安東尼・麥克格魯著，陳志剛譯：《全球化與反全球化》，頁 92。

當考慮種種核心價值時，我們更不能忽視宗教的向度。

2. 全球化不應缺少宗教向度

　　福山在《跨越斷層》一書認為在全球化的影響下，在過去數十年間，世界已出現「愈來愈嚴重的社會與道德失序狀態」，[13]福山概括地稱這種現象為「大斷裂」。[14]面對「大斷裂」，福山認為未來可能發生重新構築社會規範（即其所謂之「大重建」）的可能，而「大重建」的進行，必須涵蓋政治、宗教、自我組織及自然形成四種規範。[15]在四大類社會秩序規範當中，福山高度肯定宗教信仰在重建社會秩序、價值觀與文化等方面舉足輕重的作用：

> 歷史上的文化復興活動中宗教總是扮演重要的角色，
> 我們不免要問，扭轉大斷裂的趨勢是否也要仰賴宗教
> 的力量？我認為捨宗教之力，大重建根本無由發生。[16]

　　福山直接指出，未來宗教信仰將在世界各國擔當「反映既有的社會規範與秩序的渴望」[17]的角色，是抗衡「大斷裂」

13　弗朗西斯・福山著，張美惠譯：《跨越斷層》（*The Great Disruption: Human Nature and the Re-construction of Social Order*）（台北：時報文化，2000 年），頁 274。

14　根據福山的分析「大斷裂」在全球化環境下出現的原因在於：大斷裂並不是長期道德衰微的最終結局，是啟蒙運動、現實人本主義或其他歷史經驗的必然結果。個人主義的盛行確實可溯及上述傳統，但大斷裂的主要成因是比較晚近的──包括從工業經濟過渡到後工業時代，以及因此所產生的勞力市場的變遷。弗朗西斯・福山著，張美惠譯：《跨越斷層》，頁 274。

15　弗朗西斯・福山著，張美惠譯：《跨越斷層》，頁 289。

16　弗朗西斯・福山著，張美惠譯：《跨越斷層》，頁 287。

17　弗朗西斯・福山著，張美惠譯：《跨越斷層》，頁 288。

的最重要力量之一。[18]

　　總之，論者指出在全球化之發展經濟，重整社會中，宗教向度與精神生命的拓具有無可取替的重要性，是則宗教論述不應在全球化論述中缺席。

3. 學術圈對佛教全球化討論的不足

　　可惜的是，全球化論述中政治、社會、經濟與文化等面向得到非常多關注，但卻少涉及宗教，即使在提及宗教的論述中，也多數是以基督教、伊斯蘭教為主。對佛教的討論則顯得薄弱。譬如去年出版的《*Religion & Globalization: World Religions in Historical Perspective*》一書，[19]雖然有觸及佛教，但它主要是一個歷史性的介紹，尤其以「social engaged Buddhism」為主，而以東南亞佛教的討論為多。當然這亦是為了遷就 Todd Louis 的專業範疇，他的專業為東南亞研究，對中國的佛教基本上可謂非常陌生，更遑論當代台灣地區的人間佛教了。

　　華人佛教學術圈對於佛教與全球化的討論，也似未充分注意。即使人間佛教與全球化有重要事實關聯，亦同樣缺乏

---

18 福山說與其說小區因嚴謹的宗教而產生，應該說人們因嚮往小區的凝聚感而親近宗教。人們回歸宗教傳統不一定是因為全盤接受教條，反而是因為小區的消失與俗世化後社會連繫變得脆弱，人們開始渴望儀式與文化傳統。現代人熱心幫助窮人與鄰里，不是因為宗教的訓誨，而是因為他們想要 服務小區，而宗教機構是最方便的管道。人們願意遵循古老的析禱儀式不一定相信那是上帝傳承下來的，而是希望下一代能接受正確的價值觀，同時也喜歡儀式帶來的慰藉與分享的感覺。參弗朗西斯‧福山著，張美惠譯：《跨越斷層》，頁 288。

19 Todd Lewis, John L Esposito, Darrell J. Fasching: *Religion & Globalization: World Religions in Historical Perspective*, (New York: Oxford University Press, 2008).

相關研究。2009 年有兩本關於台灣地區人間佛教的專書出版，它們分別是台灣史專家江燦騰的《台灣佛教史》[20]與大陸學者鄧子美等的《當代人間佛教思潮》[21]，這兩本最新著作都沒有特別討論全球化議題，有鑑於現有台灣地區人間佛教研究在全球化探索方面之不足，我們理應呈現台灣地區人間佛教在全球化論述中的可能貢獻。

（三）全球化論述的重要補充：佛教

正如前文所述，現時有關精神生命、社會價值乃至全球倫理等議題，在全球化的討論當中已穩佔其席；而宗教在探討上述議題時，亦必然擔當了不可或缺的角色。可惜的是，正如批評主張世界主義者所擔憂的那樣，很多論述的確以西方思維與價值系統為主導。譬如針對學者福山在《歷史的終結》一書中提出「所有謀求經濟現代化的國家都會步上趨同之路」的觀點，[22]霍韜晦就指出福山的那一條路「其實是西方文化之路、美國文化之路，與資本主義之路，也就是一條立足於本能慾望與個體價值之路」。[23]霍先生認為，全球化議題有必要被重新檢視、注入東方元素，並「回歸東方文化中對生命的尊重和修養這一道路上來」[24]

---

20 江燦騰：《台清佛教史》，台北：五南出版社，2009。

21 鄧子美、陳衛華、毛勤勇合著：《當代人間佛教思潮》，(甘肅人民出版社，2009 年 3 月)。

22 弗蘭西斯・福山（Francis Fukuyama）著，歷史的終結翻譯組譯：《歷史的終結》(*End of History*)（呼和浩特：遠方出版社，1998），頁 18。

23 霍韜晦著：〈歷史並未終結〉，《法燈》，第 237 期，2002 年 3 月 1 日，頁 12。

24 霍韜晦著：〈歷史並未終結〉，《法燈》，頁 12。

世界上的現象無不是剛柔相推而生變化，物極必反是萬物生生不息的原理。那麼西方文化這種只知向外尋求解決的知識之路、技術之路、制度規範之路最後必然走到盡頭，而唯一的出路是回歸人，在生命中尋找依據。文化的源頭在人，在人心，在人性，但不是貪、嗔、痴種種無明。若從後者出發，人一定陷於慾望世界的羅網，誤認慾望的滿足為他的權利，拼命增加擁有，其實無處是岸。東方文化深知生命的安頓不在外，而在體認自己的存在之外，更體現在家庭、群體及歷史文化中；就在這層層上升的體現，人的關懷就容易超越個人的利害得失，而更從大群人生著眼；這和西方文化比較起來，是完全不同的路，也是挽救他們不要再盲目前行的路。[25]

若依照霍韜晦先生的說法，則作為重要東方文化精神的佛教思想，對於未來全球發展的參與，便有著極為重要的意義與價值。筆者認為人間佛教，特別是它在台灣近年的茁壯成長，隱然成為漢傳佛教最重要的發展，而其全球弘法，世界經營的事實，最足以彰顯漢傳佛教面對全球化的重要貢獻。佛教與全球化的關係，並非是被動的走入全球化形勢，不得不採取的消極回應，而是本來在教義中，佛教就有其深刻的精神資源，足以提供佛教全球化論述的重要參考。下文將提出筆者知見所及之相關佛教精神資源。

---

25 霍韜晦著：〈歷史並未終結〉，《法燈》，頁 12。

三、緣起與互聯性

本文並未意圖提供各方接受的定義，但是為了討論的聚焦起見，本文將集中在互聯性這一根本要點之上。而這一點與佛教根本教義——緣起，最為相干，下文將先述互聯性，然後申言佛教緣起法與互聯性之選擇親和性。

（一）互聯性：全球化的基本特徵

筆者認為理應正視一個事實，就是在經濟信息以及社會文化等各方面的發展看來，越先進的地區，跨國的種種活動，就越來越頻繁，關係也愈來愈緊密。特別在全球網絡、全球經濟的體系性發展方面，全球化的趨勢越來越顯著。正如羅蘭・羅伯森（Roland Robertson）在其 1992 年的著作《全球化：社會理論和全球文化》中所說，全球化指世界的壓縮趨勢的加劇與環球一體意識的強化，[26]也就是全世界正愈來愈密切地關聯起來。當代英國社會學大師紀登斯教授（Anthony Giddens）在 1999 年《失控的世界：全球化與知識經濟時代的省思》(*Runaway World: How Globalization is Reshaping Our Lives*)[27]這本書中提到社會關係在環球的基礎上深化，讓人

---

26 Roland Robertson was said to be the first to define the word Globalization. According to Robertson, globalization as a concept refers both to the compression of the world and the intensification of consciousness of the world as a whole. See Roland Robertson: *Globalization: Social Theory and Global Culture*, London: Sage. 1992, p.8.

27 安東尼・紀登斯著，陳其邁譯：《失控的世界：全球化與知識經濟時代的省思》（台北：時報 文化出版企業股份有限公司，2001）。原著

從不同的地方聯繫起來。[28]這就更具體的指出全球化促成天涯若比鄰，彼此互相連結，關係密切。至於 戴維・赫爾德（David Held）在 1999 年發表的《全球大變革》（*Global Trans-formation*）一書，也從好幾方面說明了橫跨區域的行為、互動與權力運作等過程。[29]這些著作，雖然學科不同，猶如東門西戶，但都能登堂入室。因為無論在羅伯森、紀登斯還是赫爾德等人的討論裡，均隱然看到在世界各地之中，已漸漸出現了一些相當普遍的元素，它們正使得不同地區發展出呼吸相關，環環相扣的互聯關係。雖然這些元素並不一定普遍到世界每一角落，但這一全球的互聯過程正持續地深化與發展，讓愈來愈多地區更緊密的相互關聯起來，淡化因地理區隔而產生的阻礙，而甚或導致行將形成更趨一體的傾向。[30]筆者認為這種互聯性（Inter-connectivity），正是全球化的重要特徵之一。

　　上述的互聯性，可以追溯到西方近現代文明的發展。[31]

參 Anthony Giddens: *Runaway World: How Globalization is Re-shaping Our Lives*. (London: Profile, 2002).

28 紀登斯在《現代性的結果》，也提倡制度的影響。詳參安東尼・紀登斯（Anthony Giddens）著，田禾譯：《現代性的後果》（*Consequences of modernity*）（南京：譯林出版社，2000）。

29 戴維・赫爾德等編著，楊雪冬等譯：《全球大變革》（北京：社會科學文獻出版社，2001）。原著參 David Held, David Goldblatt and Jonathan Perraton eds., *Global Transformations: Politics, Economics and Culture*. (Oxford: Polity, 1999).

30 因此 Malcolm Waters 在 1995 年於 Globalizaion 一書中就提出全球化是社會過程，當中地理因素對於社會文化發展過程的限制日漸降低。

31 近世以還，西方勢力日益膨脹，而西方勢力也漸見主宰全球之勢，開展全球化之歷程。其中新航道之探險與新世界之發現，以及隨之而來之殖民地運動與帝國主義擴張，將世界各地捲入一呼吸相關、環環相

但現當代交通、信息之發展、全球市場之出現，及互聯網之形成，卻更加速地球村的形成，往昔殊邦異域變得朝發夕至，而老死不相往來的人們因網絡之便，也真能產生天涯若比鄰之感，甚至指掌之間，也可為莫逆之交。電子郵件、網誌[32]與Facebook[33]的普及，讓千里姻緣一「線」牽，不再是比喻，而是活生生的事實。當然全球化，也有負面的影響，譬如全球市場之出現，使經濟災難、金融海嘯席捲世界；交通便捷，也增加病毒蔓延之機。全球文化的出現，如著名藝人米高‧積遜（Michael Jackson）的歌舞藝術、麥當勞（McDonald's）、星巴克（Starbucks）的飲食文化，甚至是中華料理都是文化全球化的明顯表徵。這些現象都指向一個愈來愈緊密相關世界，而全球化的重要面向之一，就是這種互聯性。

綜上所述，筆者認為不需要懷疑某些跨國元素的正逐漸形成與強化，而這些元素正使得地理區隔的影響，漸趨弱化，而越來越多的地區，更加緊密的連接一起，而形成互相關聯的網絡，這就是所謂全球化。從這個角度看，所謂全球化並非已經完成的狀態，而是一個已然開端，但尚未成熟的互相聯結的過程。全球化就是指這一互相聯結的過程，而互聯性就是全球化最基本特徵之一。[34]

扣之緊密聯繫之中。

32 即英語中的"blog"。另有「博客」、「部落格」等非正式名稱。

33 Facebook 為著名社交網絡服務網站，並無官方中文名稱。

34 但是筆者也認為不宜直接受誇大的全球化的論述，誤以為世界各地全都分享一些共同的社經文元素，更不能同意世界已然同質化或西方化；相反的，筆者認為在全球化的普同性趨向，培育了也刺激起各地民族性與地方性的重視，人們在追求普同化之同時，也致力找尋屬己性的歷史，重新定位自我。即使全球化論迷大本營美國，也早在 70 年代

（二）緣起法與互聯性

佛教教理與互聯性方面最為相關，鎌田茂雄教授早在1991 年就曾提出非常敏銳的說法：

> 現代人們所面臨之最大問題，即超越國界屬於世界性之問題，甚者，屬於地球性之問題。……國際化，換言之，即全球化之觀點，為 90 年代以至 21 世紀之一關鍵詞句。……處於如此世界與人類之狀況下，欲尋求 新時代之指導原理，即探究新思想體系時，乍現於眼前者，為自利利他之大乘佛教教法，具體言之，即華嚴經之教說。[35]

鎌田先生是日本佛學界的泰山北斗，他點出華嚴經教對全球化論述的重要指導原理，確實是孤明先發，可惜在這一篇只有三頁的《華嚴經物語》序言中，也僅有短短兩段話，未及深論，理應加以發揮。

筆者認為佛教教義與全球化論述最相關的地方是因緣法，特別是華嚴之法界緣起觀。其實佛教的因緣法與互聯性之間有其理論上的同構性。佛教以因緣法理解萬法，從個別事物而言，佛教以因緣和合去理解事物之生滅；推而廣之，則事

就已出現黑人的尋根熱。而二戰後許多國家，也在追求現代化之同時，找尋自我民族特性或區域特性。至於地區經貿協作，就更明顯。番如一方面有全球化的世界經貿組織，但也有地區性的協作，譬如東協，歐盟等。至於民族國家也沒有在全球化下，更仍然是跨國協作的最主要力量。所以論者指全球化是全球化與在地化的雙軌並進，甚至稱為 glocalization。

35 鎌田茂雄，〈原著序〉，見氏著，釋慈怡譯：《華嚴經講話》（高雄：佛光出版社，1993 年），頁 1-2。

物相互構成一龐大的因緣網絡，共同構成萬事萬物之生成變化之原理。在這種世界觀之下，萬有環環相扣，形成一複雜相關的世界。換言之，世界中並不存在一孤絕於世的獨體。反之，事物都是緊密關聯，而共同形成因緣和合的關係性結構，或者可說是相互關聯的整體。

這一點華嚴法界緣起觀解釋的最透徹，甚麼是法界緣起觀？牟宗三先生 《佛性與般若》認為：

> 法界緣起，則就緣起而言，亦可曰此種展示皆是緣起性空之輾轉引申，亦皆是分析的。[36]

牟先生假定法界緣起不過是般若經之自性空之發揮，並不一定有誤。當然我們會同意緣起性空為大乘佛教之通義，但如何論證性空，則並不一致。般若經確實從分析一法，而見其空性。但法界緣起則顯然並不如此，能否直接視為般若經的輾轉引申，就不無疑問。般若經，就單一存在之組成成素，析論其中並無恆常存在之本質，故而能講緣起性空之旨。華嚴宗也講緣起性空， 但並非從單一存在入手，而是從法界談起。法界所指必不僅為單一存在。華嚴從法界之各存有之相互依存講整個法界的密切相關，而個別存在既然不能單獨存在，而需要依緣其他存在，所以並無單獨之本性，因而是空。這種從法界中各分子相互依存之事實，申論緣起性空的講法，就是法界緣起的基本論旨。勞思光教授認為：「華嚴宗觀法界時，其著眼點與通常論一切法所取立場大異。譬如般若經緣生空義，是就一一法講，緣生是每一法之屬性，唯

36　牟宗三：《佛性與般若》（台北：台灣學生書局，1979年），頁519。

識觀百法等，亦是就一一法說。現華嚴宗則著眼於眾法合一為一界域時所顯現之屬性；此屬性並非一一法所各有，而是界域所有。」[37]勞思光掌握法界緣起的特性，確能大處著墨，能得其要。但是華嚴經六相合言，總別同異成壞兼述，是亦並無偏重總相之病。然而華嚴法界，確實重視法界中，各別存在之相互關係，筆者稱之為關係性進路（relational approach）。

如果從這角度看全球化的話，各地區自然是相互連結，密切相關。當然我們說呼吸相關，環環相扣只是點出不同地區的相互關聯性，並非肯定地球村的形成，也沒有說世界不同的文化趨向一致，而只是主張，依照緣起論的基本觀點，則世界各地呈現密切之互聯性，而這確與全球化之互聯性特徵，彼此呼應。其實，當代人間佛教對這一點掌握的非常清楚。法鼓山聖嚴法師的建設人間淨土，推動世界淨化，都是緊扣全球來講的；證嚴上人講「全球經營」，就更明顯了。在全球化論述中，著墨最多則是佛光山的星雲大師。在同體大悲的論述框架下，大師發揮慈悲、平等等許多重要佛教觀念，以響應佛教全球化的新局。下文將以當代人間佛教申述佛教全球化論述重要觀點。

---

37 勞思光：《中國哲學史，二》（台北市：三民書局，1982 年），頁 315。

四、當代人間佛教之思想與實踐

（一）慈悲與全球經營

　　世界之互聯性是一事實認定問題，但如何面對全球化所彰顯之互聯性，則是價值判斷問題。當今世界，價值多元，取態自異。面對全球化趨勢，有人視而不見，充耳不聞；有人力拒潮流，頑抗到底。也有人自居中心，妄圖一尊。面對全球化，佛教應如何自處？

　　佛教大乘精神並不採取自了漢的態度，而發揮慈悲為基礎的菩薩道精神；而人懷慈悲心，則必不會自外於他者；相反，慈悲則必生普度眾生之大願；推而廣之，乃有「眾生渡盡，方證菩提」的理想。全球化範圍之所及，只盡於娑婆世界，而大乘普渡，周遍六道，又不自限於娑婆世界而已。因此，全球化所及自然也是慈悲精神之所及。或者我們可以說，依佛教大乘教義，緣起法是全球化之事實基礎，而慈悲心為全球化的價值定向。佛告須菩提：「諸菩薩摩訶薩應如是降伏其心，所有一切眾生之類……我皆令入無餘涅槃而滅度之，如是滅度無量無數無邊眾生。」[38]既然是這樣，則佛教應有全球經營之胸襟與行動。近數十年來，日本之鈴木大拙，越南之一行禪師都全球弘法，法音遍佈世界。漢傳佛教方面，台灣佛光山、慈濟功德會之經營最有全球化之色彩。這些都是出於慈悲普度的襟懷。

　　最值得注意的是佛教這種慈悲大愛，又不只表現為關懷

38　《金剛般若波羅蜜經》，T0235，頁 749a。

眾生而已，否則就不足以充分呈現佛教特色。在這方面，星雲大師發揮得特別好。他認為慈悲包含平等觀的理念，故而能破除對人我的執著。他特別運用「同體共生」的概念來闡釋。「同體共生」是特別重視互相包容，以謀共同發展的原理，他曾說：

> 同體共生是宇宙的真理，然而目前世界卻又有許多人倒行逆施，自私自利，以致天災頻仍，人禍不息。……讓我們從現在開始，攜手推廣"同體與共生"的理念，將慈悲、平等、融和、包容實踐在日常生活中。[39]

星雲法師認為，唯有如此，方能「建立一個安和樂利的人間淨土」。何以需要同體共生呢？因為從緣起法來看，世界是互相關聯在一起的，所以沒有人能夠獨善其身。筆者認為同體是對世界相互關聯的事實認定，而共生則對互聯性的價值取向。

星雲大師在〈人間佛教的藍圖〉一文說：

> 由於一般人的愛，都是有緣、有相的慈悲，尤其有親疏、愛憎、人我的分別，因此就有比較、計較，繼而有人我紛爭。人間佛教的國際觀，就是要打破人我的界線，要本著"同體共生"的認識，互相包容、尊重，彼此平等、融和，大家共榮、共有。例如，在佛教裡，講到時間都是過去、現在、未來三世；講到空間都是此方、他方、十方無量世界；講到人間，都是胎生、卵生、濕生、化生，也是無量無數。所以，佛教的國

---

39 星雲大師著，妙光法師等譯：《當代人心思潮》（*Modem Thoughts, Wise Mentality*）（台北：香海文化，2006 年），頁 30。

際觀其實已經完全泯除了時空的界線。[40]

《阿彌陀經》裡提到，眾生「各以衣裓盛眾妙華，供養他方十萬億佛」；彼此結緣，彼此讚美，就是充滿了國際觀。《彌勒菩薩上生經》、《彌勒菩薩下生經》中，彌勒菩薩不但與地球上的人類有來往，甚至天上天下，乃至到三界廿八天、十八層地獄裡去度眾生。佛教的常不輕菩薩不輕視任何一個眾生，佛教裡觀世音菩薩遊諸國土，救苦救難；佛教對弱勢團體，對落後的小小國，尤其給予關懷。[41]

其實上述所謂人間佛教的「國際觀」，就是建基於慈悲觀的佛教全球經營方針；星雲大師說：「佛陀視一切眾生都如愛子羅睺羅」，因此＂佛教更重視一切生權的維護＂，而其最終目標，則為＂打破人我的界線，要本著＂同體共生＂的認識，互相包容、尊重，彼此平等、融和，大家共榮、共有。」[42]從以上這些論述，可以清楚知道人間佛教的全球經營精神，並非追求將全球納入一控制性關係鏈，或經濟上的依附關係，而是立足於慈悲思想之上，追求相互關懷，和諧共生的理想。

---

40 星雲大師：〈人間佛教的藍圖（下）〉，取自互聯網：《佛光山全球信息網》，瀏覽於 2009 年 11 月 9 日，網址：http：//www. fgs. org. tw/master/masterA./books./delectus/discoume/06. htm。

41 星雲大師：〈人間佛教的藍圖（下）〉，取自互聯網：《佛光山全球信息網》，瀏覽於 2009 年 11 月 9 日，網址：http：//www. fgs. org. tw/master/masterA./books./delectus/discoume/06. htm。

42 星雲大師：〈人間佛教的藍圖（下）〉，取自互聯網：《佛光山全球信息網》，11 月 9 日，網址：http ://www. fgs. org. tw/master/masterA/hooka/delectus/discoursel06. htm。

所以佛教的全球化論述跟其和諧情神是密切相關的。

（二）廣大和諧的全球化理想

　　慈悲普度是追求佛教全球化之內在動因，但如何與各地互動則須有一定之指導原則。全球化是否代表趨向一致性？對部分學者而言，全球化就是一致性（homogeneity）。但筆者認為全球化的發展中，應避免因追求一致性所帶來文化霸權，壓制甚至犧牲各地之特色。其實全球化運動最引人垢病的其中一點，就是將全球化視為全球西化，將全球化視為以西化為內容的一元化運動。霸權式手段，缺少尊重，固然引致對立；而一元化的取向，消滅異己，不只消減文化動能，更往往導致暴力反抗。亨亭頓（Samuel Huntington）所指的文明衝突，雖或過甚其辭，亦斷非空穴來風。全球化倘若不能尊重多元價值，而囿於自我中心的思維，就不容易包容異見，甚至訴諸軍事武力，這就不可不慎了，所以我們的重點應放在尊重多元，包容異見。

　　在這一方面，佛教教義，特別是華嚴精神最可藉鑑，甚至可以補救部分論述之偏。所以華嚴學大師鎌田教授認為：「華嚴經強調諸法之相互關連性。個體與個體之間不互相侵害，於彼此融和之際，每一個體亦能獨在存在。即一切諸法彼此於完全融和時，同時能彼此有秩序地完全保有自性，此乃華嚴經之教法。」[43]這就點出華嚴可以開發出全球融和，又尊重差異的良性全球互動原則，鎌田教授所論，自然是發

---

43 鎌田茂雄，〈原著序〉，見氏著，釋慈怡譯：《華嚴經講話》（高雄：佛光出版社，1993年），頁2。

揮華嚴和諧哲學的旨趣。就此而言，跟方東美教授的洞見，
實勘相互發明。方東美教授是當代重要中國哲學大師，尤其
精於華嚴哲學，他曾說：「華嚴宗哲學，我們可以稱為廣大和
諧的哲學。」[44]廣大能包舉一切，和諧故能息爭共存。因為
華嚴精神發揮相即相人，圓融無礙的理想世界。所以華嚴講
求圓融互攝的精神，而非排他宰制。這種和諧思想也表現在
星雲大師的思想中。

　　星雲大師曾經表示「佛光山經常舉行國際學術會議，組
團到世界各國訪問，甚至到梵帝岡和教宗會面，訪問伊斯蘭
教的清真寺等」，目的就是「希望在國際間散佈和諧的種
子。」[45]星雲大師進而指出，基於四生九有、法界平等的「天
下一家，人我一如」的理念，佛教除了對人權的維護，更進
一步，重視「生權」的平等：[46]

　　此為「眾生皆有佛性」、「汝是未來佛」，恭敬尊重每一個
生命的權利。由於佛教提倡生權的平等，自然跨越國界的藩
籬，而能天下一家；泯除分歧，而人我一如。《華嚴經》云：
「心佛眾生，三無差別。」[47]眾生彼此尊重、包容、平等、
無我、慈悲，這才是民族間、國際間需要的理念。因此，我

---

44 東方美：《華嚴宗哲史》上冊。（台北：黎明出版社，1981）。

45 星雲大師：〈人間佛教的藍圖（下）〉，取自互聯網《佛光山全球信息
　網》，瀏覽於 2009 年 11 月 9 日，網址：http://www.fgs.org.tw/master/
　masterAlbooks/deleetuildiscoursc/06.htm。

46 星雲大師：〈人間佛教的藍圖（下）〉，取自互聯網《佛光山全球信息
　網》，瀏覽於 2009 年 11 月 9 日，網址：http://www.fgs.org.tw/master/
　masterAlbooks/deleetuildiscoursc/06.htm。

47 唐實叉難陀，《大方廣佛華嚴經》，卷 19〈20 夜摩宮中偈讚品〉，CBETA,
　T10，no. 279，p.102，a。

們居住在地球上，應以同體共生的地球人自我期許，提倡「生佛平等」、「聖凡平等」、「理事平等」、「人我平等」的思想，進而泯除人我界線，打破地域國界，人人具備「橫遍十方，豎窮三際」的國際宏觀，進而以「天下一家」為出發點，讓每個人胸懷法界，成為共生的地球人，懂得保護自然，愛惜資源；以「人我一如」的同體觀，自覺覺他，昇華自我的生命，為自己留下信仰，為眾生留下善緣，為社會留下慈悲，為世界留下光明。如此，才能共同促進世界的和平。[48]

其實，各國互動，應求尊重包容，己所不欲，勿施於人。而且更不要妄圖宰制他人，霸道強勢。[49]華嚴精神正可讓霸道性的全球化，善化為和諧共生的良性互動。當然華嚴之一真法界，是從佛眼看世界，也就是以價值高度，去點化世間種種分別與紛爭，本來並非在現實經驗層面立言；若我們將華嚴的智慧移置到全球化論述中，也可以開發其重要的相關性。六七十年代美國仗著勢力，自封為世界警察，經常將自己的價值強加別人身上，若有不從，甚至兵戎相見。引發巨大國際衝突，這都是強求相同，而不能兼容的具體事例。今日中國興起，政經蒸蒸日上，面對全球化形勢，就更需善用佛教華嚴廣大和諧精神，以尊重他者方式，追求和諧發展，發揮和平穩定的力量。一如聖嚴法師於千禧年〈世界宗教暨

---

48 星雲大師：〈人間佛教的藍圖（下）〉，取自互聯網：《佛光山全球信息網》，瀏覽於 2009 年 11 月 9 日，網址：http://www.fgs.org.tw/master/masterAlbooks/deleetuildiscoursc/06.htm。

49 精權得先求他者之同意，比宰制得來尊重他者，Stuart Hall 主張霸權還是得有接受支配者積極同意。See Hall, "The Rediscovery of Ideology", M. Gurevitch,ed., *Culture, Society and the Media* (London: Methuen, 1982), p.95.

精神領袖和平高峰會議〉上的開幕致詞所言：

> 不論它甚麼名稱，天國或淨土，我們不僅都是地球村
> 的好部居，也都是同一個宇宙之母的同胞兒女；我們
> 彼此之間，不僅是好朋友，根本就是同一個大家庭中
> 的兄弟和姊妹。因此，我們除了共同用各種方法來保
> 護這個地球的生存環境，除了撤除一切人與人之間的
> 隔閡障礙而彼此相愛，沒有別的選擇。[50]

又如佛光山星雲大師所云：

> 各個國家之間如果能重視教育，提倡廉能，促進交流，
> 相互尊重，　並且順應全球化的發展趨勢，建立地球
> 村的觀念，彼此體認 "同體共 生" 的重要，大家廣施
> 仁政，常行慈悲，如此必能帶來世界的和平。[51]

　　人間佛教所強調的和諧、和平的華嚴精神，「同體共生」
思想追求的協調性，正是緩解全球衝突反應的最佳中和劑。

（三）一多兼容與全球地方化（glocalization）[52]

---

50 聖嚴法師：《建立全球倫理：聖嚴法師宗教和平講錄》（台北：法鼓山文化中心，2009 年），頁 36-37。

51 星雲大師：〈人間萬事：影響力〉：《人間福報》，2009 年 1 月 4 日。互聯網電子報，瀏覽於 2009 年 11 月 10 日，網址：http: //www. merit — times. corn. tw/NewsPage. aspx? Unid = 109077。

52 Roland Robertson 在他的書中提出「在全球中的地方、在地方中的全球」，藉以解釋「全球地方化」的概念。Glocalization 一詞另有「全球本土化」及「全球在地化」等常見中文翻譯。The term first appeared in the late 1980s in articles by Japanese economists in the *Harvard Business Review*. According to the sociologist Roland Robertson, who is credited with popularizing the term, glocalization describes the tempering effects of local conditions on global pressures. At a 1997 conference on "Globalization and Indigenous Culture," Robertson said that glocalization "means the simultaneity the co-presence of both universalizing and particularizing tendencies." From the "Globalization"

　　這裡需要首先澄清的一點是華嚴之廣大和諧並非以一併多，消滅差異，所謂「萬象紛然，參而不雜」。參而不雜，就是指事物相關而不相同，所以 古十玄門與新十玄門，有「一多相容不同門」與「諸法相即自在門」。任何一法都應包容其他不同的異己他者，但個別異己他者，又自有其特殊性，所以彼此兼容相通，但也絕非相同。在全球化之文化論述上，筆者認為若依華嚴精神，全球化應該追求相容而不是強求相同，強調一體但不強求一致。苟能善用此一理念，必能優化現有之全球化論述。

　　往昔的全球化論述，往往強調全體的一致性，而忽略了各地的差異性。這種論點確實過於偏頗，於是有人反過來強調區域或國家的特殊性，甚至有人立足於這種差異性，而建立反全球化的論點。當然全球化並非只有趨向同一的趨勢，反而另有各引一端，崇其所善的發展可能。這種既重視全球普同之趨勢，但又不盲目跟風，反而轉求結合地方特色，發展出具備個性的取向，就是所謂「全球地方化」的重要特色之一。這樣的論述取像形成既講統一性，又講多樣性之一多兼容的取向，在此一取向下，全球各地可以相互學習，彼此補充，以共成相互豐富化的特色。

　　用緣起法說世界，基本取向是肯定世界各成分是相關而不相同的，世界並非由一個中心所創造，文明也並非由一中心衍生出去。依照佛教教理，我們不宜用單一中心與根源枝末的框架去理解全球文化。其實，全球各地多多少少都可以

web site: Glocalization. Process by which transsocietal ideas or institutions take specific forms in particular (i.e., local) places.

為對方貢獻因緣。也就是說世界文明從來都是和鳴協奏，而不是獨演一音，也就是應用去中心化的取向，走入多元並建的全球化世界。這種去中心化的後現代思維，象徵多元文化主義（multi-culturalism）的全球化理想。上述的說法，放棄了華勒斯坦中心與邊緣的論述結構，而採納了多元並進的進路。當前佛教多本圓融並攝的精神，肯定不同宗派，華嚴五時八教，兼容並蓄，其精神在於肯定不同宗派，各有貢獻。實際上，佛教對不同的文化也多采取彼此互相對話，互相豐富的進路。譬如佛光山對佛教內部講八宗共弘，無分彼此；對外，則提倡宗教交談，和諧合作。星雲大師在〈我們未來努力的方向〉一文就曾表示：

> 有心人說現在是一個"地球村"的時代，大家不要做那一國人，要做"地球人"。如果大家都有地球人的思想，都有地球村的觀念，哪裡還會有地方與種族的情結呢？[53]

在〈沒有台灣人〉一文中，星雲大師亦提到他「定位自己是地球人」：[54]

> 我在台灣已經生活半個世紀以上，很多在台灣出生的人都是在我之後到台灣，但他們都說我不是台灣人，

---

[53] 星雲大師：〈我們未來努力的方向〉，《普門學報》第八期（高雄：佛光山文教基金會，2002 年 3 月），取自互聯網：《佛光山全球信息網》，瀏覽於 2009 年 11 月 9 日，網址：http:// www.fgs.org. w/master/master Albooka/deletus/discornse/09. htm。

[54] 星雲大師：〈沒有台灣人〉，《普門學報》第十九期（高雄：佛光山文教基金會，2004 年 1 月），取自互聯網：《佛光山全球信息網》，瀏覽於 2009 年 11 月 9 日，網址：http ://wvJw. fgs. org. tw/ master! master Albooks/delectusJ discourse/iS. htm。

認為台灣不是我的出生地。但是我到出生地揚州，他
們也不認為我是揚州人，所以後來我就把自己定位
為"地球人"，只要地球不嫌棄我，我就能在地球上
居住。

在世界已邁向全球一體的世紀中，我們更應將視野投向
其他的國家、其他的人群。如果能夠慢慢的再擴大，將法
界都容納在心中，體證到「心性之外，大地無寸土」，我們的
世界就是虛空，虛空就在我們的心裡。所謂的眾生，無非就
是我們心裡的眾生；所謂的宇宙，無非就是我們心中的宇宙。
佛教云：「心包太虛，量周沙界。」如果我們能從「家庭的世
界」、「國家的世界」、「宇宙的世界」，提升到「心包太虛的世
界」，將一切的一切都視為是我的。台灣是我們的，大陸是我
們的，世界是我們的，是則我們不但擁有了一個最美好、最
富有的世界，而且也無愧於先人的努力，成為 21 世紀的先進
人類，繼續庇蔭後世的子子孫孫。[55]

無論星雲大師還是聖嚴法師，都主張不論藏傳、南傳、
還是人間佛教，皆應不分彼此，互相合作，並採取虛己利他
的方式，共同成就佛法。故此，台灣法鼓山設置藏傳佛教研
究點，佛光山也自行肩負整理各宗典籍的使命。這種打破宗
派藩籬的氣度，或亦彰顯華嚴法界，光光相照，圓融無礙的
精神。同時也顯示佛教「無我」精神，亦即打破對「我」的
執著，讓人不苟安於一個 中心，而也能看到別人的優點。

---

55 星雲大師：〈沒有台灣人〉，取自互聯網：《佛光山全球信息網》，瀏覽
於 2009 年 11 月 9 日，網址：http ://www.fgs.org. tw/master/masterA/
books/delectuildiscoursc/18.htm。

譬如星雲大師在〈自覺與行佛〉一文中，就提出了「用本土化發展佛教」的概念：

> 隨著時代進步，在信息發達、交通便利的帶動下，整個世界的大環境正朝向全球化、國際化的方向發展，「地球村」的時代已儼然成形。然而在此同時，「本土化」的議題卻從來不曾在人類的歷史舞台上消失過。……其實，在佛教裡，天堂也分三十三天，也有三界之別，所謂欲界六天、色界十八天、無色界四天；甚至佛的國土也有東方與西方之不同。在現實人生里，世界上有許多國家、種族的不同，這是不爭的事實，而在各種不同當中，彼此最怕的就是被侵略、被征服，不但國土不容侵略，文化更不希望被征服。所以對於不同的國家、文化，大家要互相尊重，要容許不同的存在，就如東方琉璃淨土有琉璃淨土的特色，西方極樂世界有極樂世界的殊勝，甚至山林佛教有山林佛教的風格，人間佛教有人間佛教的性向。能夠「異中求同，同中存異」，世界才會多彩多姿。[56]
>
> 回想當初佛教從印度傳到東土，印度比丘到中國來大多從事翻譯經典的工作，建寺廟的責任則讓給中國比丘去做，所以才有現在的中國佛教。假如當時印度的迦葉摩騰、竺法蘭等人，不融入當地的文化，不培養

---

56 星雲大師：〈自覺與行佛〉，《普門學報》第廿三期（高雄：佛光山文教基金會，2004 年 9 月），取自互聯網：《佛光山全球信息網》，瀏覽於 2009 年 11 月 9 日，網址：hup ://www.fgs.org. tw/ master/masterA/hooks/delectuildiscourse/20.htm。

當地的弟子，哪裡會有現在中國佛教的特色呢？甚至當初達摩祖師東來，將大法傳給慧可，為甚麼？只為了本土化。所以，佛光山在多年前，我把住持之位傳給心平法師繼承，心平法師是台灣人，這也是本土化的落實。……對於過去華人走到世界任何地方，不管做事或是傳教，都要強調「發揚中華文化」，這句話是不對的！因為歐洲有歐洲的文化，美洲有美洲的文化，澳洲有澳洲的文化，我們應該尊重當地的文化，用中華文化與當地的文化融和交流，不要用我們的文化去侵略別人的文化。所以每個國家、種族，都要本土化，乃至今後的佛教，大家來自於世界各地，也一定要發揚本土化。……儘管不同，但是在同一個佛教下發展，唯有「本土化」才能更深耕，才能更擴大，才能更發展。[57]

　　因此，我們可以說，佛光山所提倡的「本土化」，正是以全球文化融和為核心精神的「全球地方化」視野。在〈推動本土化，不是"去"而是"給"〉一文中，星雲大師的觀點更是明確：

多年來我在世界各地弘法，希望佛教發展"國際化"，同時我也在推動"本土化"，但我所推動的不是"去"，而是"給"。我在五大洲建寺，就是希望

---

57 星雲大師：〈自覺與行佛〉，《普門學報》第廿三期（高雄：佛光山文教基金會，2004 年 9 月），取自互聯網：《佛光山全球信息網》，瀏覽於 2009 年 11 月 9 日，網址：hup ://www.fgs.org. tw/ master/masterA/ hooks/delectuildiscourse/20.htm。

透過佛教，給當地人帶來更充實的精神生活。……我遊走世界，我也一直在倡導"本土化"，但是我的本土化是奉獻的、是友好的、是增加的，不是排斥的，不是否決的。過去華人在美國雖然已取得移民身分，但是心中並未認定美國是自己的國家，因此我鼓勵佛光會員在參加美國國慶遊行時，高喊"我是美國人"，我認為，既然生活在美國，就應該融入當地，而不能在別人的國中成立"國中之國"。[58]

由此可見，星雲大師既講求全球化，也重視本土化，大師全球佈教、發揮全球化趨勢之普同性，但也深深明白結合地方特色與發展個性取向的態度；這種態度，正與全球地方化的精神互相吻合。佛教的多元並建，反映出全球化去中心化的理路，因而或能克服西方中心主義的盲點。

五、佛教全球化觀點的特殊價值

（一）去中心與同體共生

如前文所述星雲法師在全球化方面的論述，不僅是從緣起法看到世界互相關連之事實，更加重要是他推論出「同體共生」的概念。人間佛教不但明白世界互聯共通的事實，更在這互聯性之上加上追求同體共生的價值取向。同體共生不

---

58 星雲大師：〈推動本土化，不是"去"而是"給"〉，《普門學報》第廿八期，（高雄：佛光山文教基金會，2005 年 7 月），取自互聯網：《佛光山全球信息網》，瀏覽於 2009 年 11 月 9 日，網址：http://www.fgs.org.tw/master/masterA/books/delectus/discourse/21.htm。

是追求「定於一尊」或單一獨大，反而重視多元並建，一多相容。足見星雲大師採取追求一多相容的理想。

依照一多兼容的理想，自然也不會同意將全球化視為全球西化，星雲大師重視世界各地不同文化的並存，並且追求彼此相互包容、協助，以謀求促進全體的幸福。所以斷然不會同意以單一文化來壓制不同文化；其實，星雲大師常教人「你對我錯、你大我小、你有我無、你樂我苦。」這種思想不只是個人層次的容忍與謙讓，而體現佛教偉大的慈悲心、平等觀，其中深刻地扣緊心佛眾生，無有差別的一體精神，故而能真正追求平等互尊。若將平等觀扣緊於互聯性的脈絡之上，就沒有一個真正的中心，在後現代的論述來說，可說是去中心化的取向，並揚棄了「中心／邊陲」的世界體系論述。本來佛教教導世人無我，真能發揮無我，則必然不主張執著自我，也容易形成去中心化的思路，展開真正的平等思想。我們從後現代論看，人間佛教這種基於緣起論而提出的同體共生式的提法，隱然指向後現代所謂去中心化的思想，而容易成就平等的全球化思想。

（二）摒棄衝突，追求和諧

佛教的圓融性，是追求一多相容，亦即追求彼此之尊重與包容的意思。星雲大師指出追求佛法佛教的圓滿與自在。[59] 在追求多元並建，重視他者、去中心化的背後，其實揭示了

---

59 星雲大師：〈圓滿與自在〉（國際佛光會第六次世界大會主題演說），取自互聯網：《國際佛光會世界總會》，瀏覽於 2009 年 11 月 15 日，網址：http ://www. blia. org. tw/speak/speak06. htm。

佛教的平等精神，從平等而達至的圓融性。這是動態的整合歷程，通過差異而能夠互通有無、彼此豐富。就此而言，才能真正講求圓融無礙。

1. 人與萬物的和諧

　　追求人與人之間的和諧與完滿，因此星雲大師就提倡三好運動「做好事、說好話、存好心」。除了在個人的層次需要在這三個層次努力之外，其實它是指向著一種傳統的佛教智慧，就是追求身、口、意的三業的清淨。當然傳統的佛教將身、口、意三業清淨應用到全球化論述裡。在此，星雲大師的突出面在於追求人個人層次淨化身、口、意之外，更加要求人與人之間的和諧，所以人間佛教多提倡族群和諧、國際和諧。這些說法是建立在運用身、口、意實修來淨化貪、瞋、痴。人與人之間或社會與社會之間或國家與國家之間之所以有爭鬥，以佛教的觀念來看其實都是貪、瞋、痴的結果。所以人間佛教就運用個人修行上的三業清淨，擴大應用到族群與國家之間、國際之間的和諧，因此亦都追求大家互相包容。

2. 重視生態，鼓勵保育

　　除了人與人之間追求和諧之外，亦追求人與世界之間的和諧，最為明顯的做法就是追求中道正觀。在中道正觀裡，佛教雖不主張縱慾，但並不主張禁慾，所以佛法在渡眾救世方面，往往不離給人方便，予人快樂的基本權巧法門。在全球化背景下，它如何成為一種追求世界和諧的手段呢？如果將這種觀念運用到發展觀之上的話，我們應適度運用自然，不能夠竭澤而漁，反而我們要走一中間路線。在運用自然之

時，當然要惜福與惜緣。畢竟自我與世界都是因緣和合而生，
所以當領略無常與無我。從無我與無常觀念來說，我們繼承
了祖先的自然世界，但亦是藉用未來子孫的世界，世界本非
我所有，自然也不能執著。但我們當要善用自然，同時也要
回饋自然，維持自然的持續發展。

　　上述這一種由佛教教理提點出來的觀點，與近年漸次受
到重視的全球環保論述，在旨趣上可謂不謀而合。在全球化
的議題下，環境倫理、生態保育等議題已經得到世界性的廣
泛注意和普遍重視。弗里德曼（Thomas L. Friedman）在其最
新著作《世界又熱、又平、又擠：全球暖化、能源耗竭、人
口爆炸危機下的新經濟革命》中提出環保將是我們未來必須
正視並付諸實行的重要工作。他認為透過保護環境的行動，
我們將能夠同時擊敗污染與貧窮：

　　要讓國家恢復活力、重建自信及道德權威、整個社會往
前邁進，最好的方法就是將焦點放在綠化節能議題上……如
果我們無法將綠化節能視為改善生活的策略，就無法產生成
功所需的動力和規模。[60]

　　如果早期麻木的開發主義會導致不擇手段的竭澤而漁，
佛教在珍惜福報與保護自然的主張以及對環境倫理、生態保
育等議題之重視，隱含著不同於單純發展的經濟思維。它建
基於佛教同體共生之態度，旗幟鮮明的表達出重視生態平衡，

60 湯馬斯・弗里德更(Thomas L. Friedman)著，丘羽先等譯：《世界又熱、
又平、又擠：全球暖化、能源耗竭、人口爆炸危機下的新經濟革命》
（*Hot, Flat, and Crowded: Why the World Needs A Green Revolution and How We Can Renew Our Global Future*）（台北：天下遠見出版股份有限公司，2008 年），頁 398。

環境保育的觀念。這種全球環境倫理的論述最大特式之一，在於它並非建立在人類中心主義的考慮，而是一種基本佛教立場，立足於眾生平等，而謀求共生。

3. 人與社會的和諧：悲智雙運

除了自然世界之外，我們亦能看出人間佛教對人與社會和諧的追求，強調人和社會之間的適度調節，強調人在社會之中的充量整合。我們不難發現星雲大師非常強調人自己身心的和諧，亦強調重視身心和諧、家庭和諧、社會和諧與世界和諧。[61]這些和諧都是從哪一個立場來說呢？就是追求人和社會之間一個適性的發展。從這一角度去看，又如何關連到全球化的論述呢？對佛教徒而言，社會一詞其實具有雙重性。社會是行者修行的地方，但也要超越離開的所在。因為塵世的社會到最後還是必須要揚棄的，但世界又是成佛的基礎，因為沒有一個人不是在這個社會里通過歷練與修行而得到開悟的。所以社會是行者取得成就的必要條件。

人間佛教強調佛教關懷世界、建設社會的重要性，但不要忘記佛教徒並不是要追求完全地擁有這個社會，他只不過是暫時地要求建設社會。星雲大師說自己的解脫，在自己解脫的過程中亦可以見到在佛教的論述中有著很為不同的特色。表面上，它如同人間佛教所有的做法，很大量吸收所謂社會論述、經濟論述，甚至環保論述等等。但與它們不同的是，對人間佛教來說，所有的人間建設到最後必然的指向宗教解脫。所以佛教全球化的論述到最後來說，必然就是不能夠離

---

61 星雲大師著，妙光法師等譯：《當代人心思潮》（*Modern Thoughts, Wise Mentality*）（台北：香海文化，2006年），頁68-83。

開它的宗教性。

如果按照福山所說，在後現代社會來說，佛教經歷了世俗化。在世俗化後，重新要肯定宗教在社會上的地位時，人們便會開始問現代社會所能夠扮演的社會功能是甚麼。當然福山的論述是有著一定的有效性，但福山並未充分重視信仰本身在宗教活動的核心性。

從人間佛教的渡眾理想來說，福山指陳的發展不但並非福音，更可能是一種危機。譬如慈濟功德會充分地開發了華人的慈善意識，他們做了很多慈善救濟的好事，為世人提供實質救助與心理慰藉。然而問題在於重視行入，對於不善學者來說，容易誤解為不必解人。如果不能明白證嚴上人做中學，學中覺之深旨，就容易形成不求甚解的態度，甚至拒絕經教，誤將慈善救濟視為解脫法門。相反的，無論是法鼓山，還是佛光山都重視解行並進，悲智雙運。法鼓山重視三大教育，而佛光山對教育的關注更是有目共睹，辦學範圍包含從幼兒園、小學、中學到大學，這是由於他們不滿足於慈善救濟，而更期盼為眾生提供宗教的終極救渡。儘管佛光山與法鼓山也重視慈善救濟或社會救助的工作，在販災、醫療等貢獻極多；但她們並非掛著佛教名義的龐大義工組織。因為人間佛教重視通過這些活動，能夠使到眾生能夠開悟，亦都使到自己能夠修行。這都指向人間佛教固然重視人間，但始終不能放棄解脫生死的佛教基本教義。

從這一角度去看，現時諸如福山所說的全球化論述都缺少了宗教信仰的面向。如果缺乏了這重要面向，就不能區分宗教性的救濟組織，與一般救濟組織的差異。佛教參與社會

公益必不能缺乏其宗教性，否則便失去本身投入參與的目的。一些全球化理論者，例如福山，雖意識到宗教在全球化過程的重要性，但他們未能指出佛教團體參與社會工作的基本動力就在宗教信仰，如果缺少這一核心價值，就無法與一般慈善團體區別開來了。所以人間佛教的社會參與，與全球經營，一方面是慈悲的願力，另一方面，則指向解脫的智慧，所以可說是悲智雙運的取向。

（三）多元靈活，豐富發展

聖嚴法師與星雲大師雖然居禪法正統，但在佛法運用上則不限於禪宗一脈。其實，禪心強調的是靈活性，不為經教所束縛，故此無論是法鼓山的聖嚴法師還是佛光山的星雲大師，雖以禪宗為法脈，但是兩人均非僅以禪宗一門劃地自限。聖嚴法師不稱為禪師，而以法師自居，就表明以法為師絕不株守一門劃地自限；而星雲大師氣魄宏大，最擅長博採眾長。在這兩位法師的著作與講述都博諸宗，兼容並蓄，[62]廣泛的採用不同佛教精神資源來構建人間佛教。簡言之，這顆靈動的禪心，讓人間佛教可以靈活善巧地博採眾長，也正是由於這種靈活性，讓人間佛教身處全球化之形勢，就可以用廣大的心胸，面對多元的世界。

佛教對建設保持追求「一多相容而不相同」的理念。所謂「一」，就並非穩定的最終止境，而是動態的善化歷程。在這歷程中，差異化可作為豐富的基礎，提供融攝的素材，而

62　星雲大師曾經註疏的經典很多，包括《心經》、《金剛經》、《六祖壇經》及《八大人覺經》等。

一體化則為綜合的動能，它不讓差異至於各不相干，而追求之一體共屬性。總之，動態的一體化歷程，取代固定的一致性境界，而走向一多並存，圓融無礙的境界。而差異的雜多世界，正是這一歷程中不可缺少的資源。其實，眾生無盡，差異長存，但慈心不捨，就使得我願無窮。而在就普渡的願力下，就讓行者必須面對千差萬別的世界，並啟導出法門無量。因此，行者必須面對差異，但卻不能安與差異，而只求各行其是，不相往來。所以追求普同的一體化，正是建基於差異性之上的。

其實，一體性與差異性，普遍面和特殊面，兩者可以處於辯證參透的過程。在一方面，全球普同性，並非已然形成狀態，反而在生成變化之中的發展。普通性乃建立在差異性上面的。差異性可以豐富普同性，轉而促成更新的或更高的普通性出現。同時，普同性的擴大，又可回過頭來刺激差異的發展。因為一致性就建立對差異性的排除之上，而世界的一致性，往往會刺激起特殊性的身份自覺。所以，有人會一面追求世界意識，可是同時也追尋自身獨特的歷史傳承；一方面強調我們是世界公民，另一方面，則講求個體或種族身份的特殊性。由此而衍生一種新的討論方向，就是全球地方化。這一方面是可普遍化的追求，另一方面是表現在歷史性探索。可普遍化的追求就是尋求統一，歷史的追求就是突顯差異。這兩者是互補辯證的發展，不是一個單純的一致性趨勢而已。

全球化的包含差異，又追求一致的動態發展，就好比佛教之華嚴之一多相容的精神。其實，差異性與同一性應放在

一個辯證的歷程上看，才比較容易掌握實況。就是說我們今天能夠分享的價值，可能就是往日的分歧點。例如在一百年前的中國與西方在一男一女的異性婚姻制度上，意見就彼此不同。但經過全球化的歷程，現代華人社會也接受這個觀念。落實宗教的交談，就可以推演到全球化中如何面對他者的情勢。如果佛教全球化只是停留在面對他者，而沒有進人與他者的交流與互動的話，就不能在全球化的形勢之下吸取不同文化的豐富資源。所以，佛教面對全球化中的他者，要以對話取代對抗。這最基本可以增加了解，避免誤解和對形勢的誤判。正如美國的普遍人權論，就是忽略特殊面。故此，互相豐富，同步並進，這就是全球化健康的一面。

六、結　語

綜合上文所述，佛教教理在有關全球化事實的認定上，以及如何面對有關事實的價值判斷上，均提供了其本有而獨特的精神資源。「世界是互相依存」屬於事實的認定，但如何去面對互相依存的世界，便要發揮愛心、破除自我中心主義等等，則是一些價值的判斷。然而，佛教除了有緣起法外，尚有慈悲心，因此佛教大師諸如星雲等，不單體認世界相互依存的事實，更特別強調「同體共生」的概念，而同體共生的概念正是慈悲的表現。

基於同體共生的取向，星雲大師在面對他者或異己之取態，就強調一多相融，多元並建。這一態度是受益於佛教無我與平等的思想，因此在原則上講求對他者的尊重與包容，

而在手法上，強調慈悲和渡眾的精神。具體的講，多追求人的身心和諧，人與人之間的和諧，人與自然社會和諧，甚至形成對歷史與未來的和諧追求，所以不單尊重傳統文化，也要善待未來，於是未來不是供我們無限透支的賬戶，而是需要平衡開發與保育的前程。

徵引書目

一、中文資料

(一)古　籍

佚名：《太一救苦護身妙經》，見《正統道藏》，台北：新文
　　豐出版社，冊 10，1985-1988 年。

《大正新修大藏經》，冊 21，《毘沙門儀軌》，卷一，臺北：
　　新文豐出版社，1973 年。

〔梁〕慧皎：〈宋高僧傳〉，收入《景印文淵閣四庫全書》，冊
　　1052，台北：台灣商務印書館，1986 年。

〔宋〕蘇轍：《欒城集》，臺北市：臺灣中華書局，1965 年。

〔明〕吳承恩：《西遊記》。北京：人民文學出版社，1980 年。

〔明〕許仲琳：《封神演義》。香港：中華書局，1990 年。

〔明〕袾宏撰：《阿彌陀經疏鈔》卷四，《卍新纂續藏經》第
　　22 冊。

〔清〕李鴻章：《李文忠公全書》（光緒 34 年金陵版）。

〔三國〕康僧鎧譯：《佛說無量壽經》《大正新脩大藏經》第
　　12 冊。

(二)專　著

丁仁傑（1999），《社會脈絡中的助人行為：臺灣佛教慈濟功

德會個案研究》。臺北：聯經出版社。

丁仁傑（2004），《社會分化與制度變遷——當代台灣與宗教現象的社會學考察》。台北：聯經出版社。

于凌波（1997），《曲折迂迴菩提路——于凌波七十自述》。臺北：慧炬出版社。

于凌波（2004），《現代佛教人物辭典》上冊。臺北三重：佛光文化事業公司。

于凌波等著（1995），《李炳南居士與臺灣佛教》。臺中：李炳南居士紀念文教基金會。

于凌波著（1995），〈水果師廣欽老和尚〉，見氏著，《中國近現代佛教人物誌》。北京：宗教文化出版社，頁168-176。

于凌波編著（2004），《民國佛教居士傳》。臺中：慈光圖書館。

大前研一著，李宛蓉譯（1996），《民族國家的終結：區域經濟的興起》(The End of the Nation State: The Rise. of Regional Economics) 。台北，立緒文化。

中村元等監修、編集，余萬居翻譯（1984），《中國佛教發展史》。臺北：天華出版事業有限公司。

公木、趙雨（2006），《詩經全解》。長春：長春出版社。

太虛（1980），〈略評外道唐煥章〉，《海潮音》卷4，第5期，收錄於太虛大師著：《太虛大師全書》。台北：善導寺佛經流通處印行，第31冊，頁 1403-1406。

太虛大師全書編纂委員會（1980），《太虛大師全書》。臺北：善導寺佛經流通處。

方立天（1998），〈人生理想境界的追求〉，釋惠敏主編，《人

間淨土與現代社會》。臺北：法鼓文化公司，頁
287-304。

方立天（2003），〈彌勒信仰在中國〉，氏著，《中國佛教散論》。
北京：宗教文化出版社，頁 147-172。

方東美（1981），《華嚴宗哲史》上冊。台北：黎明出版社。

王兆祥主編（1992），《中國神仙傳》。太原：山西人民出版社。

王俊中著（2003），《東亞漢藏佛教史研究》。臺北：東大圖書
公司。

王秋桂與李豐楙編（1989），《中國民間信仰資料彙編》，台
北：台灣學生書局。

王端正總策劃（1993），《慈濟年鑑 1966-1992》。臺北：慈濟
文化出版社。

弗朗西斯・福山（Francis Fukuyama）著，張美惠譯（2000），
《跨越斷層》(The Great Disrup-tion: Human Nature and
the Reconstruction of. Social Order) 。台北：時報文化
出版社。

弗朗西斯・福山（Francis Fukuyama)著，歷史的終結翻譯組
譯（1998），《歷史的終結》 (The end of history and the
last man) 。呼和浩特：遠方出版社。

末木文美士，涂玉盞譯（2002），《日本佛教史》。臺北：商周
出版社。

伊利亞德著，楊素娥譯（2000），《聖與俗──宗教的本質》。
台北：桂冠圖書公司。

印順導師（1992），《太虛大師大師年譜》，修訂一版。台北：
正聞出版社。

吉布編著（2004），《唐卡的故事》。西安：陝西師範大學出版社。

安東尼・紀登斯（Anthony Giddens）著，田禾譯（2000），《現代性的後果》(*Consequences of Modernity*)。南京：譯林出版社。

安東尼・紀登斯（Anthony Giddens）著，陳其邁譯（2001），《失控的世界：全球化與知識經濟時代的省思》(*Runaway World: How. Globalization is Reshaping Our Lives*)。台北：時報文化出版企業股份有限公司。

尕藏加著（1996），《藏傳佛教神秘文化——密宗》。西藏：西藏人民出版社。

尕藏加著（2003），《雪域的宗教》(上、下冊)。北京：宗教文化出版社。

托馬斯・弗里得曼(Thomas L Friedman）著，丘羽先等編譯（2008），《世界又熱、又平、又擠：全球暖化、能源耗竭、人口爆炸危機下的新經濟革命》(*Hot, Flat, and Crowded: Why the World Needs a Green Revolution and How We Can Renew Our Global Future*)。台北：天下遠見出版股份有限公司。

托馬斯・弗里得曼（Thomas L Friedman）著，何帆、肖瑩瑩、郝正菲譯（2006），《世界是平的》(*The World is Flat: A brief History of the Twenty-first. Century*)。長沙：湖南科學技術出版社。

托馬斯・弗里得曼(Thomas L Friedman）著，蔡繼光等譯（2000），《了解全球化：凌志汽車 與橄欖樹》(*The*

Lexus and the Olive Tree)。台北：聯經出版社。

江潤祥、關培生、鄧仕樑主編，何志華編輯（2000），《中醫文選》。香港：中文大學出版社。

江燦騰（1989），《人間淨土的追尋——中國近世佛教思想研究》。臺北：稻鄉出版社。

江燦騰（1992），《臺灣佛教與現代社會》。臺北：東大圖書公司。

江燦騰（1993），《臺灣佛教文化的新動向》。臺北：東大圖書公司。

江燦騰（1997），《當代臺灣佛教：佛光山、慈濟、法鼓山、中臺山》。臺北：南天書局。

江燦騰（1997），《臺灣當代佛教》。臺北：南天書局。

江燦騰（1998），《中國近代佛教思想的諍辯與發展》。臺北：南天書局。

江燦騰（2001），《日據時期臺灣佛教文化發展史》。臺北：南天書局。

江燦騰（2003），《臺灣近代佛教的變革與反思：去殖民化與臺灣佛教主體性確立的新探索》。臺北：東大圖書股份有限公司。

江燦騰（2009），《台灣佛教史》。台北：五南出版社。

江燦騰與龔鵬程主編（1994），《臺灣佛教的歷史與文化》。臺北：靈鷲山般若文教基金會國際佛學研究中心。

牟宗三（1979），《佛性與般若》。台北：台灣學生書局。

何啟忠編撰（1962），《寶松抱鶴記》。香港：雲鶴山房。

何錦山（2010），《臺灣佛教》。北京：九州出版社。

佛教慈濟慈善事業基金會（2009），《大愛灑人間——證嚴法師的慈濟世界》。花蓮：佛教慈濟慈善事業基金會。

冷立、范力編著（1990），《中國神仙大全》。瀋陽：遼寧人民。

呂建福著（1995），《中國密教史》。北京：中國社會科學出版社。

呂建福釋譯（1997），《大日經》。臺北：佛光文化事業公司。

李明友（2000），《太虛及其人間佛教》。杭州：浙江人民出版社。

李炳南（1995），《述學語錄》。臺中：青蓮出版社。

李炳南（2003），《當生成就之佛法》。臺中：青蓮出版社。

李炳南（2005），《修學法要續編》。臺中：青蓮出版社。

李炳南編述（2006），《阿彌陀經摘要接蒙義蘊合刊》，二版。臺中：瑞成書局。

李桂玲編（1996），《臺港澳宗教概況》。北京：東方出版社。

李筱峯（1991），《臺灣革命僧林秋梧》。臺北：自主晚報出版社。

李豐楙（1994），〈道教與中國人的生命禮俗〉，《宗教與生命禮俗》。台北：靈鷲山般若文教基金會國際佛學研究中心，頁181-242。

村上重良著，張大柘譯（1993），《宗教與日本現代化》。高雄：佛光出版社。

村上專精著，楊曾文譯，汪向榮校（1981），《日本佛教史綱》。北京：商務印書館。

杜繼文編（1991），《佛教史》。北京：中國社會科學出版社。

沈清松（2004），《從利瑪竇到海德格》。台北：台灣商務印書館。

肖平（2003），《近代中國佛教的復興：與日本佛教界的交往錄》。廣州：廣東人民出版社。

宗者拉杰‧多杰仁青著（2002），《藏畫藝術概論》。北京：民族出版社。

居閱時、瞿明安主編（2001），《中國象徵文化》。上海：上海人民出版社。

林國平（1992），《林兆恩與三一教》。福州：福建人民出版社。

林煌洲、林其賢、曹仕邦、陳美華、丁敏、釋果樸合著（2004），《聖嚴法師思想行誼》。台北：法鼓文化。

法尊法師著（2002），《法尊法師論文集》。臺北：大千出版社。

邱寶林（1989），《臺灣社會面面觀》。河南：河南人民出版社。

金澤（2002），《宗教人類學導論》。北京：宗教文化出版社。

侯寶垣（1974），《觀史沿革概要》，青松觀編：《九龍青松仙觀擴遷新址暨成立廿五周年紀念特刊》。

保羅・赫斯特（Paul Hirst）、格拉罕・湯普森（Grahame Thompson）著，朱道凱譯（2002），《全球化迷思》（ *Globalization in Question: The International Economy and the Possibility of Governance*） 。台北：群學出版有限公司。

姚麗香著（2007），《藏傳佛教在臺灣》。臺北：東大圖書公司。

星雲大師（2005），《禪學與淨土》。台北：香海文化。

星雲大師著，妙光法師等譯（2006），《當代人心思潮》(Modern Thoughts, Wise Mentality) 。台北：香海文化。

柳存仁（1991），《和風堂文集》。上海：上海古籍出版社。

栂尾祥雲著，李世傑譯：《密教史》（中國佛教雜誌社）【出版項不全】。

栂尾祥雲著，聖嚴法師譯（1999），《密教史》，編入《法鼓全集》第2輯，第4冊。臺北：法鼓文化事業公司。

段文傑、李愷主編（1997），《敦煌藻井臨品選》。陝西：陝西旅遊出版社。

約翰・布洛菲爾德著，耿升譯（1992），《西藏佛教密宗》。西藏：西藏人民出版社。

夏金華釋譯（1997），《金剛頂經》。臺北：佛光文化事業公司。

夏廣興著（2008），《密教傳持與唐代社會》。上海：上海人民

出版社。

徐正光、蕭新煌（1995），《臺灣的社會與國家》。台北：東大
    圖書公司。

徐清祥（2010），《歐陽竟無評傳》。南昌：百花洲文藝出版社。

徐醒民編撰（2005），《明倫社刊論文彙集 》第三集。臺中：
    青蓮出版社。

班班多傑著（1995），《藏傳佛教思想史綱》。上海：三聯書店。

班班多傑著（1998），《藏傳佛教哲學境界》。西寧：清海人民
    出版社。

酒井忠夫著，張淑娥譯（1995），〈民國初期之新興宗教運動
    與新時代潮流〉，《民間宗教》第 1 輯，頁 1-36。

馬克思・韋伯著，康樂、簡惠美譯：《新教倫理與資本主義精
    神》台北市：遠流出版事業股份有限公司。

馬書田（2008），《中國密宗神》。北京：團結出版社。

馬喬利・托普萊 (Topley, Marjorie) （1996），〈先天道：中
    國的一個秘密教門〉，《民間宗教》第 2 輯，頁 19-50。

高明士主編（2005），《臺灣史》。台北：五南出版社。

高楠順次郎著（1988），《佛教藝術》。台北中和市：華宇出版
    社。

張珣、江燦騰合編（2001），《當代臺灣本土宗教研究導論》。
    臺北：南天書局。

張珣、江燦騰合編（2003），《臺灣本土宗教研究的新視野和
    新思維》。臺北：南天書局。

張曼濤編（1977-1979），《民國佛教篇：臺灣佛教篇》。臺北：
    大乘文化。

張曼濤編（1979），《中國佛教史論集：臺灣佛教篇》《東初老

人全集》。臺北：大乘文化出版社。

張曼濤編（1979），《密宗思想論集（密宗專集之三）》。臺北：
　　大乘文化出版社。

望月信亨（1995），《支那淨土教理史》；釋印海中譯，《中國
　　淨土教理史》，三版。臺北：正聞出版社。

望月信亨，釋印海中譯（1995），《淨土教概論》，三版。臺北：
　　華宇出版社。

梁光嚴譯（2000）：《全球化：社會理論和全球文化》。上海：
　　上海人民出版社。

梁啟超（1920 初版），（1994 台二版），《清代學術概論》。台
　　北：商務印書館。

淨界法師（2017），《靈峰宗論導讀》初版。臺北：財團法人
　　佛陀教育基金會出版。

深圳一石著，劉軍攝影（2007），《詩經裡的植物》。天津：天
　　津教育出版社。

現代仏教そ知る大事典編集委員會編，世界佛學名著譯叢編
　　譯委員會譯（1986），《現代日本佛教教育與文化：資
　　料篇》。臺北：華宇出版社。

符芝瑛（1995），《傳燈：星雲大師傳》。台北：天下文化。

符芝瑛（2006），《雲水日月：星雲大師傳》。台北：天下文化。

莊孔韶編（2008），《人類學經典導讀》。北京：中國人民大學
　　出版社。

許地山（1941），《扶箕迷信底研究》。香港：商務出版社。

郭朋（1997），《太虛思想研究》。北京：中國社會科學出版社。

陳兵、鄧子美合著（2003），《二十世紀中國佛教》。臺北：現
　　代禪出版社。

陳勇革(2003)，《佛教弘化的現代轉型：民國浙江佛教研究》。北京：宗教文化出版社。

陳揚炯（2000），《中國淨土宗通史》。南京：江蘇古籍。

陳榮捷著，廖世德譯(1987)，《現代中國的宗教趨勢》。臺北：文殊出版社。

陳劍煌著（2002），《圓通證道：印光的淨土啟化》。臺北：東大圖書公司。

陳慧劍（1997），《證嚴法師的慈濟世界——花蓮慈濟功德會的緣起與成長其次》。臺北：佛教慈濟文化志業中心。

陳慧劍編纂（1991），《佛學問答類編》。臺中：李炳南老居士全集編委會。

勞思光（1971），《中國哲學史·二》。香港：香港中文大學崇基學院。

敦煌文物研究所（1982），《敦煌莫高窟內容總錄》。北京：文物出版社。

游子安（2003），〈道脈綿延話藏霞——從清遠到香港先天道堂的傳承〉，收入周梁楷編：《結網二編》。臺北：東大圖書公司，頁267-283。

游子安（2005），〈香港先天道百年歷史概述〉，收入黎志添主編：《香港及華南道教研究》。香港：中華書局，頁62-95。

游子安編著（2002），《道風百年》，香港粉嶺：蓬瀛仙館道教文化資料庫初版。

華琛 (James L. Watson)、華若璧 (Rubie S. Watson)著，張婉麗、盛思維譯（2011），《鄉土香港：新界的政治、性

別及禮儀》(*Village Life in Hong Kong: Politics, Gender, and Ritual in the New Territories*)。香港：香港中文大學出版社。

雲菁著，黃芳田等譯（1995），《千手佛心：證嚴法師》。臺南：大千文化出版事業公司。

馮達庵著（2006），《佛法要論》。北京：宗教文化出版社。

黃兆漢、鄭煒明著（1993），《香港與澳門之道教》。香港：加略山房。

黃忠慎編著（2002），《詩經選注》。台北：五南圖書出版公司。

黃怡婷（2007），《釋智旭及其《閱藏知津》之研究》。臺北：花木蘭文化出版社。

黃英傑編（1995），《民國密宗年鑑》。臺北：全佛文化出版社。

黃夏年主編（2008），《民國佛教期刊文獻集成》。北京：中國書店。

黃啟江著（2004），《因果、淨土與往生：透視中國佛教史上的幾個面相》。臺北：學生書局。

慈忍室主人編（1985），《海潮音文庫》第 2 編，第 10 冊，《真言宗》。臺北：新文豐出版公司。

慈忍室主人編輯，太虛審定（1931），《淨土宗》，海潮音文庫第二編。上海：佛學書局。

楊曾文（1995），《日本佛教史》。浙江：人民出版社。

楊曾文（1996），《日本近現代佛教史》。杭州：浙江人民出版社。

聖嚴法師（1997），《心的經典：心經新釋》。臺北：法鼓文化。

聖嚴法師（1997），《歸程》修訂版。臺北：法鼓文化。

聖嚴法師（1999），《西藏佛教史》，編入《法鼓全集》第 2 輯，第 3 冊。臺北：法鼓文化事業公司。

聖嚴法師（1999），《念佛生淨土》。台北：法鼓文化。

聖嚴法師（1999），《法鼓山的方向 I》。台北：法鼓文化。

聖嚴法師（1999），《基督教之研究》。臺北：法鼓文化。

聖嚴法師（1999），《教育、文化、文學》。台北：法鼓文化。

聖嚴法師（2001），《聖嚴法師與宗教對話》。台北：台北法鼓文化。

聖嚴法師（2004），《福慧自在：金剛經生活》。臺北：法鼓文化。

聖嚴法師（2005），《法鼓山的方向 II》。台北：法鼓文化。

聖嚴法師（2005），《法鼓山的方向 II》，二版。台北：法鼓文化。

聖嚴法師（2006），《華嚴心詮：原人論考釋》。臺北：法鼓文化。

聖嚴法師（2007），《心靈環保》。台北：法鼓文化。

聖嚴法師(2009)，《建立全球倫理：聖嚴法師宗教和平講錄》。台北：法鼓山文化中心。

聖嚴法師（ND），《心六倫運動的目的與期許》。香港：法鼓山香港護法會助印。

聖嚴法師、李偉文等合著（2007），《不一樣的環保實踐》。台北：法鼓文化。

聖嚴法師口述，高瑄等著（1999），《聖嚴法師心靈環保》。台

北：法鼓文化。

聖嚴法師等著（2007），《慢行聽禪》。台北：天下文化。

達賴喇嘛著（1997），《藏傳佛教世界》。新店：立緒文化。

滿義法師（2005），《星雲模式的人間佛教》。台北：天下遠見。

熊十力（2008），《新唯識論》。上海：上海書店出版社。

維克多・特納著，黃劍波及柳博贇中譯（2006），《儀式過程：結構與反結構》。北京：中國人民大學出版社。

趙聿修（1971），〈圓玄學院三教大殿崇奉三教宗師關於主供神位之商榷〉，收入《圓玄學院三教大殿落成特刊》，頁2。

趙嘉珠主編（2004），《中國會道門史料集成：近百年來會道門的組織與分布》。北京：中國社會科學出版社。

趙賢明（2006），《臺灣最美的人——證嚴法師與慈濟人》。台北：印刻出版有限公司。

劉長東著（2000），《晉唐彌陀淨土信仰研究》。成都：巴蜀書社。

廣東省政府廣東年鑑編纂委員會編（1942），《廣東年鑑》。廣州：廣東省政府秘書處。

樊錦詩、趙聲良著（2011），《燦爛佛宮》。杭州：浙江文藝出版社。

歐大年（Overmyer, Daniel)著、劉心勇等譯（1993），《中國民間宗教教派研究》。上海：上海古籍出版社。

潘富俊著，田勝由攝影（2001），《詩經植物圖鑑》。台北：貓頭鷹出版社。

潘煊（2002），《看見佛陀在人間——印順法師傳》。臺北：天

下文化。

潘煊（2004），《證嚴法師：琉璃同心圓 》。臺北：天下遠見。

鄧子美、陳衛華、毛勤勇（2009），《當代人間佛教思潮》。甘肅：甘肅人民出版社。

鄧家宇（2008），《二十世紀之香港佛教》。九龍：香港史學會。

鄭志明（1989），《先天道與一貫道》。臺北：正一出版社。

鄭志明（1990），《臺灣的宗教與秘密教派》。臺北：台原出版社。

鄭志明（1997），《西王母信仰》。嘉義：南華管理學院。

鄭志明（2000），《當代新興宗教——修行團體篇》。嘉義：宗教文化研究所。

鄭培凱編（2007），《宗教信仰與想像》。香港：香港城市大學出版社。

黎志添（2017），《瞭解道教》。香港：三聯書店香港有限公司，2017年。

澹思（1978），〈阿彌陀佛的起源〉，張曼濤主編，《淨土思想論集中》（一）。臺北：大乘文化出版社。

盧勝彥（1997），《真佛儀軌經》。南投：真佛宗出版社。

盧勝彥（1997），《密宗羯魔法》。南投：真佛宗出版社。

盧勝彥（2002），《真佛法中法》。桃園：大燈文化出版社。

盧蕙馨、陳德光與林長寬主編（2003），《宗教神聖：現象與詮釋》。台北：五南出版社。

蕭登福（2006），《道教地獄教主：太乙救苦天尊》。臺北：新文豐出版股份有限公司。

蕭登福（2008），《靈寶無量度人上品妙經今註今譯》。台北：

文津出版社。

蕭登福（2012），《西王母信仰研究》。台北：新文豐出版社。

蕭新煌（2002），《臺灣社會文化典範的轉移》。台北：立緒出版社。

霍姆斯・維慈著，王雷泉等譯（2006），《中國佛教的復興》。上海：上海古籍出版社。

戴維・赫爾德（David Held）、安東尼・麥克格魯(Anthony MeGrew)著，陳志剛譯（2004），《全球化與反全球化》(*Globalization / Anti-Globalization*)。北京：社會科學文獻出版社。

戴維・赫爾德(David Held)等編著，楊雪冬等譯（2001），《全球大變革》(*Global Transformations: Politics, Economics and Culture*)，北京：社會科學文獻出版社。

戴維・赫爾德(David Held)著，朱艷輝譯（2004），〈世界主義：觀念、現實與不足〉，戴維・赫爾德、安東尼・麥克格魯編：《治理全球化：權力、權威與全球治理》(*Governing Globalization: Power, Authority and Global Governance*)。北京：社會科學文獻出版社。

藍吉富（1991），《二十世紀的中日佛教》。臺北：新文豐出版社。

藍吉富（2003），〈臺灣佛教思想史上的後印順法師學時代〉，收入氏著，《聽雨僧廬佛學雜集》。台北：現代禪出版社，頁 265-285。

鎌田茂雄著，釋慈怡譯（1993），《華嚴經講話》。高雄：佛光出版社。

魏絲（Linda Weiss）著，黃兆輝譯（2007），《國家的神話：全能還是無能》。香港：上書局。

羅同兵（2003），《太虛對中國佛教現代化道路的抉擇》。成都：巴蜀書社。

羅汝飛（1991），〈香港道教的過渡與變遷：一個個案研究〉，收入黃紹倫編，《中國宗教倫理與現代化》。香港：商務印書館，頁161-171。

證嚴上人（2008），《真實之路》。台北：天下文化。

釋印光（2005），《印光法師文鈔》。臺中：青蓮出版社。

釋印光著，張育英校注（2000），《印光法師文鈔》。北京：宗教文化出版社。

釋印順（1978），《印度之佛教》。臺北：正聞出版社。

釋印順（1985），《空之探究》。臺北：正聞出版社。

釋印順（1985），《遊心法海六十年》。臺北：正聞出版社。

釋印順（1987），《攝大乘論講記》。臺北：正聞出版社。

釋印順（1990），《契理契機之人間佛教》，二版。臺北：正聞出版社。

釋印順（1992），《中觀今論》。臺北：正聞出版社。

釋印順（1992），《太虛大師大師年譜》。臺北：正聞出版社。

釋印順（2005），《平凡的一生》，重訂版。臺北：正聞出版社。

釋見正（2004），《印光大師的生平與思想》，修訂版。臺北：法鼓文化公司。

釋東初（1974），《中國佛教近代史》。臺北：中華佛教文化館。

釋東初（1986），《東初老人全集（五）》。臺北：東初出版社。

釋東初法師（1974），《中國佛教近代史》，上冊。台北：中華

佛教文化館。

釋星雲（1997），《淨土思想與現代生活（一）》。臺北：佛光出版社。

釋昭慧(1997)，《人間佛教的播種者》。臺北：東大圖書公司。

釋昭慧、江燦騰編著（2002），《世紀新聲：當代台灣佛教的入世與出世之爭》。臺北：法界出版社。

釋傳道（2001），《印順法師與人間佛教》。臺南：中華佛教百科文獻基金會。

釋圓瑛，黃夏年主編（1995），《圓瑛集》。北京：中國社會科學出版社。

釋慈滿、黃公元主編（2019）：《蕅益大師與靈峰派研究》，北京；宗教文化出版社。

釋聖嚴（1991），《歸程》。臺北：東初出版社。

釋道源講，許寬成紀錄（1959），《佛堂講話》。臺中：瑞城書局。

釋滿義（2005），《星雲模式的人間佛教》。臺北：天下遠見。

釋演培（1979），〈慧遠大師之生平及其念佛思想〉，張曼濤主編，《淨土宗史論》。臺北：大乘文化出版社。

釋廣欽（1989），《廣欽老和尚開示錄》。香港：香港佛學書局。

釋慧嚴（1996），《慧嚴佛學論文集》。高雄：春暉出版社。

釋慧嚴(2000)，《從人間性看淨土思想》。高雄：春暉出版社。

闞正宗（1996），《臺灣高僧》。臺北：菩提長青出版社。

闞正宗（1999），《臺灣佛教一百年》，臺北：東大圖書公司。

闞正宗（2004），《重讀臺灣佛教正編》。臺北：大千出版社。

權田雷斧著，王弘願譯（1999），《密宗綱要》。臺北：天華出

版事業公司。

二、期刊論文

丁仁傑（2006），〈認同、進步與超越性：當代臺灣人間佛教的社會學考察〉，見《臺灣社會研究季刊》第六十二期，6月，頁 37-99。

王弘願（2014），〈解行特刊序〉，《海潮音》第 14 卷，第 7 號，頁 41-45。

王弘願（2014），〈震旦密教重興紀盛〉，《海潮音》，第 5 年，第 10 期，頁 5-10。

王見川（1994），〈臺灣齋教研究之二：先天道前期史初探——兼論其與一貫道的關係〉，《臺北文獻》第 108 期，6月，頁 121-167。

王見川（1995），〈同善社早期歷史（1912-1945)初探〉，《民間宗教》第 1 期，12月，頁 57-81。

王宣曆（2017），〈聖嚴思想融合性之歷史根源與特色〉，《台大佛學研究》，第三十四期，頁 87-120。

朱霏（1986），〈炳公老 師在臺建社弘化史實〉，《內明》第一七二期，頁 29-33、第一七三期，頁 22 及頁 31-37。

吳有能（2014），〈佛教的神聖空間〉，《台灣宗教研究》，第十三卷，第一期，頁 63-98。

宋光宇（1994），〈叛逆與勳爵——先天道在清朝與日據時代臺灣不同的際遇〉，《歷史月刊》，卷 74， 3 月，頁 56-64。

李炳南（1989），〈儒佛大道〉，《明倫》第一九三期。

李振甫（2001），〈論香港志蓮淨苑佛教傳統新壁畫的藝術成就〉，收入《敦煌研究》，2 期，總第 68 期，頁 29-31。

李祥林（2018），〈哪吒神話和蓮花母題〉，《民族藝術》，第一期，頁 70-77。

林萬傳（1984），〈先天道之源流及在臺灣之發展〉，《臺北文獻》第 69 期，9 月，頁 221-262。

林萬傳（1995），〈泰國先天道源流暨訪問紀實〉，《民間宗教》第 1 期，頁 142。

林萬傳（1996），〈宗教檔案論述——先天道源流考〉，《檔案與微縮》，卷 42，9 月，頁 72-91。

施萍婷（2011），〈敦煌經變畫〉，收入《敦煌研究》，第 5 期，總期 129，10 月，頁 1-13。

范純武（1999），〈近現代中國佛教與扶乩〉，《圓光佛學學報》第 3 期，2 月，頁 261-291。

徐昊（2013），〈論古埃及的圖騰神崇拜〉，《常熟理工學院學報（哲學社會科學）》，第 3 期，5 月，頁 93-96。

郭子林（2014），〈儀式理論視野下的古埃及宗教儀式探究〉，《西北大學學報（哲學社會科學版）》，第 44 卷，第 2 期，3 月，頁 158-166。

郭丹彤、王亮（2010），〈《阿吞頌詩》譯注〉，《古代文明》，第 4 卷，第 3 期，7 月，頁 18-23。

陳兵（2001），〈正法重輝的署光——星雲大師的人間佛教思想〉，見《普門學報》，第一期，1 月，頁 297-343。

陳利娟（2014），〈從《亡靈書》看埃及人的靈魂崇拜和來世觀〉，《太原師範學院學報（社會科學版）》，第 13 卷，第 2 期，3 月，頁 96-98。

陳俊吉（2013），〈北朝至唐代化生童子的類型探究〉，《書畫藝術學刊》，第 15 期，12 月，頁 177-251。

游子安（2000），〈二十世紀前期香港道堂——「從善堂」及其文獻〉，《華南研究資料中心通訊》，第 19 期，4 月，頁 1-4。

游子安（2000），〈香港早期道堂概述——以先天道爲例說明〉，《臺灣宗教學會通訊》，卷 5，5 月，頁 98-109。

黃廣攀撰，黃善呂參正（2000），〈南鎮從善正金全堂幷立四十周年紀念概述〉，收入《華南研究資料中心通訊》第 19 期，4 月，頁 5。

楊雄（1988），〈莫高窟壁畫中的化生童子〉，《敦煌研究》，敦煌研究院，期三，頁 83-87。

賈治平（1988），〈撲朔迷離的古埃及宗教〉，《阿拉伯世界》，第 1 期，3 月，頁 55-60。

趙克仁（2010），〈古埃及動植崇拜及其影響〉，《世界宗教研究》，第 1 期，5 月，頁 150-159。

趙克仁（2012），〈古埃及亡靈崇拜的原因及其文化蘊涵〉，《西亞非洲》，第五期，頁 89-105。

劉科（2014），〈太乙救苦天尊圖像研究〉，《宗教學研究》，第一期，3 月，頁 39-46。

劉德美（2004），〈古埃及藝術表現的象徵意義〉，《成大西洋史集刊》，第十二期，6 月，頁 1-26。

黎志添（2002），〈民國時期廣州市喃嘸道館的歷史研究〉，《中央研究所近代史研究所集刊》第 37 期，6 月，頁 1-38。

霍韜晦（2002），〈歷史並未終結〉，佛教法住學會編：《法燈》，

第 237 期，香港：佛教法住學會，3 月，頁 11-12。

釋昭慧（2006），〈印順法師學已在成形〉，《弘誓》第八十期，4 月。

釋聖嚴（1981），〈明末的居士佛教〉，《華岡佛學學報》第五期，頁 7-36。

三、學位論文

李家駿（2005），《先天道在香港的蛻變與轉型：論先天道對香港道教發展的重要性》，香港：香港中文大學宗教研究課程哲學碩士論文。

朱文光（1997），《佛教歷史詮釋的現代蹤跡──以印順判教思想為對比考察之線索》，臺中：國立中興大學中國文學系碩士論文。

吳麗娜（1996），《李雪盧炳南先生研究》，臺中：國立中興大學中國文學系碩士論文。

陳雍澤（2004），《李炳南先生儒佛融會思想研究》，臺中：國立中興大學中國文學系碩士論文。

四、網路資料

[明] 張宇初：《道門十規》，網址：https://reurl.cc/n5WRGD，檢索日期：2021 年 8 月 12 日。

〈聖嚴法師的理念〉，《法鼓山網站》：https://reurl.cc/vg98Ro。上網日期：2014 年 5 月 29 日。檢索日期：2017 年

10 月 31 日。

〈彌勒真經/南無天元太保阿彌陀佛〉，《Xuite 日誌》，網址：
    https://reurl.cc/DZW8rR，檢索日期：2021 年 8 月 12
    日。

〈彌勒救苦真經〉，《寶德大道院》，網址：
    http://www.boder.idv.tw/ume5.htm，檢索日期：2021
    年 8 月 12 日。

《佛法到西方：恆實法師說因緣(二)》，網址：
    https://reurl.cc/kLGQAn，檢索日期：2021 年 12 月
    19 日。

《道法會元・太上天壇玉法（下）》，卷 250，網址：
    https://reurl.cc/n5WLEd，檢索日期：2021 年 8 月 12
    日。

Budge, E. A. Wallis. *The Book of the dead--the Papyrus of Ani*.
    Online June 29, 2015. Available at:
    https://reurl.cc/V5yqdR.

Hsuan Hua, The Life of Venerable Master Hsuan Hua," vailable
    at: https://reurl.cc/vg98ZN. (Accessed December 20,
    2021).

Yung Chai, *Song of Enlightenment. With commentary by Hsuan
    Hua*. Buddhist Text Translation Society. Available at:
    https://reurl.cc/jgbv1D. (Accessed December 20,
    2021).

印光：〈四書蕅益解重刻序〉，網址：https://reurl.cc/WXpvry。
    檢索日期：2017 年 10 月 31 日。

印光大師：《文鈔三編卷一‧復李慰農居士書一》，網址：
　　https://reurl.cc/WXj6jD，檢索日期：2021 年 8 月 12 日。

印光大師：《文鈔正編卷二‧復馬舜卿居士書》，網址：
　　https://reurl.cc/V5KAyY，檢索日期：2021 年 8 月
　　12 日。

印光大師：《文鈔續編卷上‧復江景春居士書二》，網址：
　　https://reurl.cc/82QE17，檢索日期：2021 年 8 月 12
　　日。

余永峰：《聖嚴法師與禪宗的現代化建構》：
　　https://reurl.cc/q1M05q。檢索日期：2017 年 10 月
　　31 日。

妙華法師: 永嘉證道歌，2016。網址：
　　https://www.youtube.com/watch?v=nURDRNgn2Lg，
　　檢索日期：2021 年 12 月 20 日。

李炳南：《佛學問答：淨土篇（6）》，見學佛網：
　　http://big5.xuefo.net/nr/article3/32537.html，檢索日
　　期：2014 年 10 月 27 日。

李炳南：《修學法要》，見雪盧老人專輯：https://reurl.cc/0xLA7l，
　　檢索日期：2014 年 10 月 27 日。

法鼓山聖嚴法師網站，網址：https://reurl.cc/Q68ZbM，檢索
　　日期：2021 年 12 月 20 日。

法鼓全集 2020 紀念版，網址：法鼓全集 2020 紀念版
　　(shengyen.org)

青松觀：《維基百科，自由的百科全書》，網址：
　　https://zh.wikipedia.org/wiki/青松 觀，檢索日期：

2021 年 8 月 12 日。

姚麗香：〈日據時期台灣佛教與齋教關係之探討〉，收入《台灣佛教學術研討會論文集》，1996 年，頁 71-84。網址：http://buddhism.lib.ntu.edu.tw/FULLTEXT/JR-AN/an246.htm，檢索日期： 2021 年 8 月 12 日。

星雲大師：〈人間佛教的藍圖（下）〉，《普門學報》第六期，高雄：佛光山文教基金會，2001 年 11 月，取自互聯網：《佛光山全球信息網》，網址：https://reurl.cc/yex6Ol，檢索日期：2009 年 11 月 9 日。

星雲大師：〈人間萬事：影響力〉，《人間福報》，2009 年 1 月 4 日。互聯網電子報，網址：https://reurl.cc/emjdy7，檢索日期：2009 年 11 月 10 日。

星雲大師：〈自覺與行佛〉，《普門學報》第廿三期，高雄：佛光山文教基金會，2004 年 9 月，取自互聯網：《佛光山全球信息網》，網址：https://reurl.cc/Q68Z2b，檢索日期：2009 年 11 月 9 日。

星雲犬師：〈我們未來努力的方向〉，《普門學報》第八期，高雄：佛光山文教基金會，2002 年 3 月，取自互聯網：《佛光山全球信息網》，網址：https://reurl.cc/DZWobQ，檢索日期：2009 年 11 月 9 日。

星雲大師：〈沒有台灣人〉，《普門學報》第十九期，高雄：佛光山文教基金會，2004 年 1 月，取自互聯網：《佛光山全球信息網》，網址：https://reurl.cc/XlvmQM，

檢索日期：2009 年 11 月 9 日。

星雲大師：〈推動本土化，不是「去」而是「給」〉《普門學報》第廿八期，高雄：　佛光山文教基金會，2005 年 7 月，取自互聯網：《佛光山全球信息網》，網址：https://reurl.cc/l537l6，檢索日期：2009 年 11 月 9 日。

范古農：〈外道之辨別〉，《古農佛學答問卷六》。網址：http://www.bfnn.org/book/books2/1465.htm，檢索日期：2021 年 8 月 12 日。

香港道教學院 (道教視頻)：《青松觀導賞》。網址：https://youtu.be/zp5k0fY4bdo，檢索日期：2021 年 8 月 12 日。

香港道教聯合會官方網頁，網址：https://zh.daoinfo.org/index.php?title=香港道教聯合會&variant=zh-hant，檢索日期：2021 年 8 月 12 日。

智旭法師：〈靈峰蕅益法師宗論序〉，收入《靈峰宗論》，網址：https://reurl.cc/mve0Xj。檢索日期：2017 年 10 月 31 日。

智旭法師：〈靈峰蕅益法師宗論卷第七〉，收入《靈峰宗論》，網址：https://reurl.cc/vg96Xl。檢索日期：2017 年 10 月 31 日。

智旭法師：〈靈峰蕅益法師宗論卷第二〉，收入《靈峰宗論》，網址：https://reurl.cc/2o5Ev4。檢索日期：2017 年 10 月 31 日。

智旭法師：〈靈峰蕅益法師宗論卷第六〉，收入《靈峰宗論》，

網址：https://reurl.cc/gzLaEz。檢索日期：2017 年 10 月 31 日。

智旭法師：〈靈峰蕅益法師宗論卷第四〉，收入《靈峰宗論》，網址：https://reurl.cc/EZO1ag。檢索日期：2017 年 10 月 31 日。

圓玄學院：《宗旨》，網址：http://www.yuenyuen.org.hk/non-flash/ch1/ch1.htm。檢索日期：2021 年 8 月 12 日。

聖嚴法師：〈心五四的時代意義〉，網址：https://reurl.cc/XlvmN3，檢索日期：2009 年 8 月 28 日。

聖嚴法師：〈正信的佛教是甚麼？〉，收入氏著：《正信的佛教》，網址：https://reurl.cc/OkxjL3。檢索日期：2017 年 10 月 31 日。

聖嚴法師：《比較宗教學》，網址：https://reurl.cc/mve04W。檢索日期：2017 年 10 月 31 日。

聖嚴法師：《承先啟後的中華禪法鼓宗》，網址：https://reurl.cc/l537Ad。檢索日期：2017 年 11 月 27 日。

聖嚴法師：《真正的自由》，收入《我願無窮》，網址：http://ddc.shengyen.org/pc.htm。檢索日期：2017 年 10 月 31 日。

慧律法師：永嘉證道歌，網址：https://reurl.cc/WXpM4k。檢索日期：2021 年 12 月 20 日。

鄭志明：〈永嘉玄覺禪師證道歌義理初探〉，網址：https://reurl.cc/6DAQxd。

黎志添：〈廣東道教歷史要述—以正一派、全真派及呂祖道壇為中心，兼論三者之間的互動關係〉，《弘道》，網址：http://www.hongdao.net/a/qingsongxueshu/qikanmulu/2013/1205/1162.html，檢索日期：2021 年 8 月 12 日。

釋聖嚴：《悼念‧遊化》，網址：http://dongchu.ddbc.edu.tw/html/05/5_11.html。檢索日期：2017 年 10 月 31 日。

鐘始聲：《辟邪集》，參考網址：https://reurl.cc/KrV3zy。檢索日期：2017 年 10 月 31 日。

鶴山易覺慈編輯：《寶松抱鶴記》，香港：雲鶴山房，1962 年，網址：https://reurl.cc/432W73，檢索日期：2021 年 8 月 12 日。

五、工具書

羅竹風（1991），《漢語大詞典》，第七冊。上海：漢語大詞典出版社。

商務印書館編纂部（1951），《辭源‧改編本》。香港：商務印書館香港分館。

中國大百科全書總編輯委員會（2000），《中國大百科全書》，二版。北京：中國大百科全書出版社。

六、英文資料

（一）英文專著

Allan, Tony, and Charles Phillips (1999). *Land of the Dragon: Chinese Myth*. Amsterdam: Time-Life Books.

Armour, Robert A. (2001). Gods *and Myths of Ancient Egypt*. Cairo and N.Y.: American University in Cairo Press.

Baird, Robert D. (1991). *Category Formation and the History of Religions*, N.Y.: Mouton de Gruyter, 2nd Edition.

Beal, Samuel (1884). *Buddhism in China*, N.Y.: E. & J. B. Yong & Co.

Berling, Judith (1980). *The Syncretic Religion of Lin Chao-en*. N.Y.: Columbia University Press.

Biema, David (2001). "Buddhism in America", *Times*, June 24.

Blumer, Herbert (1995). *Social Movements: Critiques, Concepts, Case-studies*. N.Y.: New York University Press.

Brubaker, Rogers (1984). *The Limits of Rationality: An Essay on the Social and Moral Thought of Max Weber*. London: George Allen & Unwin.

Campell, Joseph (1976). "Chinese Mythology," in his *The Masks of God: Oriental Mythology*. N.Y.: Penguin Books, pp. 371-460.

Colpe, Carsten. (2005). Trans. Matthew J. O'Connell,

"Syncretism", in Lindsay Jones ed. *Encyclopedia of Religion*, MacMillan, 2nd ed. pp. 8926-8934.

Casson, Lionel (1996). Ancient *Egypt*. Amsterdam: Time-Life International.

Chan, Wing Tsit (1969). *Religion Trends in Modern China*, N.Y.: Octagon Books.

Chandler, Stuart. (2004). *Establishing a Pure Land on Earth*, Honolulu: University of Hawaii Press.

Chappell, David W. ed. (1999). *Buddhist Peacework: Creating Cultures of Peace*. Boston: Wisdom Publications.

Chappell, David W. ed. (1999). *Buddhist Peacework: Creating Cultures of Peace*, Boston: Wisdom Publications.

Cheng, Christina Miu Bing (2009). *In Search of Folk Humour: The Rebellious Cult of Nezha*. Hong Kong: Great Mountain Culture.

Clark, R. T. Rundle (1959). *Myth and Symbol in Ancient Egypt*. N.Y.: Thames and Hudson Ltd.

Ching, Yu-ing (1985). *Master of Love and Mercy: Cheng Yen*, CA: Blue Dolphin Publishing Company.

Cooper, J. C. (1978). *An Illustrated Encyclopedia of Traditional Symbols*. London: Thames and Hudson.

DeKorne, John Cornelius (1941). *The Fellowship of Goodness: T'ungshanshe—A Study in Contemporary. Chinese Religion*. Grand Rapids, Michigan: J. C. DeKorne.

DeKorne, John Cornelius (1963). *Sectarianism and Religious Persecution in China: a Page in the History of Religions*. Taipei: Literature House.

Don A. Pittman (2001). *Toward a Modern Chinese Buddhism: Taixu's Reforms*, Honolulu: University of. Hawaii Press.

Eliade, M. (1959). *The Sacred and the Profane: The Nature of Religion*. Willard R.Trasktrans. London & N.Y.: Harcourt Brace Jovanovich Publishers.

Eliade, M. (1978-1985). *A History of Religious Ideas*. 3Vols. Translated: W. Trask. Chicago,IL: University of Chicago Press.

Eliade, Mircea (1990). Translated by MacLinscott Ricketts. *Autobiography* Chicago: University of Chicago Press.

Fan, Jinshi (2010). *The Caves of Dunhuang* Hong Kong: London Editions (HK) Ltd.

Foulks, Beverley (2009). *Living Karma: The Religious Practices of Quyi Zhixu*. Cambridge: Harvard. University.

Friedman, Thomas L. (2000). *The Lexus and The Olive Tree*. New York: Anchor Books.

Fukuyama, Francis (1992). *The End of History and The Last Man*. New York: Maxwell Macmillan International.

Gandhi, Leela (1998). *Postcolonial Theory: A Critical Introduction*, Edinburgh: Edinburgh University.

Press.

George, Hart (1990). *Egyptian Myths: The Legendary Past*. Austin: University of Texas Press.

Giddens, Anthony (2002). *Runaway World: How Globalization is Reshaping Our Lives*. London: Profile.

Gilpin, Robert (2000). *The Challenge of Global Capitalism: The World Economy in the 21st Century*. Princeton, N.J.: Princeton University Press.

Goffman, Erving (1986). *Frame Analysis: An Essay on The Organization of Experience*. Boston, Northeastern University Press.

Gómez, Luis O. Trans (1996). *Land of Bliss: The Paradise of the Buddha of Measureless Light: Sanskrit and Chinese Versions of the Sukhāvatīvyūha Sutras*. Honolulu: University of Hawaii Press.

Gyatso, Tenzin (1994). *The World of Tibetan Buddhism: An Overview of its Philosophy and Practice*. Boston: Wisdom Publications.

Habermas, Jürgen (1987). *The Theory of Communicative Action, Volume 2 Lifeworld and System a. Critique of Functionalist Reason*. Boston: Beacon Press.

Hall, Stuart (1982). "The Rediscovery of Ideology" M. Gurevitch, ed. *Culture, Society arid the Media*. London: Methuen.

Hardin, Russell (2007). "Compliance, Consent and Legitimacy,"

Charles Boix and Susan C. Stokes, *The. Oxford Handbook of Comparative Politics*. New York: Oxford University Press.

Held, David. A. L. & ed. (1999). *Global Transformations: Politics*, Economics arid Culture. Oxford: Polity.

Heng Yin (1973). *Records of the Life of the Venerable Master Hsüan Hua* (San. Francisco: Committee for the Publication of the Biography of the Venerable Master Hsüan Hua).

Hick, John (1980). *God has Many Names*, London: Macmillan, 1980.

Hirst, Paul. and Grahame Thompson (1996). *Globalization in Question: The International Economy and the Possibility of Governance*. London: Polity Press.

Holmes, Welch (1968). *The Buddhist Revival in China*. Cambridge: Harvard University Press.

Hua, Hsuan (2017). "A Recollection of My Causes and Conditions with Venerable Hsu Yun."

Huang, J. (2009). *Charisma and Compassion*, Harvard University Press.

Jaffe, Richard M. (2001). *Neither Monk Nor Layman: Clerical Marriage in Modern Japanese Buddhism,* Princeton, N. J.: Princeton University Press.

Jones, Charles B. (1999). *Buddhism in Taiwan: Religion and the*

State, 1660-1990, Honolulu: University of. Hawaii Press.

Jones, Charles B. (2003). "Transitions in the Practice and Defense of Chinese Pure Land Buddhism", in. Steven Heine and Charles S. Prebish ed. *Buddhism in the Modern World: Adaptations of an Ancient Tradition*, N.Y.: OUP, pp. 125-142.

Jones, Charles Brewer (1999). *Buddhism in Taiwan: Religion and the State, 1660-1990*, Honolulu: University of. Hawaii Press.

Kenneth, Dean (1998). *Lord of the Three in One: The Spread of a Cult in Southeast China.* Princeton: Princeton University Press.

Kohn, Livia (2009). *Introducing Daoism.* London and N.Y.: Routledge.

Lai, Whalen (1998). "Introduction," in Yin Shun. Trans. Wing H. Yeung, *The Way to Buddhahood*, Massachusetts: Wisdom Publications, p. xv.

Laliberte, Andre (2004). *The Politics of Buddhist Organization in Taiwan 1989-2003.* London &N.P. Routledge Curzon.

Laliberte, Andre (2004). *The Politics of Buddhist Organization in Taiwan 1989-2003.* London &N.P. Routledge Curzon.

Laliberté, André (2004). *The Politics of Buddhist Organizations in Taiwan, 1989-2003: Safeguarding the. Faith, Building a Pure Land, Helping the Poor*. London & New York: Routledge Curzon.

Lechner, Frank J., and John Boli, ed. (2004). *The Globalization Reader*. Maiden: Blackwell Pub.

Leon, Wieger and Derek Bryce (1988). *Philosophy and Religion in China*. Felin Fach, Lampeter: Llanerch Enterprises.

Lipietz, Alain (1992). *Towards a New Economic Order: Post Fordism, Ecology, and Democracy*. Trans. Malcolm Slater. Cambridge: Polity Press.

Liu Tsun-yan (1962). "The Story of Vaisravana and Nata"in his *Buddhist and Taoist Influences on Chinese Novels*. Wiesbaden: Kommisionsverlag, O.Harrassowitz.

Lopez, Donald. ed. (2002). *Modern Buddhism: Readings for the Unenlightened*, London: Penguin Books.

Māhir Ṭāhā, Maḥmūd (2001). *Queen Nefertari: The Most Beautiful of Them*. Egypt: Ministry of Culture.

Maspero, G (2006). *History of Egypt*. Edited by A. H. Sayce. Volume I. London: The Grolier Society Publishers.

Matsuo, Kenji (2007). *A History of Japanese Buddhism*. Kent, U.K.: Global Oriental.

McLuhan, Marshall, and Bruce Powers, ed. (1989). *The Global Village: Transformations in World Life and Media in the 21st Century*. New York: Oxford University Press.

McLuhan, Marshall, and Edmund Carpenter, ed. (1960). *Explorations in Communication: An. Anthology.* Boston: Beacon Press.

Ng, William (2009). "East Asian Religious History", in Peter Clarke and Peter Beyer ed. *The World's Religions: Continuities and Transformations.* London & New York: Routledge, pp. 177-189.

Ohmae, Kenichi (1995). The End of The Nation-State: *The Rise of Regional Economies.* N.Y.: The Free. Press.

Otto, Rudolf (1958). *The Idea of the Holy,* London: Oxford University Press.

Overmyer, Daniel L. (1976). *Folk Buddhist Religion: Dissenting Sects in Late Traditional China.* Cambridge, Mass.: Harvard University Press.

Payne, Richard K. and Kenneth K. Tanaka ed., (2004). *Approaching the Land of Bliss: Religious Praxis in the Cult of Amitābha,* Honolulu: University of Hawaii Press.

Phypers, Ruth (2017). *Dragon King's Daughter: Adventures of a Sex and Love Addict. London: Singleview Book. 2nd Edition.*

Pittman, Don A. (2001). *Toward a Modern Chinese Buddhism: Taixu's Reforms.* Honolulu: University of. Hawaii Press.

Powers, John (2007). *Introduction to Tibetan Buddhism.* New York: Snow Lion Publications.

Po-Yao Tien (1995). *A Modern Buddhist Monk-Reformer in China: The Life and Thought of Yin-Shun,* PhD. Dissertation: California Institute of Integral Studies.

Pye, Michael (1994). "Syncretism versus Synthesis, in *Method and Theory in the Study of Religion*, 1994, Vol. 6, No. 3, (1994), pp. 217-229.

Reeves, Nicholas (1990). *The Complete Tutankhamun: The King, the Tomb, the Royal Treasure.* London: Thames and Hudson.

Richards, Rand (2007). *Historic San Francisco*, 2nd ed., Heritage House Publishers, 2007, p. 198.

Robertson, Roland., and Frank J. (1992). Lechner: "Modernization, Globalization and the Problem of Culture in World-Systems Theory. "*Globalization: social theory and Global Culture*, London: Sage. Publications, pp. 103-118.

Roger, J. Corless (1995). *"Ch'an"* in Charles Prebish ed., *Buddhism: A Modern Perspective.* Pennsylvania: Penn State.

Rose, Hagen., Rainer Hagen, Penelope Hesleden, and Ingrid Taylor (2002). *Egypt: People, Gods, Pharaohs.* Köln: Taschen.

Rowe, William L. (1968). *Religious Symbols and God: A Philosophical Study of Tillich's Theology*. Chicago and London: The University of Chicago Press.

Saso, Machael., and David, W. Chappell ed., (1977). *Buddhist and Taoist Studies 1*, The University of Hawaii Press.

Schipper, Kristofer Marinus (1993). *The Taoist body*. Berkeley: University of California Press.

Seager, Richard Hughes (1999). *Buddhism in America*. N.Y.: Columbia University Press.

Seleem, Ramses (2001). *The Illustrated Egyptian Book of the Dead: A New Translation with Commentary*. New York: Sterling.

Sharpe, Eric (1987). *Comparative Religion: A History*. LaSalle, Illinois: Open Court, 2nded.

Shaw, Ian (2000). *The Oxford History of Ancient Egypt*. Oxford University Press.

Sheng Yan, trans by Guo Gu and Ng Wee Keat (2010). *The Dharma Drum Lineage of Chan Buddhism: Inheriting the Past and Inspiring. the Future*. Taipei: Sheng Yan Education Foundation.

Shih, Heng-Ching (1992). *The Syncretism of Ch'an and Pure Land Buddhism*. New York: Peter Lang.

Shih, Heng-Ching (1999). "Buddhist spirituality in modern Taiwan", in Takeuchi Yoshinori ed. *Buddhist. Spirituality: Later China, Korea, Japan and the*

Modern World, N.Y.: The Crossroad Publishing Company, pp. 417-434, esp. pp. 417-420.

Smart, Ninian (1987). *Religion and the Western Mind*. Albany: State University of New York Press.

Snellgrove, David L. (2006). *Religion as History, Religion as Myth*. Bangkok, Thailand: Orchid Press.

Snow, Daivd A., Rens Vligenthart and Pauline Ketelaars., (2019). "The Framing Perspective on Social Movements: Its Conceptual Roots and Architecture," in David Snow, Sarah A. Soule, Hanspeter Kriesi, and Holly J. McCammon ed. *The Wiley Blackwell Companion to Social Movements*, 2nd edition. Pp. 392-410.

Spiegelberg, Herbert (1981). *Phenomenological Movement: An Historical Introduction*. 3rd rev. and enlarged ed. Springer.

Steven, Heine and Charles S. Prebish edited (2003). *Buddhism in the Modern World: Adaptations of an Ancient Tradition*. Oxford. University Press.

Stevens, Keith G. (2001). *Chinese Mythological Gods*. Oxford: Oxford University Press.

Suzuki, D. T. (1997). *Buddha of Infinite Light*, Boston & London: Shambhala Publications.

Tam, Thich Thien. Trans. & ed., Van Hien Study Group (1994). *Buddhism of Wisdom and Faith: Pure Land Principles and Practice*, N.Y.: Sutra Translation

Committee of the United States and Canada.

Tamura, Y., translated by Hunter J. (2000). *Japanese Buddhism: A Cultural History*. Tokyo: Kosei Publishing Co.

Tanaka, Kenneth K. (1986). *The Kuan Wu-liang-shou ching i-shu by Ching-ying Hui-Yuan (523-592) and its. contribution to early Chinese pure land Buddhism*, Photocopy. Ann Arbor: University Microfilms International (Ph.D. Thesis)- University of California, Berkeley.

Tanaka, Kenneth Ken'ichi (1990). *The Dawn of Chinese Pure Land Buddhist Doctrine: Ching-ying Hui-yuan's Commentary on the Visualization Sutra*. Albany: State University of New York Press.

Tarrow, Sidney (1994). *Power in Movement*, Cambridge University Press.

Thurman, Robert A. F. (1976). *The Holy Teaching of Vimalakīrti: A Mahāyāna Scripture*. University Park: Pennsylvania State University Press.

To, Wing-Kai (1996). "The Making of Cantonese Society in Late Imperial China: Religion, Community, and Identity Formation of the Pearl River Delta." Ph.D. Dissertation, The University of California, Davis.

Todd, Lewis., John L Esposito, and Darrell J. Fasching (2008). *Religion & Globalization: World Religions in*

Historical Perspective. New. York: Oxford University Press.

Tsui, Bartholomew Pui Ming (徐佩明). (1991). *Taoist Tradition and Change: The Story of the Complete Perfection Sect in. Hong Kong.* Hong Kong: Christian Study Centre on Chinese Religion and Culture, CUHK, The Chinese University of Hong Kong Press, 1991.

Twiss, Sumner B., and Conser, Walter H.,eds. (1992). *Experience of the Sacred: Readings in the Phenomenology of Religion*, Hanover: University Press of New England.

Wallerstein, Immanuel Maurice (2004). *World-systems Analysis: An Introduction*. Durham: Duke University Press.

Weber, Max (1951). *The Religion of China: Confucianism and Taoism*. New York: Free Press of. Glencoe.

Weber, Max., translated by Parsons, Talcott (1930). *The Protestant Ethic and the Spirit of Capitalism*. London: Allen & Unwin.

Weiss, Linda (1998). *The Myth of The Powerless State: Governing the Economy In a Global Era*. Ithaca, N.Y.: Cornell University Press.

Welch, Holmes (1972). *Buddhism under Mao*. Cambridge: Harvard University Press.

Wendy, Doniger (2004). "Foreword to the 2004 Edition", in M.

Eliade, *Shamanism: Archaic Techniques of Ecstasy.* Princeton University Press.

Wilkinson, Richard (2003). *The Complete Gods and Goddesses of Ancient Egypt.* London: Thames and Hudson.

Yang, C. K. (1961). *Religion in Chinese Society: A Study of Contemporary Social Functions of Religion and Some of Their Historical Factors.* London: Cambridge University Press.

Yao, Yu-Shuang (2012), *Taiwan's Tzu Chi as Engaged Buddhism: Origins, Organization, Appeal and Social Impact.* Boston: Global Oriental.

Yu, Chun-fang (1981). *The Renewal of Buddhism in China: Chu-hung and the Late Ming Synthesis.* N.Y.: Columbia University Press.

Zandee, J. (1992). "The Birth-Giving Creator God in Ancient Egypt," in Alan B. Lloyd ed. *Studies in Pharaonic Religion and Society in Honor of J. Gwyn Griffiths.* London: Egypt Exploration Society.

（二）英文論文

Benford, Robert D. & Snow, David (2000). *Framing Process and Social Movements: An Overview and Assessment, ARS,* Vol. 26.

Burkhardt, V. R. (1972). "*Chinese Creeds and Customs,*" Hong Kong South China Morning Post, Vol. 1, p.110.

Chan, Kim-kwong (2010). "Lotus and Swastika in Assyrian Church in China: Buddhist Legacy for Aryan Heritage? In *Ching Feng*, N.S., 10.1-2, pp. 27-43.

Clart, Philip (1995). "The Birth of a New Scripture: Revelation and Merit Accumulation a Taiwanese Spirit-writing." *British Columbia Asian Review* 8:174-203.

Clart, Philip (2003). "Moral Mediums: Spirit-Writing and the Cultural Construction of Chinese Spirit-Mediumship." *Ethnologies* 25:153-190.

De Beauclair, Inez (1962). "The Place of the Sun Myth in the Evaluation of Chinese Mythology." *Academia Sinica Bulletin of the Institute of Ethnology* 13: 123-132.

Girardot, N. J. (1976). "The Problem of Creation Mythology in the Study of Chinese Religion." *History of Religions* 15, no. 4: 289-318.

Hunter, Alan (2011). "An Early World-Wide Web Religions of Eurasia." *Ching Feng* 10, no. 1: 7-26.

Kandeler, Rikel and Wolfram R. Ullrich (2009). "Symbolism of Plants: Examples from European-Mediterranean Culture Presented with Biology and History of Art," in *Journal of Experimental Botany*, Vol. 60, pp. 2461-2464.

Kitagawa, Joseph (1987). "Eliade, Mircea", *The Encyclopedia of Religion*. N.Y.: Macmillan Publishing Company, Vol.5, pp.85-90.

Luyster, Robert (1966). "The Study of Myth: Two Approaches" in *Journal of Bible and Religion*, Vol. 34, No., 3, July, pp. 235-243, esp., pp.236-237.

Overmyer, Daniel L. (1981). "Alternatives: Popular Religious Sects in Chinese Society." *Modern China* 7.2: 153-190.

Pao, Kan, Sou-Shen Chi and Derk Bodde (1942). "Some Chinese Tales of The Supernatural." *Harvard Journal of Asiatic Studies* 6, no. 3/4: 338-357.

Prasopchigchana, Sarunya (2011). "Symbolic Representation in Buddhism", *International Journal on Humanistic Ideology* 4, no. 2: 101-111, esp. pp. 103-104.

Rezania, Pedram (2011). "Symbol of Lotus in Ancient World," in *Life Science Journal*, 8(3), pp. 309-312.

Sharf, Robert H. (2002). "On Pure Land Buddhism and Ch'an/Pure Land Syncretism in Medieval China." *T'oung Pao*, Second Series, Vol. 88, Fasc. 4/5, Jan.: 282-331.

Sheng-yen (1999). *The Sword of Wisdom*, in *The Complete Works of Master Sheng-yen*, Part 9, volume 4, Taipei: Dharma Drum Corp.

Smith, Buster (2006)."Buddhism in America: An Analysis of Social Receptivity," in *Contemporary Buddhism*, Volume 7, Issue 2.

Smith, Joanna F. Handlin (1987). "Benevolent Societies: The Reshaping of Charity During the Late Ming and Early Ch'ing." *The Journal of Asian Studies* 46.2: 309-337.

Snow, D. A., and Benford, R. D., "Ideology, Frame Resonance, and Participant Mobilization". *International Social Movement Research*, vol. 1 (1988), pp. 197-217.

Snow, D. A., Benford, R. D., Rochford, E. B., & Worden, S. K., (1986). "Frame Alignment Processes, Micromobilization, and Movement Participation" in *American Sociological Review,* vol. 51 (4), pp. 464-481.

Sutton, Donald S. (2007). "Ritual, Cultural Standardization, and Orthopraxy in China: Reconsidering James L. Watson's Ideas." *Modern China,* Volume 33, No.1, January: 3-21.

Topley, Marjorie (1961). "The Emergence and Social Function of Chinese Religious Associations in Singapore." *Comparative Studies in Society and History* 3.3: 289-314.

Topley, Marjorie (1963). "The Great Way of Former Heaven: A Group of Chinese Secret Religious Sects." *Bulletin of the School of Oriental and African Studies* 26.2: 362-392.

Topley, Marjorie (1968). "Notes on Some Vegetarian Halls in Hong Kong Belonging to the Sect of Hsien-T'ien Tao."

Journal of the Hong Kong Branch of the Royal Asiatic Society 8: 135-148.

Ward, William E. (1952). "The Lotus Symbol: Its Meaning in Buddhist Art and Philosophy," in *The Journal of Aesthetics and Art Criticism*, Vol. 11, No. 2, pp. 135-146.

Weller, Robert P. (1982). "Sectarian Religion and Political Action in China." *Modern China* 8.4: 463-483.

七、日文資料

黃蘊（2011）,《東南アジアの華人教団と扶鸞信仰——德教の展開とネットワーク化》,東京：風響社株式会社。

丸井圭次郎等編（1993）,《臺灣宗教調查報告書》。臺北：捷幼出版社。

吉岡義豐（1974）,〈臺灣の宗教の現狀〉見氏著,《現代中國の諸宗教—民眾宗教の系 譜》,東京：株式會社仗成出版社。

志賀市子（1995）,〈香港の「道壇」——近代民眾道教の一形態として〉,《東方宗教》第 85 號,頁 1-23。

志賀市子（1999）,〈香港道教界の成立と展開——「傳統的中國文化」とアイデソティティ〉,收入三尾裕子、本田洋編:《東アジアにる文化の多中心性》,東京：

東京外国語大学アジア・アフリカ言語文化研究所，頁 21-43。

志賀市子（2001），〈近代中国における扶鸞結社運動—台湾の鸞堂を中心に〉，收入野口鐵雄編：《講座道教：第五卷——道教と中國社會》，東京：雄山閣，頁 237-258。

志賀市子（2002），〈先天道嶺南道派の展開——その理念と擔い手を中心に〉，《東方宗教》第 99 號，頁 1-26。

志賀市子（2013），〈地方道教之形成：廣東地區扶鸞結社運動之興起與演變（1838-1953）〉，收入黎志添主編：《十九世紀以來中國地方道教變遷》，香港：三聯書店，頁 183-219。

志賀市子（2013）《近代中國のシャーマニズムと道教——香港の道壇と扶乩信仰》，東京：勉誠出版，1999 年。本書後經修訂與增補，另有中文增補譯本。參考志賀市子著，宋軍譯：《香港道教與扶乩信仰：歷史與認同》，香港：中文大學出版社。本文參考的是增補中譯本。

志賀市子（2013），《中国のこっくりさん——扶鸞信仰と華人社会》，東京：大修館書店，頁 151-157。

酒井忠夫（1944），《近代支那に於ける宗教結社之研究》，東京：東亞研究所。

西嶋定生（1983），《中國古代國家と東アジア世界》，東京：東京大學出版會。

石田充之（1986），《淨土教教理史》，京都：平樂寺書店。

曾景來（1939），《臺灣宗教と迷信漏習》，臺北：臺灣宗教研究會，昭和十四年，再版。

藤田宏達（1979），〈極樂淨土の思想的意義〉，收入氏著《原始淨土思想の研究》，東京：岩波書店，四版，頁506-516。

道端良秀（1985），〈中國淨土教の時代區分と地理的考察〉，《中國淨土教史の研究》，收入道端良秀，《中国仏教全集》第六卷，東京：株式會社書苑，昭和六十年，頁17-44。

武內房司（1990），〈清末四川の宗教運動──扶鸞・宣講型宗教結社の誕生〉，《學習院大學文學部研究年報》第37號，頁59-93。

武內房司（2001），〈慈善と宗教結社──同善社から道院へ〉，收入野口鐵雄編：《講座道教：第五卷──道教と中國社會》，東京：雄山閣，頁67-85。

末光高義（1998），《支那の秘密宗教と慈善結社》，滿州評論社，1932年。Available online at: https://dl.ndl.go.jp/info:ndljp/pid/1453606。東京：大空社，アジア学叢書，51，重印本，檢索日期：2021年8月15日。

野上俊靜（1981），〈慧遠と後世の中国淨土教〉，收入氏著，《中国淨土教史論》，京都：法藏館，昭和五十六年。